기출이 답이다

ERP 정보관리사

물류 2급

기출문제해설집 10회

SD에듀
(주)시대고시기획

INFORMATION

ERP 정보관리사 자격시험 안내

⬡ 응시자격 | 제한 없음

⬡ 시험정보

응시교시	응시과목	급 수	문항수	시험시간
1교시	회 계	1급	이론 32, 실무 25	이론 40분 실무 40분
		2급	이론 20, 실무 20	
	생 산	1급	이론 32, 실무 25	
		2급	이론 20, 실무 20	
2교시	인 사	1급	이론 33, 실무 25	
		2급	이론 20, 실무 20	
	물 류	1급	이론 32, 실무 25	
		2급	이론 20, 실무 20	

※ 같은 교시의 응시과목은 동시신청이 불가하며, 실무능력평가는 더존의 핵심ERP와 영림원의 SystemEver 중 1개를 선택하여 실시합니다.

⬡ 시험시간

응시교시	입실 완료시간	교시별 시험시간	세부 시험시간	
1교시	08:50	09:00 ～ 10:25	이 론	09:00 ～ 09:40
			실 무	09:45 ～ 10:25
2교시	10:50	11:00 ～ 12:25	이 론	11:00 ～ 11:40
			실 무	11:45 ～ 12:25

※ 정기시험기준이며 주관처의 사정에 따라 변경될 수 있습니다.

⬡ 합격기준

구 분	합격점수	과락점수
1급	이론, 실무 평균 70점 이상	이론, 실무 각 60점 미만
2급	이론, 실무 평균 60점 이상	이론, 실무 각 40점 미만

⬡ 응시료

구 분	1과목	2과목
1급	40,000원	70,000원
2급	28,000원	50,000원

※ 2024년 정기시험기준 응시료이며, 주관처의 사정에 따라 변경될 수 있습니다.

⬡ 준비물 | 신분증, 수험표, 필기구, 일반계산기(공학 · 재무 · 윈도우 계산기 등 사용불가)

STRUCTURES

이 책의 구성과 특징

STEP 1

기출 10회분 제공

기출문제

제87회	기출문제	정답 및 해설
제88회	기출문제	정답 및 해설
제89회	기출문제	정답 및 해설
제90회	기출문제	정답 및 해설
제91회	기출문제	정답 및 해설
제92회	기출문제	정답 및 해설
제93회	기출문제	정답 및 해설
제94회	기출문제	정답 및 해설
제95회	기출문제	정답 및 해설
제96회	기출문제	정답 및 해설

기존에 출제된 문제가 다시 출제되는 시험의 특성에 맞추어 기출 10회분 수록

STEP 2

문제풀이의 핵심을 한 번 더 정리

이론문제에 대한 풀이는 물론, 풀이에 필요한 핵심이론까지 한 번 더 정리하여 학습효율 극대화

STEP 3

자세하게 수록한 프로그램 입력 경로

복잡한 ERP 프로그램의 입력 경로를 누구나 쉽고 정확하게 입력할 수 있도록 자세히 수록

STEP 4

프로그램 및 DB 파일 제공

본사 사이트를 통하여 핵심ERP 설치파일과 기출 DB를 모두 제공

PART 1
프로그램 및 DB 설치

제1장 iCUBE 핵심ERP 프로그램 설치

제2장 기출문제 DB 설치

제1장 | iCUBE 핵심ERP 프로그램 설치

(1) SD에듀 홈페이지(https://www.sdedu.co.kr/)에서 아래 경로를 따라 들어가 해당 파일을 다운로드 후 압축을 풀어준다.

〈경로〉학습자료실 → 프로그램 자료실 → [ERP 물류 2급] 검색 → [기출이답이다 ERP 정보관리사 물류 2급 기출문제해설집 10회] 선택 → [프로그램 설치] 링크를 클릭하여 프로그램 다운로드

(2) 압축을 풀어둔 [2023_ERP 설치프로그램] 폴더에서 [CoreCubeSetup]을 클릭한다.

(3) 자동설치 순서에 따라 진행하며, iCUBE 핵심ERP 사용권에 [예]를 클릭한다.

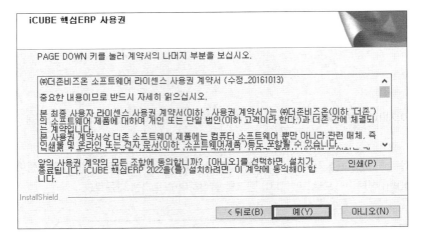

(4) 설치가 완료되면 [완료]를 클릭한다.

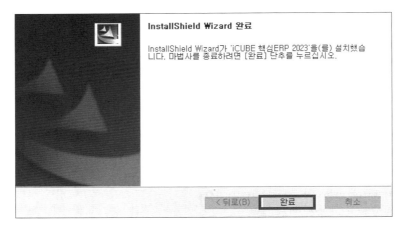

제 **2** 장 | 기출문제 DB 설치

(1) SD에듀 홈페이지(https://www.sdedu.co.kr/)에서 아래 경로를 따라 들어가 해당 파일을 다운로드 후 압축을 풀어준다.

〈경로〉학습자료실 → 프로그램 자료실 → ERP 물류 2급 검색 → [기출이답이다 ERP 정보관리사 물류 2급 기출문제해설집 10회] 선택 → [기출 DB 설치] 링크를 클릭하여 DB를 다운로드

(2) ERP 프로그램을 실행한 후 하단의 [DB Tool]을 클릭한다.

(3) 팝업창이 생성되면 하단의 [**연결설정**]을 클릭한다.

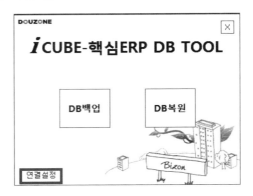

(4) [Window 인증]을 선택하고 확인을 클릭하면 서버정보가 저장되었다는 팝업창이 생성되고 이것도 확인을
클릭한다.

(5) [DB복원]을 클릭한다.

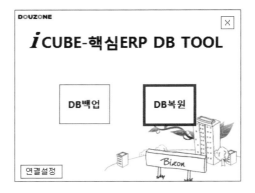

(6) 백업폴더 선택 팝업창에서 [다른 백업폴더 복원]을 선택한 후 확인을 클릭한다.

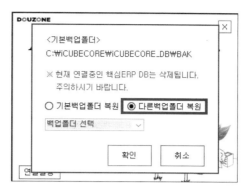

(7) 압축을 풀어둔 [ERP 기출 DB] 폴더 안의 해당 회차를 선택한 후 확인을 클릭한다.

(8) DB 복원이 완료되었다면 다시 프로그램을 실행한 후 [코드도움] 버튼을 사용하여 각 회차별 회사코드와 사원코드를 선택한 후 [Login]을 클릭한다.

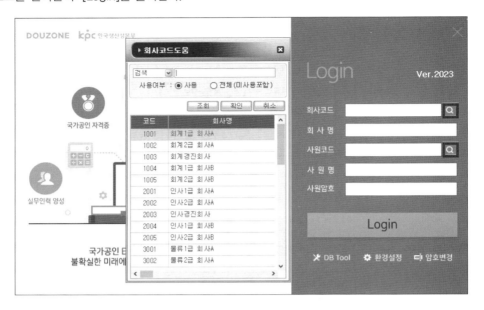

(9) 프로그램이 실행되면 문제에 따라 풀이를 진행한다.

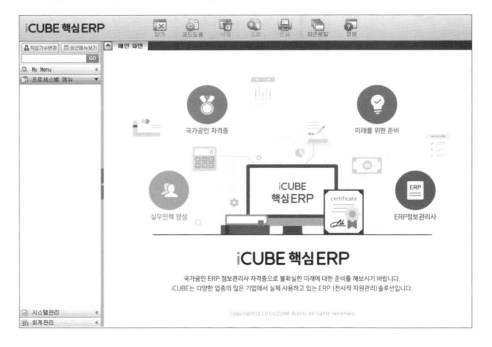

PART 2
기출문제

제87회　기출문제 | 정답 및 해설

제88회　기출문제 | 정답 및 해설

제89회　기출문제 | 정답 및 해설

제90회　기출문제 | 정답 및 해설

제91회　기출문제 | 정답 및 해설

제92회　기출문제 | 정답 및 해설

제93회　기출문제 | 정답 및 해설

제94회　기출문제 | 정답 및 해설

제95회　기출문제 | 정답 및 해설

제96회　기출문제 | 정답 및 해설

이론문제

01 ERP의 특징으로 가장 적절하지 않은 것은 무엇인가?

① 다국적, 다통화, 다언어 지원
② 실시간 정보처리체계 구축
③ 개별 업무단위로 체계 구축
④ 선진화된 프로세스의 내장

02 다음은 ERP 도입의의를 설명한 것이다. 가장 적절하지 않은 설명은 다음 중 무엇인가?

① 기업의 프로세스를 재검토해 비즈니스 프로세스를 변혁시킨다.
② 공급사슬의 단축, 리드타임의 감소, 재고비용의 절감 등을 이룩한다.
③ 기업의 입장에서 ERP 도입을 통해 업무프로세스를 개선함으로써 업무의 비효율을 줄일 수 있다.
④ 전반적인 업무프로세스를 각각 개별체계로 구분해 관리하기 위해 ERP를 도입한다.

03 다음 중 ERP의 기능적 특징으로 바르지 않은 것은 무엇인가?

① 중복적·반복적으로 처리하던 업무를 줄일 수 있다.
② 실시간으로 데이터 입·출력이 이루어지므로 신속한 정보사용이 가능하다.
③ ERP를 통해 정부의 효과적인 세원 파악 및 증대, 기업의 투명회계 구현이라는 성과를 가져올 수 있다.
④ 조직의 변경이나 프로세스의 변경에 대한 대응은 가능하나 기존 하드웨어와의 연계에 있어서는 보수적이다.

04 다음 [보기] 내용은 ERP 구축절차 4단계 중 어느 단계에 해당하는가?

| 보 기 |

· 데이터 전환 및 시험가동

① 구현단계
② 구축단계
③ 설계단계
④ 분석단계

05 다음의 판매계획에 대한 설명으로 적절하지 않는 것은 무엇인가?

① 판매계획은 설비투자, 신제품개발, 판매자원 할당 등의 근거가 된다.
② 미래 일정기간 동안의 자사 상품이나 서비스의 판매가능액을 구체적으로 예측하는 수요예측 결과를 이용해 수립한다.
③ 판매목표액을 구체적으로 수립하는 과정이다.
④ 시장점유율은 판매계획을 수립하는 데 가장 중요한 고려요소다.

06 다음 [보기] 자료를 이용해 계산한 손익분기점에서의 매출액은?

| 보 기 |

· 총 고정비용 : 24,000원
· 단위당 가격 : 260원
· 단위당 변동비용 : 20원

① 26,000원
② 28,000원
③ 30,000원
④ 32,000원

07 다음 중에서 교차비율이 높아지는 이유로 적절한 것은?

① 매출액 상승
② 한계이익 상승
③ 평균재고 상승
④ 매출원가 상승

08 가격탄력성에 대한 설명으로 가장 옳지 않은 것은?

① 일반적으로 수요가 지속적으로 유지되는 생필품의 가격탄력성은 사치품보다 작다.
② 가격탄력성이 큰 상품은 가격이 상승했을 때 수요가 크게 하락한다.
③ 가격탄력성이란 가격이 1% 변화했을 때 수요량은 몇 % 변화하는가를 절대치로 나타낸 크기다.
④ 가격탄력성이 1보다 큰 상품의 수요는 비탄력적(inelastic)이라 하고, 1보다 작은 상품의 수요는 탄력적(elastic)이라고 한다.

09 파레토분석을 이용해 우량거래처를 선정하려고 한다. [보기]의 자료를 근거로 할 때 A그룹의 고객군으로 적절한 것은 무엇인가?

┤ 보 기 ├

(단위 : 억원)

고 객	a	b	c	d	e	f	g	h	i	j
매출액	60	20	4	4	2	2	2	2	2	2

① a
② a, b
③ a, b, c
④ a, b, c, d

10 과거 총이익액의 실적을 이용해 거래처의 여신한도를 설정하려고 한다 거래처에 대해 과거 3년간의 총매출액이 100억원, 외상매출채권 잔액이 40억원, 평균 총이익율이 5%일 때 이 거래처에 적절한 여신한도액은 얼마인가?

① 3억원
② 4억원
③ 5억원
④ 6억원

11 공급망관리 정보시스템 중 소매업체(유통업체)와 협력사(제조업체)가 공동으로 판촉활동, 지역여건, 경쟁상황을 고려하면서 적절하게 재고수준을 관리하는 방식으로 가장 적절한 것은?

① 공동재고관리시스템(CMI)
② 지속적보충프로그램(CRP)
③ 창고관리시스템(WMS)
④ 공급망운영참고모형(SCOR)

12 [보기]에서 설명하는 공급망 물류거점 운영방식은 무엇인가?

┤ 보 기 ├
• 중앙 물류센터에서 전체 공급망의 물동량을 총괄하여 운영 · 관리하는 형태
• 소비자에게 수송되는 데 걸리는 시간이 긴 반면에 운영비용을 상당히 절감할 수 있다.

① 직배송방식
② 통합물류센터 운영방식
③ 지역물류센터 운영방식
④ 통합 · 지역 물류센터 혼합운영방식

13 다음 [보기]에서 설명하는 재고의 유형으로 옳은 용어는?

┤ 보 기 ├
- 생산에 직접 사용되지는 않으나 생산활동에 필요한 시설물의 유지와 보수, 그리고 운전에 필요한 자재로서 소비성자재와 설비용자재로 구분하기도 한다.

① MRO
② MRP
③ APP
④ MPS

14 스포츠카를 판매하는 A사의 연간수요는 120대다. 1회 주문량이 3대이고, 1회 주문비용이 100(만원)일 때 A사의 연간 주문비용으로 옳은 것은?

① 100(만원)
② 300(만원)
③ 4,000(만원)
④ 12,000(만원)

15 [보기]는 재고에 대한 정보다. 다음 중에서 고정주문기간 발주모형(P–System)을 이용할 때 적절한 발주량은 무엇인가?

┤ 보 기 ├
- 현재재고　　　　　　　　　: 50
- 검토주기 기간의 수요　　　: 30
- 구매 리드타임 기간의 수요 : 100
- 안전재고　　　　　　　　　: 20

① 50
② 100
③ 150
④ 200

16 재고자산의 매입단가가 지속적으로 상승하는 환경에서 재고자산을 평가할 때 매출총이익이 가장 크게 계산되는 평가방법부터 순서대로 나열한 것으로 가장 옳은 것은?

① 선입선출법 〉 이동평균법 〉 총평균법 〉 후입선출법
② 선입선출법 〉 후입선출법 〉 이동평균법 〉 총평균법
③ 후입선출법 〉 선입선출법 〉 총평균법 〉 이동평균법
④ 후입선출법 〉 총평균법 〉 이동평균법 〉 선입선출법

17 구매계약의 가격할인방식 중 다음 보기에서 설명하는 가격할인방식으로 옳은 것은?

┤ 보 기 ├
- 거래일자를 늦추어 기입해 대금지불일자를 연기해 현금할인의 기산일을 거래일보다 늦추어 잡게 되는 방식

① 특별기간현금할인
② 구매당월락현금할인
③ 선일부현금할인
④ 선불기일현금할인

18 보기는 A사 제품의 원가구성도다. A사의 판매가격이 500(원)일 때 제품 1개당 이익으로 옳은 것은?

┤ 보 기 ├
- 판매 및 관리비 : 70(원)
- 제조간접비 : 10(원)
- 직접재료비 : 40(원)
- 직접노무비 : 100(원)
- 직접제조경비 : 80(원)

① 100(원)
② 200(원)
③ 300(원)
④ 400(원)

19 다음 중 본사 집중구매보다는 사업장별 분산구매가 더 유리한 품목으로 옳은 것은?

① 대량구매품목
② 지역성품목
③ 고가품목
④ 공통 또는 표준 품목

20 다음 중 공급업체 선정방법 중에서 수의계약방식이 적용되는 경우로 가장 옳지 않은 것은?

① 구매금액이 소액인 경우
② 구매품목을 제조하는 공급자가 유일한 경우
③ 구매조건을 이행할 수 있는 능력을 갖춘 공급업체가 다수일 경우
④ 경쟁입찰을 할 수 없는 특별한 상황 등의 특수한 사정이 있는 경우

로그인 정보

회사코드	3005	사원코드	ERP13L02
회사명	물류2급 회사B	사원명	홍길동

01 다음 중 고객담당의 담당자명이 '이선호'인 일반거래처를 고르시오(고객담당의 담당자는 당사직원이 아닌 거래처 직원을 뜻함).

① [00001.㈜대흥정공]
② [00002.㈜하나상사]
③ [00003.㈜빅파워]
④ [00004.㈜제동기어]

02 품목 [10-3520000.CRANK ARM]에 대한 설명이다. 다음 중 잘못 설명한 것은?

① LOT여부는 [1.사용]이다.
② 조달구분은 [1.생산]이다.
③ 검사여부는 [0.무검사]다.
④ 계정구분은 [0.원재료]다.

03

[설 명]
• 김유리 : 관리구분은 적용받지 않는다.
• 최병서 : 실적담당자는 적용받지 않는다.
• 이나영 : 비고(DETAIL)은 적용받는다.
• 오민정 : 비고(HEADER)는 적용받는다.

위 [설명]은 ㈜한국자전거본사의 영업관리 견적내역을 활용해 수주를 등록할 때 적용대상에 대한 내용이다. 올바르게 설명한 사람끼리 짝지은 것은? (비고(DETAIL)는 비고(내역)를, 비고(HEADER)는 비고(건)를 뜻함)

① 김유리, 이나영
② 김유리, 오민정
③ 최병서, 이나영
④ 최병서, 오민정

04 ㈜한국자전거본사는 2021년 11월 고객별로 판매계획을 세웠다. 다음 고객 중 매출예상금이 가장 높은 고객을 고르시오.

① [00001.㈜대흥정공]
② [00002.㈜하나상사]
③ [00003.㈜빅파워]
④ [00004.㈜제동기어]

05 아래 [조회조건]으로 데이터를 조회한 후 물음에 답하시오.

> [조회조건]
> • 사업장   : 1000.㈜한국자전거본사
> • 견적기간 : 2021/11/01 ~ 2021/11/05

[조회조건]을 만족하는 견적내역 중 결제조건이 '현금 결제'인 견적번호를 고르시오.

① ES2111000001
② ES2111000002
③ ES2111000003
④ ES2111000004

06 아래 [조회조건]으로 데이터를 조회한 후 물음에 답하시오.

> [조회조건]
> • 사업장   : 1000.㈜한국자전거본사
> • 주문기간 : 2021/11/01 ~ 2021/11/05

다음 주문내역 중 견적적용 기능을 이용해 주문등록을 하지 않고 직접 주문등록을 입력한 주문번호로 옳은 것은?

① SO2111000001
② SO2111000002
③ SO2111000003
④ SO2111000004

07 아래 [조회조건]으로 데이터를 조회한 후 물음에 답하시오.

[조회조건]
· 사업장 : 1000.㈜한국자전거본사
· 출고기간 : 2021/11/01 ～ 2021/11/05
· 출고창고 : P100.제품창고

위 조회기간의 국내 출고내역 중 프로젝트가 나머지와 다른 출고번호를 고르시오.

① IS2111000001
② IS2111000002
③ IS2111000003
④ IS2111000004

08 아래 [조회조건]으로 데이터를 조회한 후 물음에 답하시오.

[조회조건]
· 사업장 : 1000.㈜한국자전거본사
· 출고기간 : 2021/11/06 ～ 2021/11/10
· 출고창고 : P100.제품창고

다음 중 출고번호에 대해 잘못 설명한 사람을 고르시오.

① 김유리 : IS2111000005는 수주번호 SO2111000001을 적용받았다.
② 나윤수 : IS2111000006의 관리구분은 [S40. 정기매출]이다.
③ 박찬희 : IS2111000007의 재고단위 수량의 총합은 120EA다.
④ 이자영 : IS2111000008의 합계액의 총합은 7,161,440원이다.

09 아래 [조회조건]으로 데이터를 조회한 후 물음에 답하시오.

[조회조건]
· 사업장 : 1000.㈜한국자전거본사
· 마감기간 : 2021/11/10 ～ 2021/11/10

위 조회기간의 [매출마감(국내거래)] 메뉴에 대해 잘못 설명한 것을 고르시오.

① 마감번호[SC2111000005]는 전표처리되었다.
② 마감번호[SC2111000006]는 계산서처리되었다.
③ 마감번호[SC2111000007]는 수정, 삭제가 불가하다.
④ 마감번호[SC2111000008]의 출고번호는 [IS2111000008]이다.

10 아래 [조회조건]으로 데이터를 조회한 후 물음에 답하시오.

[조회조건]
- 사업장   : 1000.㈜한국자전거본사
- 수금기간 : 2021/11/01 ~ 2021/11/10

조회기간의 수금내역 중 수금금액이 가장 큰 수금 건을 고르시오(수금금액은 정상수금과 선수금 모두 포함한다).

① RC2111000001   ② RC2111000002
③ RC2111000003   ④ RC2111000004

11 아래 [조회조건]으로 데이터를 조회한 후 물음에 답하시오.

[조회조건]
- 사업장   : 1000.㈜한국자전거본사
- 조회기간 : 2021/11/01 ~ 2021/11/30
- 조회기준 : 0.국내(출고기준)
- 미수기준 : 0.발생기준

[1000.㈜한국자전거본사]에서 고객별로 미수채권을 집계했을 때 조회기간 동안 거래가 있는 (당기발생 금액 또는 당기수금내역이 없는 거래처는 제외) 거래처 중 잔액이 가장 큰 고객을 고르시오.

① [0001.㈜대흥정공]   ② [0002.㈜하나상사]
③ [0003.㈜빅파워]   ④ [0004.㈜제동기어]

12 아래 [조회조건]으로 데이터를 조회한 후 물음에 답하시오.

[조회조건]
- 사업장   : 1000.㈜한국자전거본사
- 계획기간 : 2021/11/01 ~ 2021/11/05
- 계획구분 : 2.SIMULATION

다음 중 주계획작성(MPS)의 계획수량이 가장 큰 품목의 품번을 고르시오.

① 10-1450000   ② 10-3520000
③ 21-1030600   ④ 21-1060700

13 아래 [조회조건]으로 데이터를 조회한 후 물음에 답하시오.

[조회조건]
- 사업장 : 1000.㈜한국자전거본사
- 요청일자 : 2021/11/01 ~ 2021/11/05

다음 중 [조회조건]으로 입력된 청구등록 내역 중 품목등록의 주거래처와 청구등록의 주거래처가 다른 품목으로 옳은 것은?

① [21-1060850.WHEEL FRONT-MTB]
② [21-1060950.WHEEL REAR-MTB]
③ [21-1070700.FRAME-티타늄]
④ [21-1080800.FRAME-알미늄]

14 아래 [조회조건]으로 데이터를 조회한 후 물음에 답하시오.

[조회조건]
- 사업장 : 1000.㈜한국자전거본사
- 발주기간 : 2021/11/01 ~ 2021/11/05

다음 중 청구적용을 받지 않고 직접 등록한 발주번호는?

① PO2111000001
② PO2111000002
③ PO2111000003
④ PO2111000004

15 아래 [조회조건]으로 데이터를 조회한 후 물음에 답하시오.

[조회조건]
- 사업장 : 1000.㈜한국자전거본사
- 입고기간 : 2021/11/16 ~ 2021/11/20
- 입고창고 : P100.제품창고
- 발주기간 : 2021/11/11 ~ 2021/11/11

발주내역을 활용하고 입고처리를 하려고 한다. 발주내역 중 발주잔량(미입고수량)이 가장 많은 품목은 무엇인가?

① [ATECK-3000.일반자전거]
② [ATECX-2000.유아용자전거]
③ [NAX-A400.일반자전거(P-GRAY WHITE)]
④ [NAX-A420.산악자전거(P-20G)]

16 ㈜한국자전거본사의 2021년 11월 27일 매입마감 'PC2111000002'에 대해 잘못 설명한 것은?

① 입고된 일자는 2021년 11월 23일이다.

② 입고번호 [RV2111000003]에 대한 매입마감이다.

③ 발주번호 [PO2111000003]에 대한 매입마감이다.

④ [매입마감(국내거래)] 메뉴에서 수량을 변경할 수 없다.

17 아래 [조회조건]으로 데이터를 조회한 후 물음에 답하시오.

[조회조건]
• 사업장 : 1000.㈜한국자전거본사
• 입고기간 : 2021/11/15 ~ 2021/11/15
• 입고창고 : X300.원재료창고

입고번호 'RV2111000004'의 전표내역을 확인하고 사용되지 않은 계정과목을 고르시오.

① [10800.외상매출금]

② [13500.부가세대급금]

③ [14600.상품]

④ [14900.원재료]

18 아래 [조회조건]의 조건으로 데이터를 조회한 후 물음에 답하시오.

[조회조건]
• 작업내역 : [1000.㈜한국자전거본사]의 김유리 과장은 2021년 11월 5일에 전시되어 있던 [ATECK-3000.일반자전거] 2EA를 판매할 목적으로 '가용재고여부'가 '부'인 장소에서 '여' 장소로 이동시켰다.

작업내역을 처리하기 위해 [재고이동등록(창고)] 메뉴를 사용했다. 작업내역을 만족하는 이동번호를 고르시오.

① MV2111000001

② MV2111000002

③ MV2111000003

④ MV2111000004

19 아래 [조회조건]의 조건으로 데이터를 조회한 후 물음에 답하시오.

> [조회조건]
> • 사업장　 : 1000.㈜한국자전거본사
> • 실사기간 : 2021/10/30 ～ 2021/10/30

2021년 10월 30일 상품장소를 대상으로 재고실사를 했다. 다음 품목에 대해 잘못된 처리방법을 고르시오.

① [31-1010001.체인] : [기초재고/재고조정등록]을 통해 10만큼 출고조정한다.

② [31-1010002.의자] : [기초재고/재고조정등록]을 통해 10만큼 입고조정 한다.

③ [31-1010003.바구니] : [입고처리(국내발주)]에서 누락 건을 확인해 10만큼 입고한다.

④ [31-1010004.타이어] : 전산재고와 실사재고가 동일해 아무 작업을 하지 않아도 된다.

20 아래 [조회조건]으로 데이터를 조회한 후 물음에 답하시오.

> [조회조건]
> • 사업장　　 : 1000.㈜한국자전거본사
> • 조정기간　 : 2021/11/11 ～ 2021/11/15
> • 입고창고　 : P100.제품창고 / 입고장소 : P101.제품장소
> • 출고창고　 : M100.부품창고 / 출고장소 : M101.부품장소
> • SET모품목 : 20-1025000.유아용자전거세트
> • 입고조정수 : 15

SET품 수불조정 입력을 [SET 적용] 기능을 활용해 구성품을 등록할 때 구성품 [31-1010005.자물쇠]의 대상수량으로 옳은 것은?

① 10

② 15

③ 20

④ 30

이론문제

01	02	03	04	05	06	07	08	09	10
③	④	④	①	②	①	②	④	②	①
11	12	13	14	15	16	17	18	19	20
①	②	①	③	②	①	③	②	②	③

01 ③ 통합시스템 구축이라는 특징을 갖는다.

ERP 특징
• 다국적, 다통화, 다언어 지원 • 중복업무 배제 • 실시간 정보처리체계 구축 • 선진화된 프로세스 내장 • 비즈니스 프로세스 모델에 따른 리엔지니어링 • 파라미터 지정에 의한 프로세스 정의 • 경영정보 제공 및 경영조기경보체계 구축 • 투명경영 확보

02 ④ ERP는 생산, 판매, 자재, 인사, 회계 등 기업의 전반적인 업무프로세스를 하나의 체계로 통합 및 재구축하여 관련 정보를 서로 공유하고, 이를 통해 신속한 의사결정 및 업무수행이 가능하도록 돕는다.

03 ④ 특정 하드웨어 및 소프트웨어 기술이나 업체에 의존하지 않고 신·구 상관없이 다양한 시스템과 조합하여 사용할 수 있는 오픈·멀티벤더(Open Multi-Vendor)시스템을 특징으로 한다.

ERP의 기능적 특징
다국적·다통화·다언어 지원, 중복업무 배제 및 실시간 정보처리체계 구축, 표준 지향 선진프로세스 수용, 비즈니스 프로세스 모델에 의한 리엔지니어링, 파라미터 지정에 의한 프로세스 정의, 경영정보 제공 및 경영조기경보체계 구축, 투명경영의 수단으로 활용, 오픈·멀티벤더(Open Multi-Vendor)시스템

04 ① ERP 구축절차 중 구현(implementation)단계는 실 데이터를 입력한 후 테스트하는 시스템운영의 단계이며, 시험가동
(prototyping), 데이터 전환(data conversion), 시스템 평가, 교육, 유지 · 보수, 향후일정 수립 등을 진행한다.

ERP 구축절차	내 용
1단계 분석	현황 분석, TFT 구성, 문제 파악, 목표 · 범위 설정, 경영전략 · 비전 도출, 세부 추진일정 계획수립, 시스템 설치 등
2단계 설계	미래업무 도출, GAP 분석, 패키지 설치 · 파라미터 설정, 추가 개발 · 수정 · 보완, 인터페이스 문제 논의, 커스터마이징 등
3단계 구축	모듈조합화, 테스트, 추가 개발 · 수정 · 보완 확정, 출력물 제시 등
4단계 구현	시스템 운영, 시험가동, 시스템 평가, 유지 · 보수, 향후일정 수립 등

05 ② 판매계획은 자사의 성장가능성과 인적 · 물적 자원의 능력, 시장점유율 등을 고려해 수립한다.
 • 미래 일정기간 동안의 자사 상품이나 서비스의 판매가능액을 구체적으로 예측하는 수요예측 결과를 이용해 수립하
는 것은 영업관리다.

06

> • 손익분기점 매출량 = $\dfrac{\text{고정비용}}{(\text{단위당 가격} - \text{단위당 변동비})}$
>
> • 손익분기점 매출액 = 손익분기점 매출량 × 단위당 가격

 • 손익분기점 매출량 = $\dfrac{24{,}000}{(260 - 20)} = 100$
 ① 손익분기점 매출액 = 손익분기 매출량 × 단위당 가격 = 100 × 260 = 26,000

07

> • 교차비율 = 상품회전율 × 한계이익율
>
> • 교차비율 = $\dfrac{\text{한계이익}}{\text{매출액}} \times \dfrac{\text{매출액}}{\text{평균재고액}} = \dfrac{\text{한계이익율}}{\text{평균재고액}}$

 ② 교차비율은 상품형태로 변한 자본에 대한 한계이익 비율로서 교치비율이 높을수록 이익을 많이 내는 상품으로 본다.
 • 재고회전율(= 상품회전률)이 높아지거나 단위당 판매이익이 높아지면 교차비율이 높아지고, 교차비율을 높아지면 상
품의 목표판매액이 높게 할당된다.

08 ④ 가격탄력성이 1보다 큰 상품의 수요는 '탄력적(elastic)'이라 하고, 1보다 작은 상품의 수요는 '비탄력적(inelastic)'이라
고 한다.

09 • 파레토분석(ABC분석)은 '파레토의 법칙(전체 결과의 80%가 전체 원인의 20%에서 일어나는 현상)'에 입각하여 중요
한 고객 · 거래처만 집중적으로 관리하는 기법이다. 전체 매출액의 70~80%를 20~30%의 고객 · 거래처의 매출액이
차지할 때 이들을 우량 고객 · 고래처로 삼아 집중 · 관리한다.
 ② 전체 매출액의 80%를 차지하는 a와 b만이 A그룹의 고객군으로 적절하다.

10

> • 여신한도액 = 과거 3년간의 회수누계액 × 평균 총이익률
> = (3년간 총매출액 − 외상매출채권잔액) × 평균 총이익률

① 여신한도액 = 과거 3년간의 회수 누계액 × 평균 총이익률
　　　　　　= (3년간 총매출액 − 외상매출채권 잔액) × 평균 총이익률
　　　　　　= (100억원 − 40억원) × 5%
　　　　　　= 3억원

11

① 공동재고관리시스템(CMI)에 대한 설명이다.

② 지속적보충프로그램(CRP) : 제품을 유통하고 제조하는 업체가 전자상거래를 통해 상품의 재고가 부족할 때 자동으로 보충하고 재고관리를 하도록 지원하는 시스템

③ 창고관리시스템(WMS) : 창고 내에서 이루어지는 물품의 입 · 출고관리, 로케이션관리, 재고관리 등을 수행하는 정보시스템

④ 공급망운영참고모형(SCOR)은 '계획 → 조달 → 생산 → 배송 → 반품' 등 5개 프로세스로 분류하는 공급사슬 프로세스 분석 및 설계 모델이다.

12

② 통합물류센터 운영방식에 대한 설명이다.

공급망 물류거점 운영방식	내 용
직배송방식	생산자가 창고만 보유하고 물류거점을 거치지 않고 소비자에게 직접 배송하는 방식으로 물류거점 운영과 관련한 제반비용을 필요로 하지 않아 수송량이 제한적인 경우에 주로 적용
통합물류센터 운영방식	중앙물류센터에서 전체 공급망의 물품을 통합하여 운영
지역물류센터 운영방식	소비자 근처로 위치한 분산물류거점을 운영
통합 · 지역 물류센터 혼합운영방식	중앙물류센터와 지역물류센터를 혼합하여 사용

13

① MRO(Maintenance Repair and Operation, 소모성자재)에 대한 설명이다.

② MRP(Material Requirement Planning, 자재소요계획) : 최종제품이 필요한 시점으로부터 해당 제품의 제조 또는 조립에 필요한 하위 부품들이 필요한 시점을 역으로 계산해내는 시스템

③ APP(Aggregate Production Plan, 총괄생산계획) : 생산자원의 효율적 배분과 비용의 최소화를 위해 총괄적인 입장에서 수립되는 생산계획

④ MPS(Master Production Schedule, 주생산일정계획) : 총괄생산계획을 분해해서 실행계획으로 구체화시키는 중기계획

14

③ 주문비용 $= \dfrac{\text{연간수요량}}{\text{1회 주문량}} \times$ 주문비용

$= \dfrac{120대}{3대} \times 1,000,000$원

$= 40,000,000$원

15 ② 발주량 = 목표재고 − 현재재고

$$= (검토주기\ 동안의\ 수요 + 구매\ 리드타임\ 동안의\ 수요 + 안전재고) − 현재재고$$
$$= (30 + 100 + 20) − 50$$
$$= 100$$

16 ① 매입가격 상승기(인플레이션)를 전제로 각 재고평가방법의 매출총이익을 비교하면 '선입선출법 > 이동평균법 > 총평균법 > 후입선출법' 순이다.

17 ③ 선일부현금할인(Advanced dating)에 대한 설명이다.

① 특별기간현금할인(Extra Dating) : 할인판매 등의 특별기간 동안 현금할인기간을 추가로 적용하는 방식

② 구매당월락현금할인(EOM ; End of Month Dating) : 물건을 구매한 그 당월은 할인기간에서 제외하고 그 다음 달부터 할인기간을 적용시키는 방식

④ 선불기일현금할인(Aanticipation) : 현금할인 만기일 이전에 선불되는 기일에 비례하여 이자율을 차감해주는 방식

18

이 익 = 판매가격 − 판매원가

= 판매가격 − [(직접재료비 + 직접노무비 + 직접제조경비) + (제조간접비 + 판매 및 관리비)]

② 이 익 = 판매가격 − 판매원가

= 판매가격 − [(직접재료비 + 직접노무비 + 직접제조경비) + (제조간접비 + 판매 및 관리비)]

= 500원 − [(40원 + 100원 + 80원) + (10원 + 70원)]

= 200원

19 ② 지역성품목, 소량구매품목 등은 사업장별 분산구매가 유리하다.

본사 집중구매	사업장별 분산구매
• 대량구매 · 고가 · 공동(또는 표준) 품목 등 • 대량구매로 가격이나 거래조건을 유리하게 결정할 수 있음 • 공동자재를 일괄구매하므로 단순화 · 표준화가 쉽고 재고량이 감소함 • 전문적인 구매지식과 구매기능을 효과적으로 활용할 수 있음 • 구매절차 통일에 용이 • 구매비용 감소 • 구매가격 · 공급자 조사, 구매효과 측정 수월	• 지역성 · 소매구매 품목 등 • 각 사업장별로 구매 자립성을 가지며, 구매소속이 간단하고 구매기간이 감축됨 • 긴급수요의 경우 대처 용이 • 지역구매가 많아 수송비가 절감되고, 해당 지역과 호의적인 관계를 유지할 수 있음

20 ③ 수의계약방식은 구매조건을 이행할 수 있는 능력을 갖춘 다른 공급업체가 없는 경우에 적합하다.

01	02	03	04	05	06	07	08	09	10
④	②	①	④	③	②	①	③	③	①
11	12	13	14	15	16	17	18	19	20
①	④	②	④	②	③	①	④	③	②

01 [시스템관리] – [기초정보관리] – [일반거래처등록]

→ [추가등록사항] 탭

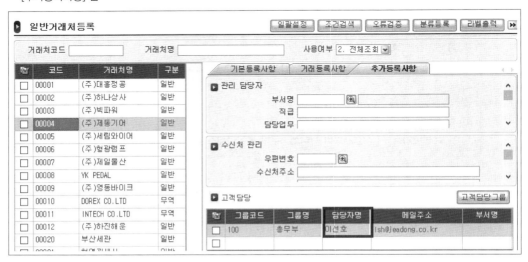

④ ㈜제동기어의 담당자는 '이선호'다.

02 [시스템관리] – [기초정보관리] – [품목등록]

→ [MASTER/SPEC] 탭

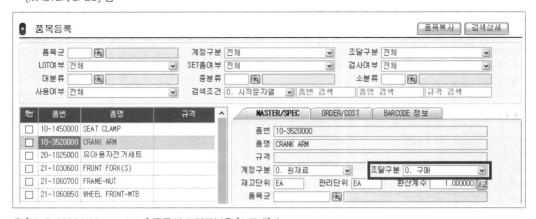

② [10–3520000.CRANK ARM] 품목의 조달구분은 [0.구매]다.

03 [시스템관리] – [마감/데이터관리] – [영업마감/통제등록]

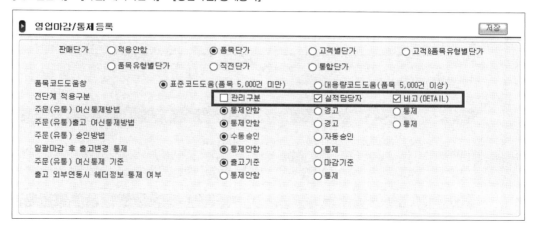

- 김유리 : 관리구분은 적용받지 않는다.
- 최병서 : 실적담당자는 적용받는다.
- 이나영 : 비고(DETAIL)은 적용받는다.
- 오민정 : 비고(HEADER)는 적용대상이 아니다.

04 [영업관리] – [영업관리] – [판매계획등록(고객별상세)]
→ [사업장 : 1000.㈜한국자전거본사] – [대상년월 : 2021/11] – 상단의 '조회' 클릭

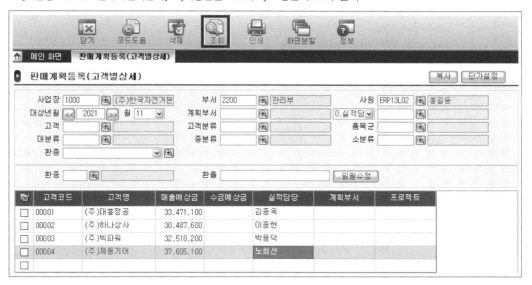

④ ㈜제동기어의 매출예상금이 37,605,100원으로 가장 많다.

05 [영업관리] – [영업관리] – [견적등록]

→ [사업장 : 1000.㈜한국자전거본사] – [견적기간 : 2021/11/01 ~ 2021/11/05]

① 견적번호 ES2111000001의 결제조건 : 외상 결제

② 견적번호 ES2111000002의 결제조건 : 어음 결제

③ 견적번호 ES2111000003의 결제조건 : 현금 결제

④ 견적번호 ES2111000004의 결제조건 : 선수금 결제

06 [영업관리] – [영업관리] – [수주등록]

→ [사업장 : 1000.㈜한국자전거본사] – [주문기간 : 2021/11/01 ~ 2021/11/05] – 조회 후 아래칸 상세내역에서 마우스 오른쪽 버튼/'[수주등록] 이력정보' 클릭 – [진행상태 확인 및 메뉴이동 :: 수주등록] 팝업창

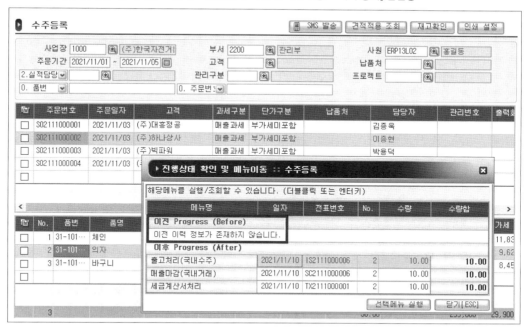

② 이전 이력정보가 존재하지 않는 주문번호 SO2111000002가 '직접입력'이고, 그 외는 모두 '견적적용'이다.

07 [영업관리] – [영업관리] – [출고처리(국내수주)]

→ [예외출고] 탭 – [사업장 : 1000.㈜한국자전거본사] – [출고기간 : 2021/11/01 ~ 2021/11/05] – [출고창고 : P100.제품창고]

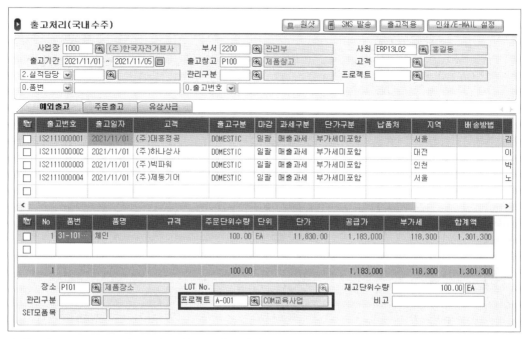

① 출고번호 IS2111000001의 프로젝트는 'COM교육사업'이고, 그 외는 모두 '특별할인판매'다.

08　[영업관리] – [영업관리] – [출고처리(국내수주)]

→ [주문출고] 탭 – [사업장 : 1000.㈜한국자전거본사] – [출고기간 : 2021/11/05 ~ 2021/11/10] – [출고창고 : P100.제품창고]

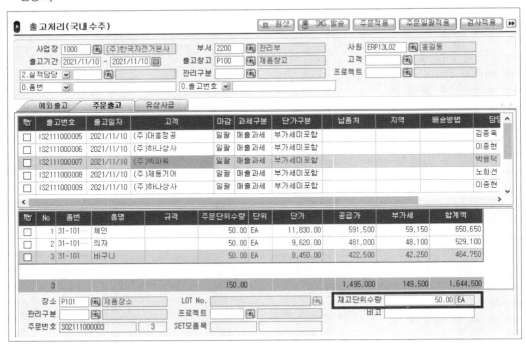

③ 출고번호 IS2111000007의 재고단위 수량 총합은 '150(= 50 + 50 + 50)'이다.

09　[영업관리] – [영업관리] – [매출마감(국내거래)]

→ [사업장 : 1000.㈜한국자전거본사] – [마감기간 : 2021/11/10 ~ 2021/11/10]

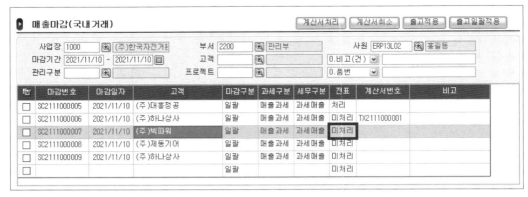

③ 마감번호 SC2111000007는 전표 및 계산서가 '미처리'상태이므로 수정과 삭제가 가능하다.

10 [영업관리] – [영업관리] – [수금등록]

→ [사업장 : 1000.㈜한국자전거본사] – [수금기간 : 2021/11/01 ～ 2021/11/10]

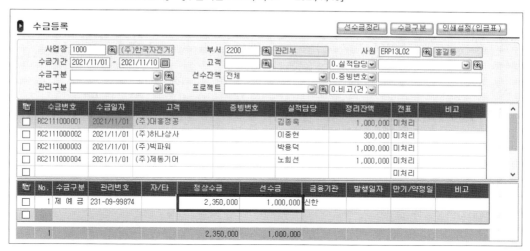

① 수금번호 RC2111000001의 수금금액이 '3,350,000(= 2,350,000 + 1,000,000)'으로 가장 많다.

② 수금번호 RC2111000002의 수금금액 = 1,500,000 + 300,000 = 1,800,000

③ 수금번호 RC2111000003의 수금금액 = 500,000 + 1,000,000 = 1,500,000

④ 수금번호 RC2111000004의 수금금액 = 1,000,000 + 1,000,000 = 2,000,000

11 [영업관리] – [영업현황] – [미수채권집계]

→ [고객] 탭 – [사업장 : 1000.㈜한국자전거본사] – [조회기간 : 2021/11/01 ～ 2021/11/30] – [조회기준 : 0.국내(출고기준)] – [미수기준 : 0.발생기준]

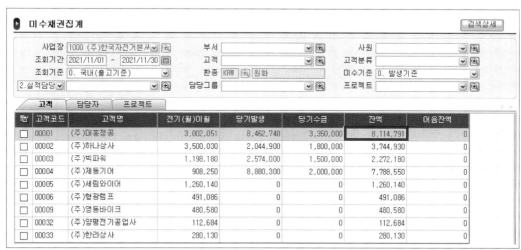

① [0001.㈜대흥정공]의 미수채권 잔액이 '8,114,791'로 가장 크다.

12 [구매/자재관리] – [구매관리] – [주계획작성(MPS)]

→ [사업장 : 1000.㈜한국자전거본사] – [계획기간 : 2021/11/01 ~ 2021/11/05] – [계획구분 : 2.SIMULATION]

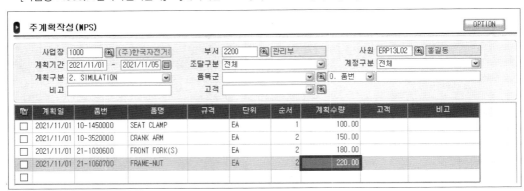

④ [21-1060700.FRAME-NET] 품목의 계획수량이 '220'으로 가장 많다.

13 [구매/자재관리] – [구매관리] – [청구등록]

→ [사업장 : 1000.㈜한국자전거본사] – [요청일자 : 2021/11/01 ~ 2021/11/05] – [청구구분 : 전체] – 조회 후 아래칸에서 마우스 오른쪽 버튼/'부가기능 – 품목상세정보' 클릭 – [품목 상세정보] 팝업창

② [21-1060950.WHEEL REAR-MTB] 품목의 주거래처는 '㈜대흥정공', 청구등록의 주거래처는 '㈜빅파워'다.

14 [구매/자재관리] – [구매관리] – [발주등록]

→ [사업장 : 1000.㈜한국자전거본사] – [발주기간 : 2021/11/01 ～ 2021/11/05] – 조회 후 아래칸 상세내역에서 마우스 오른쪽 버튼/'[발주등록] 이력정보' 클릭

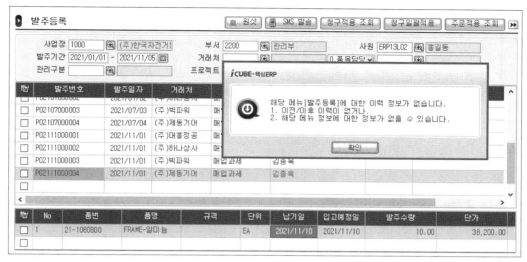

④ 발주번호 PO2111000004의 이력정보가 없으므로 '직접입력'한 것이다.

15 [구매/자재관리] – [구매관리] – [입고처리(국내발주)]

→ [발주입고] 탭 – [사업장 : 1000.㈜한국자전거본사] – [입고기간 : 2021/11/16 ～ 2021/11/20] – [입고창고 : P100.제품창고] – 조회 후 상단 [발주적용] 클릭 – [주문적용조회(LIST/예정일/건별) 팝업창 – [발주적용(LIST)] 탭 – [발주기간 : 2021/11/11 ～ 2021/11/11]

② [ATECX-2000.유아용자전거] 품목의 발주잔량(미입고수량)이 '50(= 15 + 35)'으로 가장 많다.

① [ATECK-3000.일반자전거] 품목의 발주잔량 = 25 + 5 = 30

③ [NAX-A400.일반자전거(P-GRAY WHITE)] 품목의 발주잔량 = 5 + 5 = 10

④ [NAX-A420.산악자전거(P-20G)] 품목의 발주잔량 = 15 + 10 = 25

16 [구매/자재관리] – [구매관리] – [매입마감(국내거래)]

→ [사업장 : 1000.㈜한국자전거본사] – [마감기간 : 2021/11/27 ~ 2021/11/27] – 조회 후 아래칸 상세내역에서 마우스
오른쪽 버튼/'[매입마감(국내거래) 이력정보' 클릭 – [진행상태 확인 및 메뉴이동 :: 발주등록] 팝업창

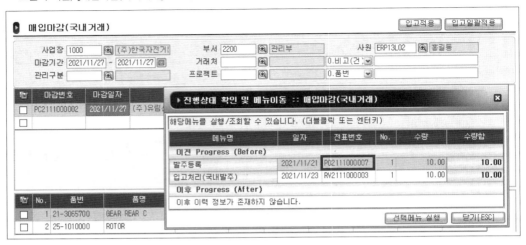

③ 발주번호 PO21110000007에 대한 매입마감이다.

17 1) 마감정보 및 전표번호 확인

[구매/자재관리] – [구매관리] – [입고처리(국내발주)]

→ [예외입고] 탭 – [사업장 : 1000.㈜한국자전거본사] – [입고기간 : 2021/11/15 ~ 2021/11/15] – [입고창고 : X300.원재
료창고] – 조회 후 아래칸 상세내역에서 마우스 오른쪽 버튼/'[입고처리(국내발주) 이력정보' 클릭 – [진행상태 확인
및 메뉴이동 :: 발주등록] 팝업창에서 '전표번호(= 마감번호) 및 해당 날짜' 확인

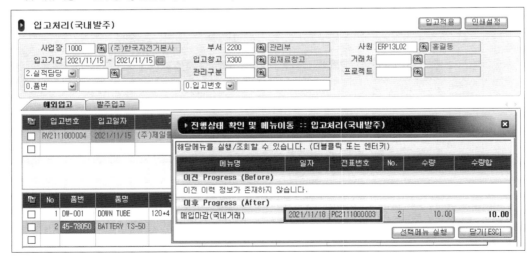

2) 회계처리 확인

[구매/자재관리] − [구매관리] − [회계처리(매입마감)]

→ [회계전표] 탭 − [사업장 : 1000.㈜한국자전거본사] − [기간 : 2021/11/18 ~ 2021/11/18]

① 마감번호 PC211100003의 회계처리

(차)	149.원재료	141,000	(대)	251.외상매입금(원재료)	155,100
	146.상 품	215,000		251.외상매입금(상품)	236,500
	135.부가세대급금	35,600			

18　1) 장소의 '적합여부(여/부)' 확인

[시스템관리] − [기초정보관리] − [창고/공정(생산)/외주공정등록]

→ [창고/장소] 탭 − [사업장 : 1000.㈜한국자전거본사]

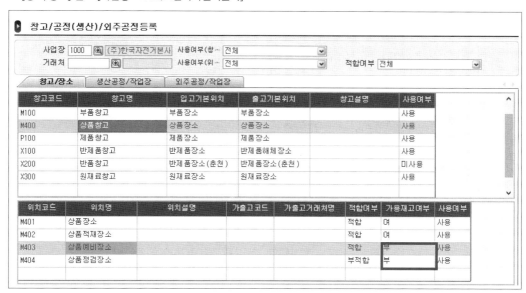

2) 장소 확인

[구매/자재관리] – [재고관리] – [재고이동등록(창고)]

→ [사업장 : 1000.㈜한국자전거본사] – [이동기간 : 2021/11/05 ～ 2021/11/05]

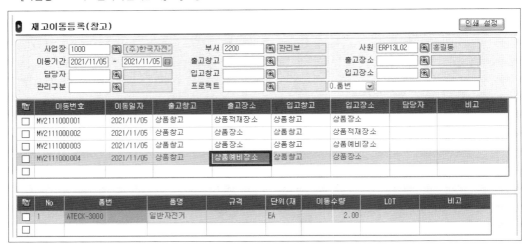

④ 이동번호 MV2111000004가 가용재고여부가 '부'인 [M403.상품예비장소]에서 '여'인 [M401.상품장소]로 이동되었다.

① 이동번호 MV2111000001 : [M402.상품적재장소] → [M401.상품장소] = 여 → 여

② 이동번호 MV2111000002 : [M401.상품장소] → [M402.상품적재장소] = 여 → 여

③ 이동번호 MV2111000003 : [M401.상품장소] → [M403.상품예비장소] = 여 → 부

19 [구매/자재관리] – [재고관리] – [재고실사등록]

→ [사업장 : 1000.㈜한국자전거본사] – [실사기간 : 2021/10/30 ～ 2021/10/30]

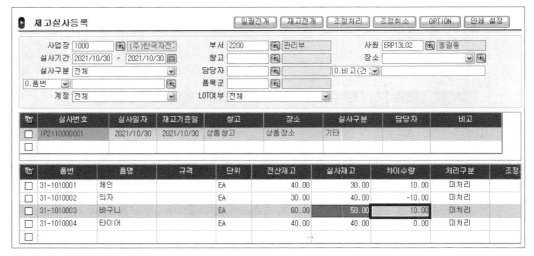

③ [31-1010003.바구니] 품목은 전산재고가 실사재고보다 '10' 많으므로 재고를 '10'만큼 감소시켜야 한다.

20 [구매/자재관리] – [재고관리] – [SET품 수불조정등록]

→ [사업장 : 1000.㈜한국자전거본사] – [조정기간 : 2021/11/11 ~ 2021/11/15] – [입고창고 : P100.제품창고] – [입고장소 : P101.제품장소] – [출고창고 : M100.부품창고] – [출고장소 : M101.부품장소] – 상단 [SET적용] 클릭 – [SET 적용] 팝업창 – [조회] 클릭

② [SET 적용] 버튼을 이용해 조회하면 대상수량을 확인할 수 있다.

이론문제

01 ERP시스템 구축절차 중에서 다음 [보기]에서 설명하고 있는 단계에 해당하는 것은 무엇인가?

┤ 보 기 ├
- 영업, 생산, 구매, 자재, 회계, 인사급여 등 회사의 모든 업무에 대한 재설계 결과를 ERP패키지의 각 모듈과 비교해 꼭 필요한 모듈만을 조합해 연결된 시스템을 테스트하는 단계

① 분 석   ② 설 계
③ 구 축   ④ 구 현

02 다음 [보기]의 괄호 안에 들어갈 용어로 맞는 것은 무엇인가?

┤ 보 기 ├
- ERP시스템의 확장기능 중에서 (   )기능은 공급자부터 소비자까지 이어지는 자재, 제품, 서비스, 정보의 물류흐름을 계획하고 운영함으로써 수요와 공급의 일치를 목표로 하는 관리활동이다.

① ERP(Enterprise Resource Planning)
② SCM(Supply Chain Management)
③ CRM(Customer Relationship Management)
④ KMS(Knowledge Management System)

03 ERP의 도입전략 중에서 ERP 자체개발방식보다 ERP패키지를 이용하는 방식의 장점이 아닌 것은 무엇인가?

① 짧은 시간에 구현이 가능하다.
② 구현 실패위험을 최소화할 수 있다.
③ 시스템 보안기능이 향상된다.
④ 기능의 확장이 용이하다.

04 다음 중 클라우드 컴퓨팅(Cloud Computing)의 장점으로 적절하지 않은 것은 무엇인가?

① 원하는 애플리케이션을 자유롭게 설치해 사용할 수 있다.
② 필요에 따라 언제든지 컴퓨팅자원을 사용할 수 있다.
③ 장비관리 업무와 PC 및 서버 등의 보유자원을 줄일 수 있다.
④ 사용자의 IT투자비용이 줄어든다.

05 비행기 제조사인 A사의 1월부터 3월까지 실제 판매량이 보기와 같고, 1월의 예측판매량이 120대였다. 지수평활법을 이용할 때 평활계수가 0.2인 경우 3월의 예측치는 얼마인가?

| 보 기 |

구 분	실제판매량	예측판매량
1월	120	120
2월	145	
2월	130	

① 120
② 125
③ 130
④ 135

06 아이스크림 제조회사의 아이스크림 1개당 판매단가는 1,200원이고, 단위당 변동비는 200원이며 연간 고정비가 600만원이다. 제품의 손익분기점(BEP, Break-even Point)에 해당하는 연간 아이스크림 판매 매출수량으로 옳은 것은?

① 2,000개
② 4,000개
③ 6,000개
④ 8,000개

07 매출목표액을 결정하는 데 중요한 고려요소인 시장점유율을 확대하고자 할 경우 영향을 많이 받는 요소로 가장 옳지 않은 것은?

① 매입채무회전율
② 판촉활동 및 판매경로의 강도
③ 과거의 시장점유율(과거의 데이터)
④ 경쟁기업에 대한 상대적 가격 · 품질 · 기능

08 다음 중 가격결정에 영향을 미치는 외부적 요인 중에서 고객수요의 내용으로 옳지 않은 것은?

① 경쟁기업의 구매능력
② 가격탄력성
③ 제품이미지
④ 품 질

09 과거 총이익액의 실적을 이용해 거래처의 여신한도를 설정하려고 한다. 거래처에 대해 과거 3년간의 총매출액이 80억원, 외상매출채권 잔액이 20억원, 평균 총이익율이 5%일 때 이 거래처에 적절한 여신한도액은 얼마인가?

① 3억원   ② 4억원
③ 5억원   ④ 6억원

10 매출액을 기준으로 받을어음의 회수기간을 산출해 여신한도액을 운용하고자 한다. 다음 [보기]의 대금회수 내역을 활용했을 때 받을어음의 대금회수기간으로 옳은 것은?

┤ 보 기 ├
- 대금회수내역(매출총액 : 23억원)
  - 현 금   : 13억원
  - 30일 어음 : 2억원
  - 60일 어음 : 3억원
  - 90일 어음 : 5억원

① 10일   ② 30일
③ 60일   ④ 900일

11 공급망관리 정보시스템의 유형 중에서 VMI의 특징에 대한 설명으로 적절한 것은?

① 주문피킹 자동화
② 재고관리를 협력사에게 위탁
③ 소매업체와 제조기업이 공동으로 재고관리
④ POS시스템 도입

12 공급망 운영전략의 유형을 효율적 공급망 전략과 대응적 공급망 전략으로 구분할 경우 대응적 공급망 전략의 특징으로 가장 옳지 않은 것은?

① 높은 재고회전율과 낮은 재고수준을 유지한다.
② 수요예측이 어렵고, 이익률이 높은 제품에 적용한다.
③ 스피드, 유연성, 품질을 중심으로 공급자를 선정한다.
④ 고객서비스를 비용적인 측면보다 우선 고려하는 전략이다.

13 공급망 물류거점 운영방식 중 지역 물류센터 운영방식에 대한 설명으로 옳은 것은?

① 중앙물류센터에서 전체 공급망의 물품을 통합운영하는 방식
② 공장과 함께 위치한 생산자 창고만 보유하고 물류거점을 거치지 않고 소비자에게 직접 배송하는 방식
③ 소비자 근처로 위치한 분산 물류거점을 운영하는 방식
④ 중앙물류센터와 지역물류센터를 혼합해 사용하는 방식

14 다음 중에서 재고주문비용에 대한 설명으로 가장 옳지 않은 것은 무엇인가?

① 품목을 발주할 때 발생되는 비용이다.
② 주문비용은 발주량에 관계 없이 발주할 때마다 일정하게 발생한다.
③ 주문서류 작성, 입고활동 등에서 발생하는 비용이다.
④ 로트사이즈를 작게 할수록 재고 1단위당 주문비용이 줄어든다.

15 편의점에서는 아이스크림의 재고회전율을 파악하고자 한다. 제품의 재고와 관련된 정보가 [보기]와 같을 때 아이스크림의 재고회전율로 옳은 것은?

┤보 기├
- 연간총판매량 : 6,000
- 기초재고량   : 1,000
- 기말재고량   :   200

① 5
② 10
③ 15
④ 20

16 [보기]의 특징에 적합한 운송수단으로 가장 옳은 것은 무엇인가?

┤보 기├
- 운송량   : 대·중 화물, 중·원거리에 적합
- 운 임   : 탄력적
- 기후영향 : 많이 받음
- 안정성   : 낮 음
- 일관운송 : 어려움

① 철도 운송
② 선박 운송
③ 화물차량 운송
④ 파이프라인 운송

17 가격할인방식 중에서 현금할인방식에 대한 설명으로 옳지 않은 것은?
① 지불기일 이전에 판매대금을 현금지불하는 경우 적용하는 방식임
② 할인폭은 이자, 수금비용 등에 해당하는 금액임
③ 자본회전율을 낮출 수 있음
④ 현금지불거래처를 우대하는 효과가 있음

18 아래 [보기]의 원가요소를 반영해 산출한 제조원가는 무엇인가?

```
┤보 기├
• 직접재료원가    : 36,000원          • 직접노무원가     : 40,000원
• 변동판매관리비   : 30,000원          • 고정판매관리비    : 25,000원
• 고정제조간접원가 : 28,000원          • 변동제조간접원가   : 24,000원
```

① 76,000원
② 128,000원
③ 129,000원
④ 130,000원

19 구매시장 조사의 개념에 대한 설명으로 가장 옳지 않은 것은?

① 시장조사는 구매시장의 정보를 수집하고 분석하는 과정이다.
② 시장조사는 공급자 선정 및 구매계약과정에서 주도적인 협상과 적극적인 구매활동을 가능하게 하는 매우 중요한 기능이다.
③ 시장조사는 구매가격, 품질, 조달기간, 구매수량, 공급자, 지불조건 등을 결정하기 위한 정보를 수집해 합리적 구매계획을 수립하도록 하는 목적을 갖는다.
④ 시장조사방법 중에서 직접조사방법은 신문사, 협회 · 조합 · 정부기관 등에서 발간되는 간행물을 이용해 가격의 시세와 변동 등을 직접 파악하는 것이다.

20 구매방침 중 원가절감 측면에서 자체생산보다 외주생산이 더 유리한 경우로 옳지 않은 것은 무엇인가?

① 다품종 소량생산인 경우
② 기술진부화가 예측되는 경우
③ 생산제품의 모델변경이 잦은 경우
④ 제조시설에 대한 고정비용이 낮은 경우

실무문제

로그인 정보

회사코드	3002	사원코드	ERP13L.02
회사명	물류2급 회사A	사원명	홍길동

01 다음은 일반거래처에 대한 설명이다. 틀린 내용을 말한 사람끼리 짝지어진 것을 고르시오.

- 곽병태 : [00001.㈜대흥정공]의 거래처 구분은 '일반'이다.
- 장호섭 : [00008.YK PEDAL]의 대표자는 외국인이다.
- 김슬기 : [00010.DOREX CO.LTD]의 사업자등록번호는 필수 입력값이다.
- 박현후 : [00031.㈜대일전자]의 대표자성명은 적혀 있지 않다.

① 곽병태 – 장호섭
② 곽병태 – 김슬기
③ 장호섭 – 김슬기
④ 김슬기

02 다음 중 [99-133510.SPECIAL CYCLE] 품목에 대한 설명으로 옳지 않은 것을 고르시오.

① 계정구분은 [5.상품]이다.
② 재고단위와 관리단위가 동일하다.
③ LEAD TIME은 '11 DAYS'다.
④ 최저판매단가는 1,525,000원이다.

03 회사에서는 재고평가방법을 설정 후 재고관리를 하려고 한다. 다음 중 회사에서 선택할 수 있는 재고평가방법이 아닌 것은?

① 총평균법
② 이동평균법
③ 개별법
④ 선입선출법

04 다음 [보기]의 데이터를 조회한 후 답하시오.

> ┤ 보 기 ├
> • 사업장　　 : 1000.㈜한국자전거본사
> • 대상년월 : 2022년 1월

㈜한국자전거본사에서는 [00035.㈜테크폴리] 거래처에 대한 판매계획을 등록했다. 2022년 1월 매출 예상금은 얼마인가?

① 16,472,500원

② 44,500,000원

③ 110,000원

④ 20,122,500원

05 다음 [보기]의 데이터를 조회한 후 답하시오.

> ┤ 보 기 ├
> • 사업장　　 : 1000.㈜한국자전거본사
> • 견적기간 : 2022/01/01 ~ 2022/01/05

[보기]로 조회한 견적내용 중 결제조건이 '현금결제'인 건을 고르시오.

① ES2201000001

② ES2201000002

③ ES2201000003

④ ES2201000004

06 다음 [보기]의 데이터를 조회한 후 답하시오.

> ┤ 보 기 ├
> • 사업장　　 : 1000.㈜한국자전거본사
> • 주문기간 : 2022/01/05 ~ 2022/01/10
> • 주문번호 : SO2201000001

해당 주문 건에서 [21-1060950.WHEEL REAR-MTB]의 주문수량은 사실 '1,010'이 아닌 '10'이다. 잘못 입력된 주문수량을 수정한 후 해당 주문 건의 총 합계액으로 올바른 것을 고르시오.

① 25,305,280원

② 2,257,970원

③ 644,800원

④ 709,280원

07 다음 [보기]의 데이터를 조회한 후 답하시오.

> **┤보기├**
> - 사업장 : 1000.㈜한국자전거본사
> - 출고기간 : 2022/01/10 ~ 2022/01/15
> - 출고창고 : M400.상품창고

다음 [보기] 기준의 출고 건 중에서 출고장소가 다른 한 건의 담당자를 고르시오.

① 김종욱
② 이종현
③ 박용덕
④ 노희선

08 다음 [보기]의 데이터를 조회한 후 답하시오.

> **┤보기├**
> - 사업장 : 1000.㈜한국자전거본사
> - 마감기간 : 2022/01/01 ~ 2022/01/05

[보기]의 [매출마감] 데이터를 확인한 후 틀린 설명을 고르시오.

① SC2201000001의 매출마감 건은 '건별'이기 때문에 [매출마감] 메뉴에서 수량, 금액 등을 수정할 수 없다.
② 출고 건 IS2201000006은 출고일자와 같은 날에 SC2201000002의 내역으로 매출마감되었다.
③ SC2201000003의 매출마감 건의 총 합계액은 1,021,800원이다.
④ SC2201000004의 매출마감 건은 아직 계산서처리를 하지 않았다.

09 다음 [보기]의 데이터를 조회한 후 답하시오.

> **┤보기├**
> - 사업장 : 1000.㈜한국자전거본사
> - 수금기간 : 2022/01/01 ~ 2022/01/10

[보기]로 조회한 수금내역 중 수금금액이 가장 큰 거래처를 고르시오.

① ㈜대흥정공
② ㈜하나상사
③ ㈜빅파워
④ ㈜제동기어

10 다음 [보기]의 데이터를 조회한 후 답하시오.

> **보 기**
> • 사업장　　: 1000.㈜한국자전거본사
> • 해당년도 : 2022

㈜한국자전거본사에서는 2022년의 채권기초를 확인하고 있다. 기초미수채권이 가장 적은 곳의 담당자와 기초미수채권을 올바르게 짝지은 것을 고르시오.

① 이종현 − 1,000,000
② 박용덕 − 2,500,000
③ 정영수 −　500,000
④ 노희선 − 1,000,000

11 다음 [보기]의 데이터를 조회한 후 답하시오.

> **보 기**
> • 사업장　　　: 1000.㈜한국자전거본사
> • 조회기간　　: 2022/01/01 ～ 2022/01/31
> • 조회기준　　: 0.국내(출고기준)
> • 일계포함여부 : 0.미포함

[00001.㈜대흥정공]의 미수채권에 대한 내용을 확인하고 있다. 다음 설명 중 틀린 것을 고르시오.

① 잔액은 '3,756,315'다.
② 전기(월) 금액은 '0'이다.
③ 해당 기간 내의 당기발생한 수량은 총 '1,475'다.
④ 수금은 '현금'으로 진행되었다.

12 각 품목에 대한 구매단가를 지정하고 있다. 대분류 [10.BA] 에 속한 품목 중 구매단가가 가장 높은 품목을 고르시오.

① 88−1001000.PRESS FRAME−W
② 90−9001000.FRAME GRAY
③ 99−133510.SPECIAL CYCLE
④ ATECK−3000.일반자전거

13 다음 [보기]의 데이터를 조회한 후 답하시오.

┤ 보 기 ├
- 사업장   : 1000.㈜한국자전거본사
- 청구기간 : 2022/01/01 ～ 2022/01/05

다음 [보기]의 청구등록 내용 중 [발주등록] 메뉴에서 조회해 적용할 수 있는 청구 건을 고르시오.

① PR2201000001
② PR2201000002
③ PR2201000003
④ PR2201000004

14 다음 [보기]의 데이터를 조회한 후 답하시오.

┤ 보 기 ├
- 사업장   : 1000.㈜한국자전거본사
- 발주기간 : 2022/01/05 ～ 2022/01/10

[보기]의 발주 데이터를 조회한 후 틀린 설명을 고르시오.

① PO2201000001 건은 '수주등록' 데이터를 적용받아 등록했다.
② PO2201000002 건은 '수주등록' 데이터를 적용받아 등록했다.
③ PO2201000003 건의 총 합계액은 '82,500'이다.
④ PO2201000004 건의 담당자는 '김종욱'이다.

15 다음 [보기]의 데이터를 조회한 후 답하시오.

┤ 보 기 ├
- 사업장   : 1000.㈜한국자전거본사
- 입고기간 : 2022/01/05 ～ 2022/01/05
- 입고창고 : D100.분배창고
- 입고번호 : RV2201000001

[보기]의 입고처리 건에 대한 설명 중 옳은 것을 고르시오.

① 해당 입고 건에 등록된 품목들의 재고단위수량의 합은 '40'이다.
② 입고는 [D101.재분배용] 장소에서 진행되었다.
③ 총 합계액은 '5,430,100'이다.
④ 담당자는 '이희연'이다.

16 다음 [보기]의 데이터를 조회한 후 답하시오.

> **보기**
> • 사업장   : 1000.㈜한국자전거본사
> • 마감기간 : 2022/01/14 ~ 2022/01/15

[보기]의 매입마감내역을 조회한 후 옳은 설명을 고르시오.

① PC2201000001의 마감수량은 [매입마감(국내거래)] 메뉴에서 수정한 것이다.
② PC2201000002는 작년 12월의 입고 건을 마감한 것이다.
③ PC2201000003은 전표처리되어 삭제할 수 없다.
④ PC2201000004은 입고 건에 대한 마감잔량이 남아 있다.

17 다음 [보기]의 데이터를 조회한 후 답하시오.

> **보기**
> • 사업장 : 1000.㈜한국자전거본사
> • 기 간   : 2022/01/20 ~2022/01/25

[보기]의 기간 내의 매입마감 중 한 건은 이미 전표가 승인되어 더 이상 수정할 수 없다. 이미 전표가 승인된 매입마감 건의 거래처를 고르시오.

① ㈜대흥정공
② ㈜하나상사
③ ㈜빅파워
④ ㈜제동기어

18 [1000.㈜한국자전거본사]에서 2022년 1월 5일에 [M400.상품창고]의 [M401.상품장소]로 잘못 입고된 [21-1070700.FRAME-티타늄] 재고 15개를 [P100.제품창고]의 [P103.대기장소]로 이동처리했다. 다음 중 위 내용의 재고수불내역을 등록한 메뉴와 해당 수불번호를 고르시오.

① [재고이동등록(창고)] - MV2201000001
② [재고이동등록(사업장)] - MV2201000001
③ [기초재고/재고조정등록] - IA2201000001
④ [입고처리] - RV2201000009

19 ㈜한국자전거본사에서는 생산품에 대한 표준원가를 등록해 활용하려고 한다. 2022년 1월에 등록된 생산품 중에서 표준원가가 가장 낮은 품목을 고르시오.

① 31-1010001.체인
② 31-1010002.의자
③ 31-1010003.바구니
④ 31-1010004.타이어

20 다음 [보기]의 데이터를 조회한 후 답하시오.

┌─┤ 보 기 ├──────────────────────────────────┐
│ • 해당년도 : 2022   │
│ • 품 번   : NAX-A400   │
└──┘

해당 품목에 대한 재고현황을 파악하고 있다. 다음 중 해당 품목에 대한 설명 중 틀린 것을 고르시오.

① 품명은 '싸이클'이다.
② 기초수량은 '50'이다.
③ 출고수량은 '35'이다.
④ 재고수량과 안전재고량이 동일하기 때문에 현재 총 재고수량은 '0'이다.

이론문제

01	02	03	04	05	06	07	08	09	10
③	②	③	①	②	③	①	①	①	②
11	12	13	14	15	16	17	18	19	20
②	①	③	④	②	②	③	②	④	④

01 ③ 모듈을 조합하여 연결된 시스템을 테스트하는 단계는 '3단계 구축'이다.

ERP 구축단계	내 용
1단계 분석	현황 분석, TFT 구성, 문제 파악, 목표·범위 설정, 경영전략·비전 도출, 세부 추진일정 계획 수립, 시스템 설치 등
2단계 설계	미래업무 도출, GAP 분석, 패키지 설치·파라미터 설정, 추가 개발·수정·보완, 인터페이스문제 논의, 커스터마이징 등
3단계 구축	모듈조합화, 테스트, 추가 개발·수정·보완 확정, 출력물 제시 등
4단계 구현	시스템 운영, 시험가동, 시스템 평가, 유지·보수, 향후일정 수립 등

02 ② SCM(Supply Chain Management, 공급망관리)에 대한 설명이다.

① ERP(Enterprise Resource Planning, 전사적 자원관리) : 기업활동을 위해 사용되는 기업 내의 모든 인적·물적 자원을 효율적으로 관리하여 궁극적으로 기업의 경쟁력을 강화시켜 주는 역할을 하는 통합정보시스템

③ CRM(Customer Relationship Management, 고객관계관리) : 고객과 관련된 기업의 내외부 자료를 분석·통합하여 고객 특성에 기초한 마케팅 활동을 계획하고, 지원하며, 평가하는 과정을 통해 향후 마케팅에 이용하기 위한 고객의 정보를 분류하고 활용하는 것

④ KMS(Knowledge Management System, 지식관) : 조직 내 지식자원의 가치를 극대화하기 위해 통합적인 지식관리 프로세스를 지원하는 정보기술시스템

03 ③ ERP 자체개발방식은 시스템의 수정과 유지보수가 지속적으로 가능하며, 사용자 요구사항을 충실하게 반영할 수 있다.

04 ① 사용자가 원하는 애플리케이션을 설치하는 데 제약이 심하거나 새로운 애플리케이션을 지원하지 않는다.

클라우드 ERP시스템의 장점
• 접근성 및 편의성 • 맞춤형 및 비용 효율적인 솔루션 • 안정적인 데이터 관리 및 보안 강화 • 원격근무환경의 구현을 통한 스마트워크환경 구축

05

$$예측치 = 평활상수 \times 전기실적치 + (1 - 평활상수) \times 전기예측치$$

• 2월의 예측치 = $(0.2 \times 120) + (0.8 \times 120) = 24 + 96 = 120$

② 3월의 예측치 = $(0.2 \times 145) + (0.8 \times 120) = 29 + 96 = 125$

06 ③ 손익분기점(BEP) 매출량 $= \dfrac{고정비용}{(단위당\ 가격 - 단위당\ 변동비)}$

$$= \dfrac{6,000,000원}{(1,200원 - 200원)}$$

$$= 6,000개$$

07 ① 매입채무회전율 요소는 거래처 신용한도 설정 시 활용요소다.

08 ① 고객수요 내용은 소비자의 구매능력, 가격탄력성, 품질, 제품이미지 등이다.

09 ① 여신한도액 = 과거 3년간의 회수 누계액 × 평균 총이익률

= (총매출액 - 외상매출채권잔액) × 평균 총이익률

= (80억원 - 20억원) × 5%

= 3억원

10

$$받을어음\ 회수기간 = \dfrac{(각\ 받을어음\ 금액 \times 각\ 어음기간)의\ 합계}{매출총액}$$

② 받을어음 회수기간 $= \dfrac{(13억원 \times 0) + (2억원 \times 30일) + (3억원 \times 60일) + (5억원 \times 90일)}{23억원}$

$$= 30일$$

• 현금은 '즉각회수'이므로 계산식에서 제외하거나 기일을 '0'으로 한다.

11 ② VMI(협력자재고관리)의 유통업체 물류센터의 재고데이터를 공급자(지조업자)에게 전달하면 공급자가 물류센터로 제품을 배송하고 유통업체의 재고를 직접 관리하는 방식으로 재고관리의 책임을 공급자에세 위탁하는 성격의 시스템이다.

① 주문피킹 자동화 - 창고관리시스템(WMS)

③ 소매업체와 제조기업이 공동으로 재고관리 - 공동재고관리(CMI)

④ POS시스템 도입 - 효율적 소비자 대응(ECR)

12 ① 대응적 공급망 전략은 혁신적 제품과 같이 수요 예측이 어렵고, 이익률은 높은 제품에 빠르게 대응하는 공급망 전략으로서 고객 서비스를 비용적인 측면보다 우선시하는 전략으로 스피드, 유연성, 품질을 중심으로 공급자를 선정하는 반면에 효율적 공급망 전략은 비용과 품질에 근거하여 선정하며, 높은 재고회전율과 낮은 재고수준을 유지한다.

13 ③ 소비자 근처로 위치한 분산 물류거점을 운영하는 것은 '지역 물류센터 운영방식'이다.

공급망 물류거점 운영방식	내 용
직배송 방식	생산자가 창고만 보유하고 물류거점을 거치지 않고 소비자에게 직접 배송하는 방식으로 물류거점 운영과 관련한 제반비용을 필요로 하지 않아 수송량이 제한적인 경우에 주로 적용
통합물류센터 운영방식	중앙물류센터에서 전체 공급망의 물품을 통합운영
지역물류센터 운영방식	소비자 근처로 위치한 분산 물류거점을 운영
통합 · 지역 물류센터 혼합운영방식	중앙물류센터와 지역물류센터를 혼합하여 사용

14 ④ 로트사이즈(1회 주문량)를 크게 할수록 재고 1단위당 주문비용이 감소한다.

15 ② 재고회전율 $= \dfrac{\text{연간 총판매량}}{\dfrac{\text{연간 총판매량}}{2}}$

$\qquad = \dfrac{6,000}{\dfrac{(1,000 + 200)}{2}}$

$\qquad = 10$

16 ② 선박 운송의 특징이다.

구 분	선박 운송의 특징
운송량	대량 · 중량 화물, 중 · 원거리
운 임	탄력적
기 후	기후 영향 많음
안전성	낮 음
중량제한	없 음
일관운송	어려움
운송시간	매우 길다
화물수취	불 편

17 ③ 가격할인방식 중에서 현금할인방식은 자본회전율을 높인다.

18 ② 제조원가 = 직접재료원가 + 직접노무원가 + 제조간접원가

= 36,000원 + 40,000원 + 28,000원 + 24,000원

= 128,000원

19 ④ 직접조사는 해당 기업이나 판매시장에서 각종 자재의 시세와 변동에 대해 직접 조사하는 것이며, 간접조사는 신문, 관련잡지, 기타 협회·조합·정부기관에서 발간되는 간행물을 통해 파악하는 것이다.

20 ④ 단위당 생산한계비용이 낮은 경우에는 자체생산이 외주생산보다 유리하다.

구 분	자체생산이 유리	외주생산이 유리
기술권리 측면	고유기술 보호해야 할 때	고유기술 없을 때
제조기술 측면	제품구성에서 전략적으로 중요한 부품	주요 부품·기술이 포함되지 않는 경우
원가절감 측면	• 지속적으로 대량생산을 해야 하는 경우 • 시설감가액을 고려한 생산한계비용이 한계수입보다 낮은 경우	• 생산제품의 모델 변경이 잦은 경우 • 다품종 소량생산의 경우 • 기술진부화가 예측되는 경우 • 계절적 수요를 갖는 품목
생산능력 측면		• 자체 보유시설과 생산능력 등의 생산능력을 초과하는 수요의 경우 • 납기단축 요구, 긴급·일시적 주문, 불규칙한 수요가 발생한 경우

01	02	03	04	05	06	07	08	09	10
③	④	③	①	①	④	②	③	①	③
11	12	13	14	15	16	17	18	19	20
②	④	①	②	②	②	②	①	③	④

01　[시스템관리] – [기초정보관리] – [일반거래처등록]
　　→ [기본등록사항] 탭

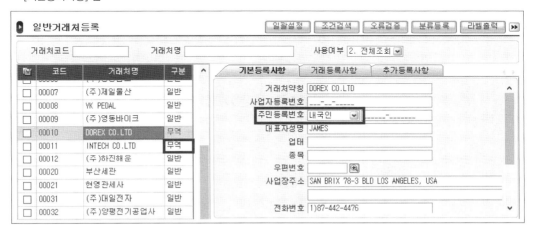

- [00008.YK PEDAL]의 대표자는 내국인이다.
- [00010.DOREX CO.LTD]의 거래처구분값이 '무역'이므로 사업자등록번호는 필수입력이 아니다.

02　[시스템관리] – [기초정보관리] – [품목등록]
　　→ [MASTER/SPEC] 및 [ORDER/COST] 탭

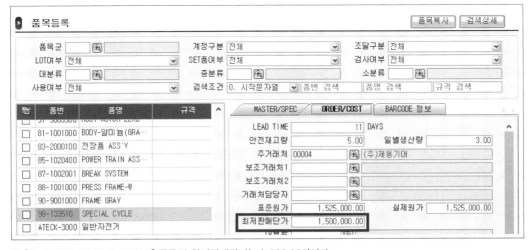

④ [99–133510.SPECIAL CYCLE] 품목의 최저판매단가는 '1,500,000'이다.

03 [시스템관리] – [마감데이터관리] – [자재마감/통제등록]

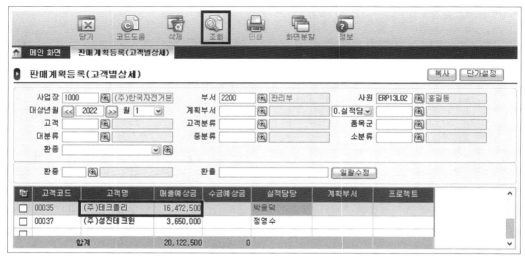

③ 개별법은 사용할 수 없다.

04 [영업관리] – [영업관리] – [판매계획등록](고객별상세)]
→ [사업장 : 1000.㈜한국자전거본사] – [대상년월 : 2022/1] – 상단의 '조회' 클릭

① [00035.㈜테크폴리]에 대한 2022년 1월 매출예상금은 '16,472,500'이다.

05 [영업관리] – [영업관리] – [견적등록]

→ [사업장 : 1000.㈜한국자전거본사] – [견적기간 : 2022/01/01 ~ 2022/01/05]

① 견적번호 ES2201000001의 결제조건이 '현금 결제'다.

② 견적번호 ES2201000002의 결제조건 : 선입금

③ 견적번호 ES2201000003의 결제조건 : 카드 결제

④ 견적번호 ES2201000004의 결제조건 : 어음 결제

06 [영업관리] – [영업관리] – [수주등록]

→ [사업장 : 1000.㈜한국자전거본사] – [주문기간 : 2022/01/05 ~ 2022/01/10] – [0.주문번호 : SO2201000001]

④ [21-1060950.WHEEL REAR-MTB] 품목의 주문수량에 대한 총 합계액은 '709,280'이다.

07 [영업관리] – [영업관리] – [출고처리(국내수주)]

→ [예외출고] 탭 – [사업장 : 1000.㈜한국자전거본사] – [출고기간 : 2022/01/01 ~ 2022/01/15] – [출고창고 : M400. 상품창고]

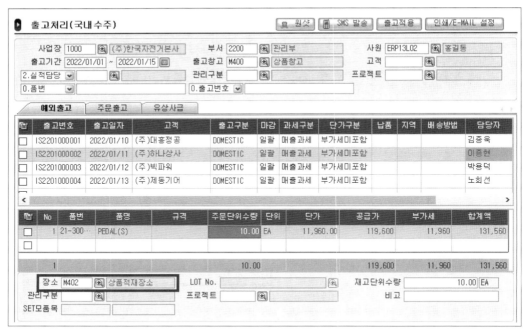

② 이종현이 담당한 출고건만 출고장소가 [M402.상품적재장소]이고, 그 외는 모두 [M401.상품장소]다.

08 [영업관리] – [영업관리] – [매출마감(국내거래)]

→ [사업장 : 1000.㈜한국자전거본사] – [마감기간 : 2022/01/01 ~ 2022/01/05]

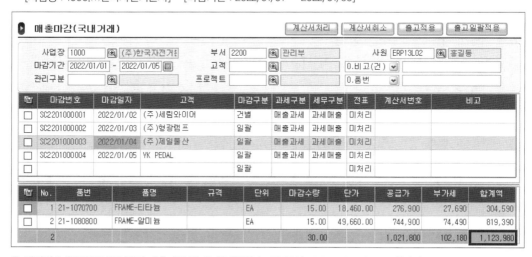

③ 마감번호 SC2201000003의 매출마감 건 총 합계액은 '1,123,980(= 304,590 + 819,390)'이다.

09 [영업관리] – [영업관리] – [수금등록]

→ [사업장 : 1000.㈜한국자전거본사] – [수금기간 : 2022/01/01 ~ 2022/01/10]

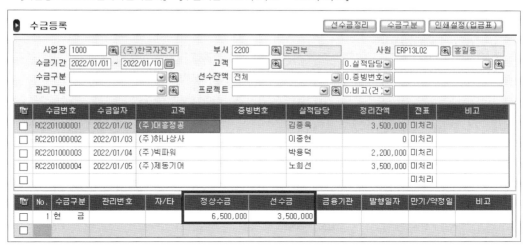

① ㈜대흥정공의 수금금액이 '10,000,000(= 6,500,000 + 3,500,000)'으로 가장 크다.

② ㈜하나상사의 수금금액 = 7,500,000

③ ㈜빅파워의 수금금액 = 5,500,000 + 2,200,000 = 7,700,000

④ ㈜제동기어의 수금금액 = 1,000,000 + 2,500,000+ 3,500,000 = 7,000,000

10 [영업관리] – [기초정보관리] – [채권기초/이월/조정(출고기준)]

→ [채권기초] 탭 – [사업장 : 1000.㈜한국자전거본사] – [해당년도 : 2022]

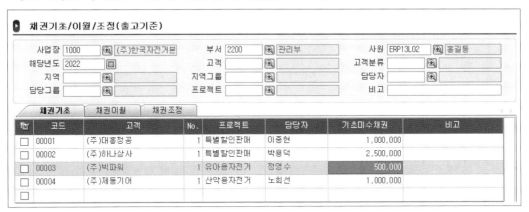

③ 정영수 담당의 기초미수채권이 '500,000'으로 가장 적다.

11   [영업관리] – [영업현황] – [미수채권상세현황]

→ [고객] 탭 – [사업장 : 1000.㈜한국자전거본사] – [조회기간 : 2022/01/01 ~ 2022/01/31] – [조회기준 : 0.국내(출고
기준)] – [일계포함여부 : 0.미포함] – [00001.㈜대흥정공] 확인

② [00001.㈜대흥정공] 미수채권의 전기(월) 금액은 '1,000,000'이다.

12   [영업관리] – [기초정보관리] – [품목단가등록]

→ [대분류 : 10.BA]

≣	품번	품명	규격	재고단위	관리단위	환산계수	환산표준원가	구매단가
☐	31-1010003	바구니		EA	EA	1.000000	1,500.00	1,220.00
☐	31-1010004	타이어		EA	EA	1.000000	6,000.00	21,200.00
☐	31-1010005	자물쇠		EA	EA	1.000000	2,000.00	41,220.00
☐	40-2525000	LEAD FRAME		EA	EA	1.000000	15,000.00	3,200.00
☐	56-2600100	ASSY KEY SWITCH…		EA	EA	1.000000	1,440.00	10,350.00
☐	83-2000100	전장품 ASS'Y		EA	EA	1.000000	87,000.00	6,500.00
☐	ATECK-3000	일반자전거		EA	EA	1.000000	200,000.00	212,000.00
☐	PS-ZIP01	PS-DARKGREEN		EA	BOX	10.000000	0.00	3,200.00

④ [ATECK-3000.일반자전거] 품목의 구매단가가 '212,000'으로 가장 높다.

13 [구매/자재관리] – [구매관리] – [발주등록]

→ [사업장 : 1000.㈜한국자전거본사] – [청구기간 : 2022/01/01 ~ 2022/01/05] – 조회 후 상단 [청구적용조회] 버튼
클릭 – [청구적용창] 팝업창 – [청구적용(건별)] 탭 – [청구기간 : 2022/01/01 ~ 2022/01/05]

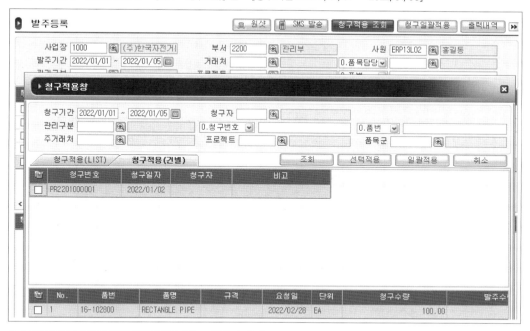

① 청구구분이 '구매'일 때만 [발주등록]에서 조회할 수 있다.

14 [구매/자재관리] – [구매관리] – [발주등록]

→ [사업장 : 1000.㈜한국자전거본사] – [청구기간 : 2022/01/05 ~ 2022/01/10] – 조회 후 아래칸 상세내역에서 마우
스 오른쪽 버튼/'[발주등록] 이력정보' 클릭 – [진행상태 확인 및 메뉴이동 :: 발주등록] 팝업창

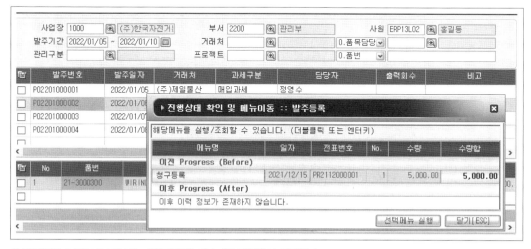

② 발주번호 PO2201000002는 [청구등록] 데이터를 적용받아 등록했다.

15 [구매/자재관리] – [구매관리] – [입고처리(국내발주)]

→ [예외입고] 탭 – [사업장 : 1000.㈜한국자전거본사] – [입고기간 : 2022/01/05 ~ 2022/01/05] – [입고창고 : D100. 분배창고]

① 관리단위의 수량은 '40'이지만, 재고단위수량은 총 '270(= 10 + 150 + 100 + 10)'이다.

③ 총 합계액은 '5,973,110'이다.

④ 담당자는 '노희선'이다.

16 [구매/자재관리] – [구매관리] – [매입마감(국내거래)]

→ [사업장 : 1000.㈜한국자전거본사] – [마감기간 : 2022/01/14 ~ 2022/01/15] – 조회 후 상세내역에서 마우스 오른쪽 버튼/'[매입마감(국내거래) 이력정보' 클릭 – [진행상태 확인 및 메뉴이동 :: 매입마감(국내거래)] 팝업창

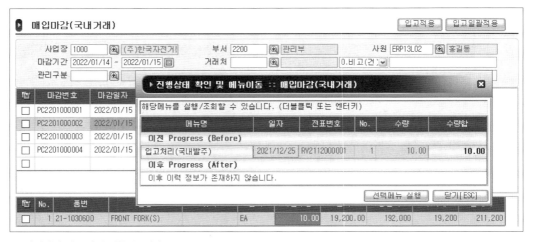

① 건별이기 때문에 수정할 수 없다.

③ 전표처리는 진행되지 않았다.

④ 마감잔량은 없다.

17 [구매/자재관리] – [구매관리] – [회계처리(매입마감)]

→ [매입마감] – [사업장 : 1000.㈜한국자전거본사] – [기간 : 2022/01/20 ～ 2022/01/25]

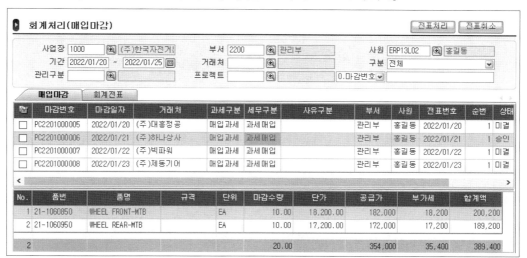

② 마감번호 PC2201000006의 전표가 승인되었으며, 해당 마감번호의 거래처는 '㈜하나상사'다.

18 [구매/자재관리] – [재고관리] – [재고이동등록(창고)]

→ [사업장 : 1000.㈜한국자전거본사] – [이동기간 : 2022/01/05 ～ 2022/01/05] – [출고창고 : M400.상품창고] – [출고장소 : M401.상품장소] – [입고창고 : P100.제품창고] – [입고장소 : P103. 대기장소]

① [재고이동등록(창고)] 메뉴에서 재고의 이동처리사항을 확인할 수 있다.

19 [구매/자재관리] – [재고평가] – [생산품표준원가등록]

→ [사업장 : 1000.㈜한국자전거본사] – [해당년도 : 2022/1]

③ [31-1010003.바구니] 품목의 표준원가가 '2,500'으로 가장 낮다.

20 [구매/자재관리] – [재고수불현황] – [현재고현황(전사/사업장)]

→ [전사] 탭 – [사업장 : 1000.㈜한국자전거본사] – [해당년도 : 2022] – [3.품번범위 : NAX-A400 ~ NAX-A400]

④ 가용재고량이 '0'이다.

재고의 종류	내 용
가용재고	• 당장 사용할 수 있는 재고 = 기초재고 + 입고예정재고 – 출고예정재고 = 총 재고 – 안전재고
안전재고	갑작스러운 수요 증가로 재고가 모두 바닥났을 때 비축해둔 재고
적정재고	재고 바닥나지 않도록 정한 재고수량으로 재발주 시점으로 사용

이론문제

01 ERP의 기능적 특징으로 적절하지 않은 것은?

① 객체지향기술의 사용
② 선진프로세스의 내장
③ 실시간 정보처리체계 구축
④ 기업의 투명경영 수단으로 활용

02 클라우드 컴퓨팅의 장점으로 옳지 않은 것은?

① 사용자의 IT투자비용이 줄어든다.
② 필요에 따라 언제든지 컴퓨팅자원을 사용할 수 있다.
③ 장비관리 업무와 PC 및 서버 자원 등을 줄일 수 있다.
④ 사용자가 필요로 하는 애플리케이션을 설치하는 데 제약이 없다.

03 ERP 구축절차 중 모듈조합화, 테스트 및 추가개발 또는 수정기능을 확정하는 단계로 옳은 것은?

① 구축단계
② 구현단계
③ 분석단계
④ 설계단계

04 ERP에 대한 설명으로 적절하지 않은 것은?

① 경영혁신 수단으로 사용된다.

② 개방성, 확장성, 유연성이 특징이다.

③ 프로세스 중심의 업무처리방식을 갖는다.

④ 파라미터 설정 및 변경은 ERP 구축 이전에만 가능하다.

05 [보기]의 설명에 해당하는 수요예측방법으로 옳은 것은?

┤보 기├
• 시간의 흐름에 따라 일정한 간격으로 기록한 통계자료를 분석해 예측하는 방법

① 시계열분석

② 시장조사법

③ 다중회귀분석

④ 수명주기유추법

06 "월말 마감의 차월회수" 기준에 따라 외상매출금의 회수율을 계산하고자 할 때 보기의 (a)에 들어갈 용어로 옳은 것은?

┤보 기├
외상매출금 회수율 = (a) / [(b) + (c)] × 100%

① 당월회수액

② 전월매출액

③ 당월매출액

④ 전전월 말 외상매출금잔액

07 제품A에 대한 목표매출액을 결정하기 위해 수익성 지표를 활용하려고 한다. 아래 [보기]의 예측자료를 이용한 손익분기점에서의 매출액은 얼마인가?

┤보 기├
- 연간 고정비   : 300만원
- 제품단위당 변동비 : 600원/개
- 제품단위당 판매가 : 900원/개

① 300만원
② 500만원
③ 600만원
④ 900만원

08 [보기]의 설명에 해당하는 시장형태로 옳은 것은?

┤보 기├
- 시장에 다수의 기업들이 참여하고 있지만, 참여기업들은 각기 디자인, 품질, 포장 등에 있어 어느 정도 차이가 있는 유사상품을 생산·공급해 상호경쟁하고 있는 시장형태

① 과점시장
② 독점시장
③ 완전 경쟁시장
④ 독점적 경쟁시장

09 수주관리의 업무내용으로 가장 옳지 않은 것은?

① 수주는 구매를 결정한 고객으로부터 구체적인 주문을 받는 과정이다.
② 수주등록은 수주 후에 고객의 주문내역을 관리시스템에 등록하는 과정이다.
③ 견적은 수주 이후단계로서 구매하고자 하는 물품에 대한 사양과 가격을 산출하는 단계다.
④ 수주등록 후 일자별 가용수량, 약속가능재고 정보를 참조해 고객에게 예정납기를 통보해야 한다.

10 여신한도액이 순운전자본보다 많아지는 경우 운전자본 확보방안으로 가장 옳지 않은 것은?

① 상품재고 감소
② 지급어음 기일 단축
③ 어음의 회수기간 단축
④ 현금회수 가능 거래처 증대

11 [보기]에서 설명하는 물류시스템 용어로 옳은 것은?

─| 보 기 |─
• 물류센터로 입고되는 상품을 물류센터에 보관하는 것이 아니라 분류 또는 재포장의 과정을 거쳐 곧바로 다시 배송하는 물류시스템

① 창고관리시스템(WMS)
② 지속적 보충프로그램(CRP)
③ 크로스도킹(Cross-Docking)
④ 효율적 소비자대응시스템(ECR)

12 재고관리 관련 비용에 대한 설명으로 옳지 않은 것은?

① 주문비용은 품목을 발주할 때 발생되는 비용이다.
② 로트사이즈가 클수록 재고단위당 주문비용은 늘어난다.
③ 주문비용은 발주마다 일정하게 발생하는 고정비에 해당한다.
④ 재고부족비용은 품절로 인해 수요를 충족시키지 못할 때 발생하는 비용이다.

13 고정주문기간모형에서 목표재고를 설정할 때 고려하는 요소로 가장 옳지 않은 것은?

① 현재고
② 안전재고
③ 검토주기 동안의 수요량
④ 구매 리드타임 동안의 수요량

14 [보기]에서 설명하는 운송경로 방식으로 옳은 것은?

> ┤ 보 기 ├
> • 고객처별 물류거점 운영으로 고객대응에 있어 신속한 대응이 가능한 방식
> • 고객밀착형 물류거점 설치로 다수의 물류거점 확보 및 운영비 가중이 요구됨

① 공장직송방식
② 복수거점방식
③ 배송거점방식
④ 중앙집중거점방식

15 경제적 운송을 위한 운송수단 운영 시 고려사항으로 옳지 않은 것은?

① 공동배송을 최소화해 수익을 증대시킨다.
② 수주단위의 대형화로 적재율을 향상시킨다.
③ 통계적인 수배송으로 차량회전율을 향상시킨다.
④ 물류거점을 재편성해 운송경로를 단축시킨다.

16 다음 보기의 창고 입고업무프로세스에서 '입고지시'가 들어갈 위치로 옳은 것은?

> ┤ 보 기 ├
> [㉠] → [입고통보 접수] → [㉡] → [입하, 하차 운반] → [입고검사] → [㉢] → [운반, 입고적치] → [㉣]

① ㉠
② ㉡
③ ㉢
④ ㉣

17 가격유형 중에서 거래당사자인 판매자와 구매자가 가격에 영향을 직접 미칠 수 있는 유형으로 옳은 것은?

① 시장가격
② 개정가격
③ 협정가격
④ 교섭가격

18 경쟁기업의 가격을 기준으로 자사의 제품가격을 결정하는 경우에 고려할 요소로 적절하지 않은 것은?

① 기업이미지
② 제품경쟁력
③ 투자이익률
④ 시장점유율

19 구매품목에 대한 구매원가의 활용용도로 가장 옳지 않은 것은?

① 구매예산 편성
② 매출원가 산정
③ 판매이익 계산
④ 상품회전율 판단

20 [보기]에서 설명하고 있는 공급업체 선정방법으로 가장 옳은 것은?

┤보 기├
- 긴급구매에 적합한 방식
- 과거의 실적, 경영상태가 우량한 공급자를 선택해 입찰에 참가하게 하는 방식
- 구매계약 이행에 대한 신뢰성을 확보하고 구매계약에 소요되는 비용과 절차를 간소화할 수 있는 방식

① 일반경쟁방식
② 수의계약방식
③ 제한경쟁방식
④ 지명경쟁방식

실무문제

로그인 정보

회사코드	3005	사원코드	ERP13L02
회사명	물류2급 회사B	사원명	홍길동

01 다음은 일반거래처에 대한 설명이다. 잘못 설명한 사람을 고르시오.

> • 곽병태 : 사업자등록번호는 정보보호로 암호화되어 관리된다.
> • 장호섭 : [00002.㈜하나상사]는 거래처분류 [1000.매출거래처]에 속한다.
> • 김슬기 : [00003.㈜빅파워]는 '경기 화성시'에 소재한다.
> • 박현후 : [00004.㈜제동기어]의 업태는 '제조, 도소매'다.

① 곽병태
② 장호섭
③ 김슬기
④ 박현후

02 다음은 회사에 등록된 품목에 대한 설명이다. 보기 중 옳지 않은 것은?

① [21-1060700.FRAME-NUT]의 조달구분은 '구매'다.
② [31-10100001.체인]의 품목군은 [AC080.ARK]다.
③ [83-2000100.전장품 ASS'Y]의 안전재고량은 '100'이다.
④ [88-1001000.PRESS FRAME-W]의 LEAD TIME은 '3 DAYS'다.

03 다음 중 ㈜한국자전거본사에서 사용하는 재고평가방법을 고르시오.

① 총평균법
② 선입선출
③ 이동평균
④ 후입선출

04 다음 [보기]의 데이터를 조회한 후 답하시오.

┤ 보 기 ├
- 사업장　　 : 1000.㈜한국자전거본사
- 대상년월 : 2022년 3월

㈜한국자전거본사에서는 [00004.㈜제동기어] 거래처에 대한 판매계획을 등록했다. 2022년 3월 품목 [ATECX-2000.유아용자전거]의 매출예상금을 고르시오.

① 10,244,000
② 15,860,000
③ 19,032,000
④ 44,852,600

05 다음 [보기]의 데이터를 조회한 후 답하시오.

┤ 보 기 ├
- 사업장　　 : 1000.㈜한국자전거본사
- 견적기간 : 2022/03/01 ～ 2022/03/05

㈜한국자전거본사는 견적 요청일로부터 최소한 10일의 납기기간을 갖는다. 다음 견적 건 중 긴급으로 요청되어 짧은 납기기간으로 등록된 견적번호를 고르시오.

① ES2203000001
② ES2203000002
③ ES2203000003
④ ES2203000004

06 다음 [보기]의 데이터를 조회한 후 답하시오.

┤ 보 기 ├
- 사업장　　 : 1000.㈜한국자전거본사
- 주문기간 : 2022/03/01 ～ 2022/03/05

다음 중 주문 합계액의 총합이 가장 큰 주문번호를 고르시오.

① SO2203000001
② SO2203000002
③ SO2203000003
④ SO2203000004

07 다음 [보기]의 데이터를 조회한 후 답하시오.

┤보 기├
- 사업장 　 : 1000.㈜한국자전거본사
- 출고기간 : 2022/03/01 ~ 2022/03/05
- 출고창고 : M400.상품창고

부적합인 장소에서 출고된 품목을 고르시오.

① [ATECK-3000.일반자전거]
② [ATECX-2000.유아용자전거]
③ [NAX-A400.일반자전거(P-GRAY WHITE)]
④ [NAX-A420.산악자전거(P-20G)]

08 다음의 [보기]의 내용을 읽고 질문에 답하시오.

┤보 기├
- 사업장 　 : 1000.㈜한국자전거본사
- 마감기간 : 2022/03/06 ~ 2022/03/06

국내 매출마감 데이터를 조회한 후 다음 중 바르게 설명한 것을 고르시오.

① SC2203000001은 마감수량을 수정할 수 없다.
② SC2203000002는 마감일자를 수정할 수 없다.
③ SC2203000003은 과세구분을 수정할 수 있다.
④ SC2203000004는 세무구분을 수정할 수 있다.

09 다음 [보기]의 데이터를 조회한 후 답하시오.

┤보 기├
- 사업장 　 : 1000.㈜한국자전거본사
- 수금기간 : 2022/03/01 ~ 2022/03/05

다음 수금내역 중 선수금 정리금액이 가장 큰 거래처를 고르시오.

① ㈜하진운송
② ㈜한라상사
③ ㈜유림산업
④ ㈜세림정공

10 다음 [보기]의 데이터를 조회한 후 답하시오.

> **┤ 보 기 ├**
> • 사업장   : 1000.㈜한국자전거본사
> • 해당년도 : 2022

[채권기초/이월/조정(출고기준)] 메뉴에 대한 설명으로 옳지 않은 것은?

① ㈜대흥정공은 기초미수채권이 총 2,000,000원이다.

② 기초미수채권이 가장 큰 거래처는 ㈜빅파워이다.

③ ㈜하나상사의 2021년에서 이월된 채권금액은 1,800,000원이다.

④ ㈜하나상사는 조정미수채권 300,000원이 있다.

11 다음 [보기]의 데이터를 조회한 후 답하시오.

> **┤ 보 기 ├**
> • 사업장 : 1000.㈜한국자전거본사
> • 기 간   : 2022/03/01 ～ 2022/03/05

매출마감번호 SC2203000005를 전표처리했을 때 적요가 '외상매출금 증가(제품)'인 금액은 얼마인가?

① 1,078,090

② 1,185,899

③ 1,619,800

④ 1,781,780

12 각 품목에 대한 구매단가를 지정하고 있다. 대분류 [1000.PIPE 105]에 속한 품목 중 구매단가가 가장 낮은 품목을 고르시오.

① [21-1030600.FRONT FORK(S)]

② [21-1060700.FRAME-NUT]

③ [45-78050.BATTERY TS-50]

④ [PS-201B. R10K]

13 다음 [보기]의 데이터를 조회한 후 답하시오.

┤ 보 기 ├
- 사업장   : 1000.㈜한국자전거본사
- 요청일자 : 2022/03/06 ～ 2022/03/10

다음 [보기]의 청구등록 내용 중 발주대상으로 옳지 않은 것은?

① PR2203000001
② PR2203000002
③ PR2203000003
④ PR2203000004

14 다음 [보기]의 데이터를 조회한 후 답하시오.

┤ 보 기 ├
- 사업장   : 1000.㈜한국자전거본사
- 계획기간 : 2022/03/06 ～ 2022/03/10

주문내역을 기준으로 주계획을 작성했을 때 계획수량이 가장 큰 품목을 고르시오.

① [10-1450000.SEAT CLAMP]
② [21-1060950.WHEEL REAR-MTB]
③ [21-9000200.HEAD LAMP]
④ [ATECK-3000.일반자전거]

15 다음 [보기]의 데이터를 조회한 후 답하시오.

┤ 보 기 ├
- 사업장   : 1000.㈜한국자전거본사
- 발주기간 : 2022/03/06 ～ 2022/03/10

다음 발주번호 중 주문내역을 적용받아 입력된 발주번호를 고르시오.

① PO2203000001
② PO2203000002
③ PO2203000003
④ PO2203000004

16 다음 [보기]의 데이터를 조회한 후 답하시오.

> ┤ 보 기 ├
> - 사업장　　: 1000.㈜한국자전거본사
> - 입고기간 : 2022/03/06 ～ 2022/03/10
> - 입고창고 : P100.제품창고
> - 발주기간 : 2022/03/06 ～ 2022/03/10

다음 중 발주 대비 입고잔량이 가장 큰 품목을 고르시오.

① [21-1060850.WHEEL FRONT-MTB]
② [10-1450000.SEAT CLAMP]
③ [21-9000200.HEAD LAMP]
④ [ATECK-3000.일반자전거]

17 다음 [보기]의 내용을 읽고 질문에 답하시오.

> ┤ 보 기 ├
> - 사업장　　: 1000.㈜한국자전거본사
> - 요청일자 : 2022/03/06 ～ 2022/03/10

청구번호 PR2203000002에서 품목등록의 주거래처와 청구등록의 주거래처가 다른 품목으로 옳은 것은?

① [21-3001500.PEDAL(S)]
② [21-3001600.PEDAL]
③ [21-3065700.GEAR REAR C]
④ [21-9000200.HEAD LAMP]

18 [1000.㈜한국자전거본사]에서 2022년 3월 11일에 [M400.상품창고]의 [M401.상품장소]에서 [83-2000100.전장품 ASS'Y] 5EA가 불량으로 확인되어 [M404. 상품정검장소]로 이동시켰다. 위 내용의 재고수불내역을 등록한 메뉴와 해당 수불번호를 고르시오.

① [기초재고/재고조정등록] - IA2203000001
② [기초재고/재고조정등록] - IA2203000002
③ [재고이동등록(창고)] - MV2203000002
④ [재고이동등록(창고)] - MV2203000003

19 ㈜한국자전거본사에서 재고평가하기 위해 생산품의 표준원가를 등록했다. 2022년 3월에 등록된 반제품의 표준원가가 가장 낮은 품목을 고르시오.

① [81-1001000.BODY-알미늄(GRAY-WHITE)]
② [83-2000100.전장품 ASS'Y]
③ [85-1020400.POWER TRAIN ASS'Y(MTB)]
④ [87-1002001.BREAK SYSTEM]

20 다음 [보기]의 내용을 읽고 질문에 답하시오.

┤보 기├─────────────────────────────
• 사업장   : 1000.㈜한국자전거본사
• 실사기간 : 2022/02/01 ~ 2022/02/28
─────────────────────────────────

2022년 2월 28일 부품창고, 부품장소에서 재고실사를 시행했다. 품목 [87-1002001.BREAK SYS-TEM]의 전산재고가 23, 실사재고는 25로 차이수량 −2가 발생했다. 다음 ERP 담당자 중 올바른 조치를 말한 사람을 고르시오.

① 이유리 : 재고조정등록을 통해 수량 2만큼 입고조정한다.
② 김학겸 : 부적합 장소의 재고를 적합장소로 수량 2만큼 이동시킨다.
③ 류영신 : 수량 2만큼 구매한다.
④ 양태훈 : 수량 2만큼 출고시킨다.

이론문제

01	02	03	04	05	06	07	08	09	10
①	④	①	④	①	①	④	④	③	②
11	12	13	14	15	16	17	18	19	20
③	②	①	③	①	③	④	③	④	④

01   ① 객체지향기술의 사용은 ERP의 기술적 특징이다.

ERP 특징	내 용
기능적 특징	다국적 · 다통화 · 다언어 지원, 중복업무 배제 및 실시간 정보처리체계 구축, 표준 지향 선진프로세스 수용, 비즈니스 프로세스 모델에 의한 리엔지니어링, 파라미터 지정에 의한 프로세스 정의, 경영정보 제공 및 경영조기경보체계 구축, 투명경영의 수단으로 활용, 오픈 · 멀티벤더 시스템
기술적 특징	4세대 언어(4GL), CASE TOOL 사용, 관계형 데이터베이스 채택, 객체지향기술 사용, 인터넷환경의 e−비즈니스를 수용할 수 있는 Multi−tier환경 구성

02   ④ 사용자가 원하는 애플리케이션을 설치하는 데 제약이 심하거나 새로운 애플리케이션을 지원하지 않는다.

03   ① 모듈조합화, 테스트 및 추가개발 또는 수정기능을 확정하는 것은 '3단계 구축'이다.

ERP 구축절차	내 용
1단계 분석	현황 분석, TFT 구성, 문제 파악, 목표 · 범위 설정, 경영전략 · 비전 도출, 세부 추진일정 계획수립, 시스템 설치 등
2단계 설계	미래업무 도출, GAP 분석, 패키지 설치 · 파라미터 설정, 추가 개발 · 수정 · 보완, 인터페이스 문제 논의, 커스터마이징 등
3단계 구축	모듈조합화, 테스트, 추가 개발 · 수정 · 보완 확정, 출력물 제시 등
4단계 구현	시스템 운영, 시험가동, 시스템 평가, 유지 · 보수, 향후일정 수립 등

04   ④ ERP패키지를 활용하여 구축된 ERP시스템은 짧은 시간 내에 파라미터 등을 변경하여 이러한 기업환경 변화를 시스템에 즉시 반영시킬 수 있는 장점을 지니고 있다.

05 ① 시계열분석에 대한 설명이다.

수요예측방법		내 용
정성적 방법	시장조사법	시장상황에 대한 자료를 수집하고 이를 이용해 예측
	패널동의법	패널의 의견으로 모아 예측치로 활용
	중역평가법	중역들의 의견으로 모아 예측치로 활용
	판매원의 견합성법	각 지역 담당판매원들이 예측한 각 지역 예측치를 모아 예측
	수명주기유추법	유사한 기존 제품의 수명주기상의 수용을 이용해 예측
	델파이분석법	여러 전문가들의 의견을 수집해 신제품의 수요를 예측
계량적 방법	시계열분석법	시간의 흐름에 따라 일정한 간격마다 기록한 시계열데이터를 분석해 예측
	인과모형분석법	인과모형이 어떤 수요에 영향을 미치는지를 찾아내고, 그 요인과 수요와의 관계를 분석해 향후 수요를 예측

06 ① 외상매출금 회수율 $= \dfrac{\text{당월회수액}}{(\text{전전월 말 외상매출금 잔액 + 당월매출액})} \times 100\%$

07

- 손익분기점 매출량 $= \dfrac{\text{고정비용}}{(\text{단위당 가격} - \text{단위당 변동비})}$
- 손익분기점 매출량 = 손익분기점 매출량 × 단위당 가격

- 손익분기점 매출량 $= \dfrac{3,000,000원}{(900원 - 600원)} = 10,000개$

④ 손익분기점 매출액 = 10,000개 × 900원 = 9,000,000원

08 ④ 독점적 경쟁시장에 대한 설명이다

시장의 형태	내 용
과점시장	소수의 생산자가 시장을 장악하고 비슷한 제품을 생산하며 같은 시장에서 경쟁하는 시장 형태
독점시장	단 하나의 공급자만 존재하는 시장
완전경쟁시장	가격이 완전경쟁에 의해 형성되는 시장
독점적 경쟁시장	• 완전 경쟁시장과 독점시장의 특징을 모두 가지 불완전 경쟁시장의 한 형태 • 시장에 다수의 기업들이 참여하고 있지만 참여기업들은 각기 디자인, 품질, 포장 등에 있어 어느 정도 차이가 있는 유사상품을 생산 · 공급하여 상호경쟁하는 형태

09 ③ 견적은 수주 이전단계로서 구매하고자 하는 물품에 대한 사양과 가격을 산출한다.

10 ② 여신한도액이 순운전자본보다 많아지는 경우 운전자본을 확보하기 위한 방안으로는 현금회수 가능 거래처 증대, 상품재고 감소, 장기회수기간 거래처 감소, 지급어음 기일연장, 외상매출금이나 어음의 회수기간 단축, 외상매출금 감소, 현금지급을 어음지급으로 변경 등이 있다.

11 ③ 크로스도킹(Cross-Docking)에 대한 설명이다.

① 창고관리시스템(WMS) : 창고 내에서 이루어지는 물품의 입출고 관리, 로케이션 관리, 재고관리 등을 수행하는 정보시스템

② 지속적 보충프로그램(CRP) : 제조업체의 효과적인 재고관리와 유통업체에 대한 적시보충이 가능하도록 하여 결품비율을 낮춰주고, 상호 협업기능을 강화한 공급망 재고보충기법

④ 효율적 소비자대응시스템(ECR) : 유통업체와 제조업체가 효율적인 상품보충, 점포진열, 판매촉진 등을 목적으로 POS시스템 도입하여 자동적으로 제품을 충원하는 시스템

12 ② 로트사이즈가 클수록 주문비용이 줄어든다.

13

> 목표재고 = 검토주기 동안의 수요량 + 구매 리드타임 동안의 수요량 + 안전재고

14 ③ 배송거점방식에 대한 설명이다.

① 공장직송방식 : 발송화주에서 도착지화주 직송방식

② 중앙집중거점방식 : 단일의 물류센터만을 운용하는 운송경로 방식

④ 복수거점방식 : 화주별, 권역별, 품목별로 집하해 고객처별로 공동운송하는 방식

15 ① 공동배송을 통해 차량운행율, 적재율을 최대화시킬 수 있다.

16 • 입고업무 프로세스 :

> [구매,발주요청] → [입고통보 접수] → [입고계획수립]
> → [입하,하차 운반] → [입고검사] → [입고지시] → [운반,입고적치] → [입고마감]

③ 입고검사 결과 합격되면 입고를 지시하며, 입고지시는 품목별 수량, 적치위치(로케이션), 작업방법, 유의사항 등이 포함된다.

17 ④ 교섭가격은 거래당사자인 판매자와 구매자가 가격에 영향을 직접 미칠 수 있는 가격이다.

① 시장가격 : 판매자와 구매자의 판단에 좌우되지 않고 시장에서 수요와 공급의 균형에 따라 변동되는 가격

② 개정가격 : 가격 그 자체는 명확히 결정되어 있지 않으나 업계 특수성이나 지역성 등으로 자연히 일정한 범위의 가격이 정해져 있는 가격으로 판매자가 그 당시 환경에 따라 정함

③ 협정가격 : 판매자 다수가 서로 협의하여 일정한 기준에 따라 결정하는 가격

18 ③ 가격결정방식의 하나인 경쟁기업가격기준방식은 자사의 시장점유율, 이미지, 제품경쟁력 등을 고려하여 판매이익보다는 경쟁기업의 가격을 기준으로 전략적으로 판매가격을 결정하는 방식이다.

• 투자이익률은 비용중심적 가격결정방식의 하나인 목표투자이익률 방식 시 고려요소다.

19 ④ 상품회전율은 유통채널 기업의 관리지표다.

• 구매품목에 대한 구매원가의 분석은 시장가격의 적정성을 판단하고, 적정한 구매가격을 결정하기 위해서 필요하며, 구매원가는 구매예산 편성, 매출원가 산정, 판매이익 계산, 재무제표 작성 등에 중요하다.

20 ④ 지명경쟁방식에 대한 설명이다.

① 일반경쟁방식 : 구매내용을 공고하여 일정한 자격을 갖춘 불특정 다수의 입찰자를 모두 경쟁입찰시켜 구매에 가장 유리한 조건 제시자를 선정하는 방법

② 수의계약방식 : 구매조건을 이행할 수 있는 능력을 갖춘 다른 공급업체가 없는 경우에 적합

③ 제한경쟁방식 : 일정한 자격요건을 구비한 공급업체만이 경쟁입찰에 참가할 수 있도록 한 뒤 상호경쟁을 통해 가장 유리한 조건을 제시한 입찰자를 선택하여 체결하는 방법

실무문제

01	02	03	04	05	06	07	08	09	10
①	③	②	③	②	①	④	④	②	③

11	12	13	14	15	16	17	18	19	20
②	②	④	①	④	③	①	③	③	①

01 [시스템관리] – [기초정보관리] – [일반거래처등록]

→ [기본등록사항] 탭

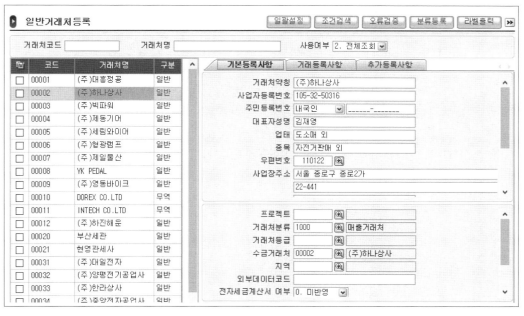

① 사업자등록번호는 정보보호대상이 되는 자료가 아니므로 프로그램상에서 암호화되지 않는다.

02 [시스템관리] – [기초정보관리] – [품목등록]
→ [MASTER/SPEC] 및 [ORDER/COST] 탭

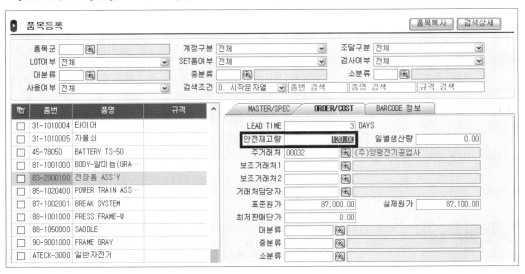

③ [83–2000100.전장품 ASS'Y] 품목의 안전재고량은 '120'이다.

03 [시스템관리] – [마감데이터관리] – [자재마감/통제등록]

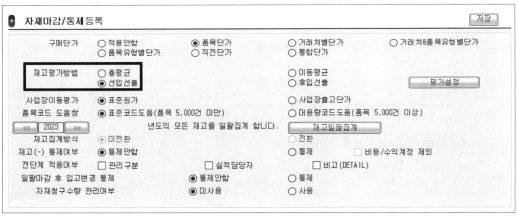

② ㈜한국자전거본사의 재고평가방법은 '선입선출'이다.

04 [영업관리] – [영업관리] – [판매계획등록(고객별상세)]

→ [사업장 : 1000.㈜한국자전거본사] – [대상년월 : 2022/3] – 상단의 '조회' 클릭

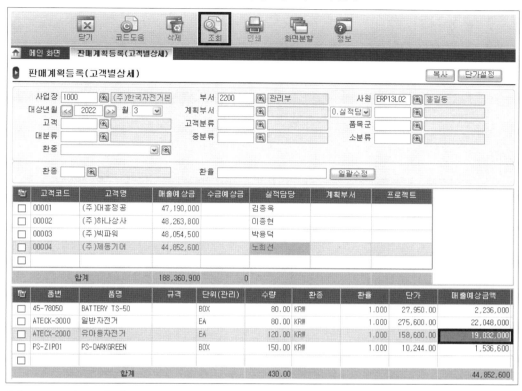

③ [00004. ㈜제동기어]의 [ATECX–2000.유아용자전거] 매출예상금은 '19,032,000'이다.

05 [영업관리] – [영업관리] – [견적등록]

→ [사업장 : 1000.㈜한국자전거본사] – [견적기간 : 2022/03/01 ~ 2022/03/05]

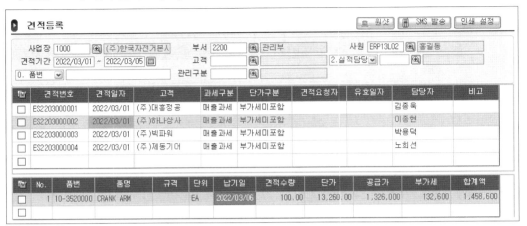

② 견적일자(03.01)부터 납기일(03.06)까지 계산했을 때 견적번호 ES2203000002의 납기기간이 '5일'로 가장 짧다.

견적번호	견적일	납기일	납기기간
① ES2203000001	03.01	03.15	14일
③ ES2203000003	03.01	03.12	11일
④ ES2203000004	03.01	03.13	12일

06 [영업관리] – [영업관리] – [수주등록]

→ [사업장 : 1000.㈜한국자전거본사] – [주문기간 : 2022/03/01 ~ 2022/03/05]

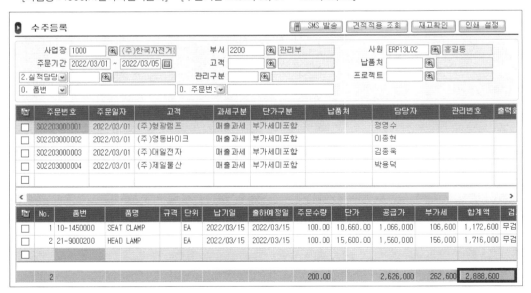

• 주문번호 SO2203000001의 합계액 총합이 '2,888,600'으로 가장 크다.

07

1) 장소의 '적합여부(여/부)' 확인

[시스템관리] – [기초정보관리] – [창고/공정(생산)/외주공정등록]

→ [창고/장소] 탭 – [사업장 : 1000.㈜한국자전거본사]

· [M404.상품정검장소]의 적합여부가 '부적합'이다.

2) 장소 확인

[영업관리] – [영업관리] – [출고처리(국내수주)]

→ [예외출고] 탭 – [사업장 : 1000. ㈜한국자전거본사] – [출고기간 : 2022/03/01 ~ 2022/03/05] – [출고창고 : M400.상품창고]

④ [NAX-A420.산악자전거(P-20G)] 품목의 출고장소가 [M404.상품정검장소]다.

08 [영업관리] – [영업관리] – [매출마감(국내거래)]

→ [사업장 : 1000.㈜한국자전거본사] – [마감기간 : 2022/03/06 ~ 2022/03/06]

① SC2203000001은 마감수량을 수정할 수 있다.

② SC2203000002는 마감일자를 수정할 수 있다.

③ SC2203000003은 과세구분을 수정할 수 없다.

09 [영업관리] – [영업관리] – [수금등록]

→ [사업장 : 1000.㈜한국자전거본사] – [수금기간 : 2022/03/01 ~ 2022/03/05] – 조회 후 상단 [선수금정리] 클릭 – [선수금정리] 팝업창

② ㈜한라상사의 선수금 정리금액이 '4,350,000'으로 가장 크다.

10 [영업관리] – [기초정보관리] – [채권기초/이월/조정(출고기준)]

→ [채권기초], [채권이월], [채권조정] 탭별 – [사업장 : 1000.㈜한국자전거본사] – [해당년도 : 2022]

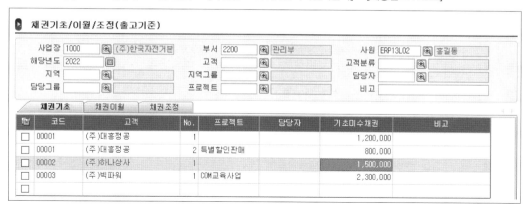

- 전기에서 이월된 채권(기초미수채권)은 [채권기초] 탭에서, 차기로 이월될 채권(이월미수채권)은 [채원이월] 탭, 조정미수채권은 [채권조정] 탭에서 확인한다.

③ ㈜하나상사의 경우 2021년에서 이월된 채권금액은 '1,500,000'이고, 2023년으로 이월될 채권금액은 '1,800,000'이다.

11 [영업관리] – [영업관리] – [회계처리(매출마감)]

→ [매출마감] 탭 – [사업장 : 1000.㈜한국자전거본사] – [기간 : 2022/03/01 ~ 2022/03/05] – 마감번호 SC2203000005 체크 후 상단 [전표처리] 클릭

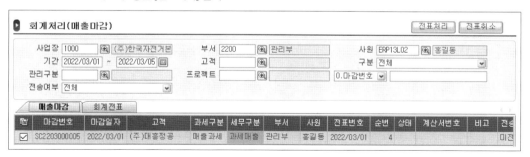

→ [회계전표] 탭으로 이동 – [사업장 : 1000.㈜한국자전거본사] – [기간 : 2022/03/01 ~ 2022/03/05]

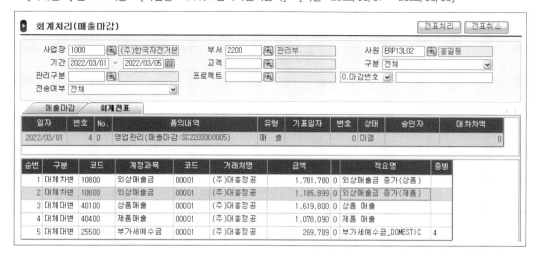

• 매출마감번호 SC2203000005의 회계처리

(차) 108.외상매출금   1,781,780   (대) 401.상품매출   1,619,800

      108.외상매출금   1,185,899   401.제품매출   1,078,090

                                           255.부가세예수금   269,789

② 제품의 외상매출금 = 제품매출 1,078,090 + 부가세예수금 107,809 = 1,185,899

12   [영업관리] – [기초정보관리] – [품목단가등록]

→ [구매단가] 탭 – [대분류 : 1000.PIPE 105]

② [21-1060700.FRAME–NUT] 품목의 구매단가가 '8,200'으로 가장 낮다.

13   [구매/자재관리] – [구매관리] – [청구등록]

→ [사업장 : 1000.㈜한국자전거본사] – [요청일자 : 2022/03/06 ~ 2022/03/10]

④ 청구구분이 '구매'이면 발주대상, '생산'이면 작업지시대상이다.

14 [구매/자재관리] – [구매관리] – [주계획작성(MPS)]

→ [사업장 : 1000.㈜한국자전거본사] – [계획기간 : 2022/03/06 ~ 2022/03/10] – [계획구분 : 1.주문]

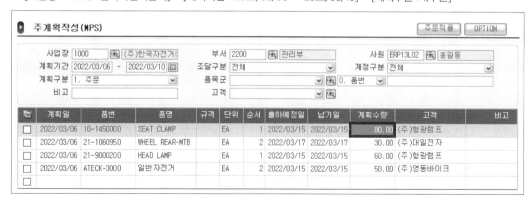

① [계획구분 : 1.주문]으로 하여 조회했을 때 [10-1450000.SEAT CLAMP] 품목의 계획수량이 '80'으로 가장 많다.

15 [구매/자재관리] – [구매관리] – [발주등록]

→ [사업장 : 1000.㈜한국자전거본사] – [발주기간 : 2022/03/06 ~ 2022/03/10] – 조회 후 상세내역에서 마우스 오른쪽 버튼/'[발주등록] 이력정보' 클릭 – [진행상태 확인 및 메뉴이동 :: 발주등록] 팝업창

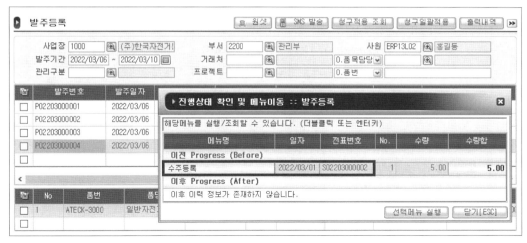

④ 발주번호 PO2203000004의 이전이력(수주등록)이 존재한다. 그 외는 모두 청구내역을 적용하여 발주등록(청구등록)했다.

16 [구매/자재관리] − [구매관리] − [입고처리(국내발주)]

→ [발주입고] 탭 − [사업장 : 1000.㈜한국자전거본사] − [발주기간 : 2022/03/06 ~ 2022/03/10] − [입고창고 : P100.
제품창고] − 조회 후 상단 [발주적용] 클릭 − [주문적용조회(LIST/예정일/건별)] 팝업창 − [발주적용(LIST)] 탭 − [발
주기간 : 2022/03/06 ~ 2022/03/10]

③ [21-9000200.HEAD LAMP] 품목의 발주 대비 입고잔량(= 발주잔량)이 '20'으로 가장 많다.

17 [구매/자재관리] − [구매관리] − [청구등록]

→ [사업장 : 1000.㈜한국자전거본사] − [요청일자 : 2022/03/06 ~ 2022/03/10] − 조회 후 아래칸에서 마우스 오른쪽
버튼/'부가기능 − 품목상세정보' 클릭 − [품목 상세정보] 팝업창

① [21-3001500.PEDAL(S)] 품목의 주거래처는 '㈜대흥정공', 청구된 주거래처는 '㈜제일물산'이다.

18 [구매/자재관리] – [재고관리] – [재고이동등록(창고)]

→ [사업장 : 1000.㈜한국자전거본사] – [이동기간 : 2022/03/11 ~ 2022/03/11]

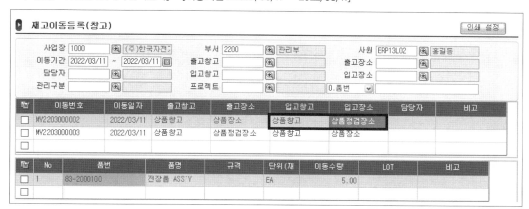

③ 재고의 이동은 [재고이동등록(창고)] 메뉴에서 확인할 수 있으며, 수불번호 MV2203000002가 [M401.상품장소]에서 [M404.상품정검장소]로 이동되었다.

19 [구매/자재관리] – [재고평가] – [생산품표준원가등록]

→ [사업장 : 1000.㈜한국자전거본사] – [해당년도 : 2022/3]

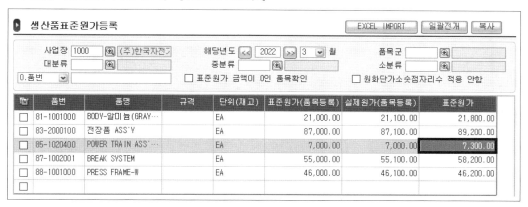

③ [85–1020400.POWER TRAIN ASS'Y(MTB)] 품목의 반제품 표준원가가 '7,300'으로 가장 낮다.

20 [구매/자재관리] – [재고관리] – [재고실사등록]

→ [사업장 : 1000.㈜한국자전거본사] – [실사기간 : 2022/02/01 ~ 2022/02/28]

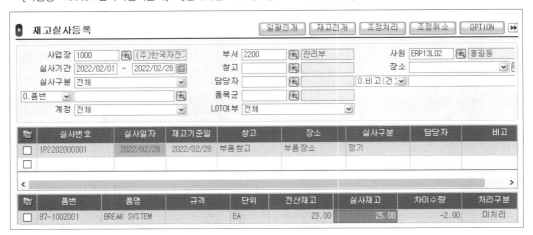

②, ④ 전산재고 대비 실사재고가 '2' 더 많으므로 전산재고를 '+2' 한다.

③ 구매하면 실사재고도 함께 증가한다.

이론문제

01 기업에서 ERP 시스템 도입 시 고려사항으로 가장 옳은 것은?

① 시스템 도입 TFT는 IT분야의 전문가들로만 구성해야 한다.

② 구축방법론에 의해 체계적으로 프로젝트를 진행해야 한다.

③ 단기적이고 가시적인 성과만을 고려해 ERP 패키지를 도입한다.

④ 도입하려는 기업과 유사한 매출규모를 가진 기업에서 사용하는 패키지를 선정한다.

02 ERP의 특징으로 가장 적절하지 않은 것은?

① 파일형 데이터베이스 채택

② 실시간 정보처리체계 구축

③ 다국적, 다통화, 다언어 지원

④ 파라미터 지정에 의한 프로세스의 정의

03 ERP 아웃소싱(Outsourcing)에 대한 설명으로 적절하지 않은 것은?

① ERP 아웃소싱을 통해 기업이 가지고 있지 못한 지식을 획득할 수 있다.

② ERP 개발과 구축, 운영, 유지보수에 필요한 인적 자원을 절약할 수 있다.

③ ERP시스템 구축 후에는 IT아웃소싱 업체로부터 독립적으로 운영할 수 있다.

④ ERP 자체개발에서 발생할 수 있는 기술력 부족의 위험요소를 제거할 수 있다.

04 ERP 시스템의 기능적 특징 중에서 오픈 멀티-벤더(Open Multi-vendor) 지원기능에 대한 설명으로 적절하지 않은 것은?

① ERP는 특정 하드웨어 업체에 의존하지 않는다.
② ERP는 커스터마이징이 최대한 가능하도록 지원한다.
③ ERP는 어떠한 운영체제에서도 운영될 수 있도록 설계되어 있다.
④ ERP는 다양한 소프트웨어와 조합해 사용할 수 있도록 지원한다.

05 K사는 4개월 이동평균법을 활용해 제품의 수요예측을 하고 있다. 이를 위한 자료가 [보기]와 같을 때 6월의 수요예측값으로 옳은 것은?

월	1월	2월	3월	4월	5월
실제판매량	15	27	18	10	5

① 10
② 15
③ 20
④ 25

06 수요예측방법 중에서 그 성격이 서로 다른 하나는 무엇인가?

① 델파이법
② 회귀분석법
③ 이동평균법
④ 지수평활법

07 외상매출채권의 회수율이 낮아지면 발생하는 문제점에 대한 설명으로 가장 적절하지 않은 것은?

① 수익이 감소할 수 있다.
② 대손발생의 위험이 증가한다.
③ 여신한도의 증가를 초래한다.
④ 불량채권 발생의 원인이 줄어든다.

08 고객수요는 가격결정에 영향을 미치는 요인 중 하나다. 고객수요 요인의 내용으로 옳지 않은 것은?

① 제조원가
② 가격탄력성
③ 제품이미지
④ 소비자 구매능력

09 비가격경쟁에 의한 가격유지정책으로 가장 옳지 않은 것은?

① 유리한 지급조건
② 브랜드이미지 강화
③ 수요에 대응한 신제품 개발력 강화
④ 유사한 상품을 통한 과점시장 공략

10 A기업은 당월인 3월의 외상매출금 회수율을 산출하기 위해 당월마감하고 당월회수하는 일반적 회수율 계산방식을 활용하고 있다. [보기]의 자료를 이용해 산출한 3월의 외상매출금 회수율로 옳은 것은?

┌─│ 보 기 │─────────────────────────────────────┐
│   │
│ • 2월 말 외상매출금 잔액   : 150만원   │
│ • 3월   매출액   : 850만원   │
│ • 3월 말 외상매출금 잔액   : 250만원   │
│ • 3월   외상매출액 회수액 : 30만원   │
│   │
└──┘

① 1%
② 2%
③ 3%
④ 4%

11 공급망 물류거점 운영방식에 대한 설명 중 옳은 것은?

① 직배송 방식은 지역물류센터를 소비자 근처에 위치한 분산물류거점으로 두는 방식이다.
② 지역물류센터 운영방식은 소비자에게 배송되는 데 걸리는 시간이 긴 반면 재고비용과 고정투자비용을 낮출 수 있는 장점이 있다.
③ 통합·지역물류센터 혼합운영방식은 중앙물류센터와 지역물류센터를 혼합해 사용하는 방식이다.
④ 통합물류센터 운영방식은 생산자 창고만 보유하고 물류거점을 거치지 않고 소비자에게 직접 배송한다.

12 공급망 거점의 최적화를 위해 고려해야 할 비용지표에 포함되지 않는 비용항목은?

① 재고비용
② 운(수)송비용
③ 품질유지비용
④ 고정투자비용

13 [보기]의 설명에 해당하는 재고유형으로 가장 옳은 것은?

┤ 보 기 ├
• 계절적인 수요급등, 가격급등, 파업으로 인한 생산중단 등이 예상될 때 향후 발생할 수요를 대비해 미리 생산해 보관하는 재고를 말한다.

① 비축재고
② 순환재고
③ 안전재고
④ 파이프라인 재고

14 [보기]의 자료를 활용해 고정주문량 모형으로 재발주점(ROP)을 구하고자 할 때 재발주점으로 옳은 것은?

┤ 보 기 ├
• 조달기간   : 2일
• 일평균사용량 : 2
• 안전재고   : 2

① 5
② 6
③ 7
④ 8

15 재고자산평가방법 중에서 선입선출법에 대한 설명으로 옳지 않은 것은?

① 기말재고자산액은 나중에 매입된 원가가 적용된다.
② 먼저 매입한 재고자산을 먼저 매출하는 것으로 가정한다.
③ 매입가격 상승기에는 매출이익이 상대적으로 작게 산정된다.
④ 매출원가는 먼저 매입된 재고자산의 원가가 순차적으로 배분된다.

16 [보기]에서 설명하는 운송경로방식은 무엇인가?

| 보 기 |

- 고객처별 물류거점 운영으로 고객대응에 있어 신속하게 대응가능한 방식

① 공장직송 방식　　　　　　　　　② 복수거점 방식
③ 배송거점 방식　　　　　　　　　④ 중앙집중거점 방식

17 개정가격에 대한 설명으로 옳지 않은 것은?

① 가격 그 자체는 명확히 정해져 있지 않음
② 판매자가 그 당시의 환경과 조건에 따라 가격을 정함
③ 판매자 다수가 서로 협의해 결정한 공공요금 성격의 가격
④ 업계 특수성이나 지역성 등으로 일정한 범위의 가격이 정해져 있음

18 구매가격의 결정방식에 대한 설명으로 가장 옳지 않은 것은?

① 지각가치기준 방식은 구매가격을 소비자가 느끼는 가치를 토대로 결정한다.
② 구매가격예측 방식은 소비자의 구매의도, 구매능력 등을 고려해 소비자가 기꺼이 지불할 수 있는 가격수준으로 가격을 결정한다.
③ 손익분기점 방식은 제품단위당 매출원가에 적정이익이 가능한 가산이익률을 곱해 가격을 결정한다.
④ 입찰경쟁 방식은 거래처의 공급자 선정을 목적으로 하는 입찰경쟁에서 경쟁자를 이기기 위해 전략적으로 가격을 결정한다.

19 총원가를 구성하는 요소로 옳지 않은 것은?

① 이 익　　　　　　　　　　　　　② 직접원가
③ 제조간접비　　　　　　　　　　　④ 판매비와 관리비

20 본사 집중구매가 유리한 품목으로 가장 옳지 않은 것은?

① 고가품목　　　　　　　　　　　　② 표준품목
③ 지역성 품목　　　　　　　　　　　④ 대량구매품목

로그인 정보

회사코드	3002	사원코드	ERP13L02
회사명	물류2급 회사A	사원명	홍길동

01 다음 거래처 중에서 구분값이 나머지와 다른 거래처를 고르시오.

① INTECH CO.LTD
② ㈜제일물산
③ ㈜제동기어
④ YK PEDAL

02 다음 중 MOTOR & SW LEADFRAME RH 품목에 대한 설명으로 옳지 않은 것은?

① 계정구분은 원재료다.
② 재고단위와 관리단위가 동일하다.
③ LEAD TIME은 '11 DAYS'다.
④ 주거래처는 '㈜한국체인모터'다.

03 다음 중 ㈜한국자전거본사에서 사용하는 재고평가방법을 고르시오.

① 총평균법
② 선입선출
③ 이동평균
④ 후입선출

04 ㈜한국자전거본사에서는 창고에 속한 장소를 적합여부와 가용재고여부를 분류해 관리하고 있다. 다음 중 각 장소의 적합여부와 가용재고여부 값이 올바르게 연결된 것을 고르시오.

장 소	적합여부	가용재고여부
① D101.재분배용	적합	부
② M101.부품장소	부적합	여
③ M401.상품장소	적합	여
④ P101.판매장소	부적합	부

05 ㈜한국자전거본사는 2022년 5월 고객별로 판매계획을 세웠다. 다음 고객 중 매출예상금이 가장 높은 고객을 고르시오.

① ㈜대흥정공
② ㈜하나상사
③ ㈜제동기어
④ ㈜형광램프

06 아래 [조회조건]으로 데이터를 조회한 후 물음에 답하시오.

[조회조건]
· 사업장   : 1000.㈜한국자전거본사
· 견적기간 : 2022/05/01 ~ 2022/05/07

[조회조건]을 만족하는 견적내역 중 결제조건이 '현금 결제'인 견적번호를 고르시오.

① ES2205000001
② ES2205000002
③ ES2205000003
④ ES2205000004

07 다음 [보기]의 데이터를 조회한 후 답하시오.

┌─| 보 기 |─────────────────────────────────
│ • 사업장   : 1000.㈜한국자전거본사
│ • 주문기간 : 2022/05/01 ～ 2022/05/07
└──

다음 중 주문 합계액의 총합이 가장 큰 주문번호를 고르시오.

① SO2205000001
② SO2205000002
③ SO2205000003
④ SO2205000004

08 아래 [조회조건]으로 데이터를 조회한 후 물음에 답하시오.

┌──
│ [조회조건]
│ • 사업장   : 1000.㈜한국자전거본사
│ • 출고기간   : 2022/05/09 ～ 2022/05/13
│ • 출고창고   : P100. 제품창고
│ • 주문적용기간 : 2022/05/09 ～ 2022/05/13
└──

주문내역을 출고처리를 하려고 한다. 주문잔량의 합이 가장 많은 품목을 고르시오.

① FRAME-NUT
② WHEEL FRONT-MTB
③ WIRING-DE
④ FRAME-알미늄

09 아래 [조회조건]으로 데이터를 조회한 후 물음에 답하시오.

┌──
│ [조회조건]
│ • 사업장   : 1000.㈜한국자전거본사
│ • 마감기간 : 2022/05/16 ～ 2022/05/20
└──

위 [조회조건]의 [매출마감(국내거래)]에 대한 설명으로 옳지 않은 것은?

① ㈜대흥정공의 출고번호는 'IS2205000001'이다.
② 'SC2205000002'는 마감합계액이 1,361,932원이다.
③ ㈜제동기어의 세무구분만 다른 건들과 다르다.
④ 'SC2205000004'는 마감수량이 가장 적다.

10 다음 [보기]의 데이터를 조회한 후 답하시오.

> **┤보기├**
> • 사업장　　: 1000.㈜한국자전거본사
> • 수금기간 : 2022/05/01 ～ 2022/05/07

다음 수금내역 중 선수금 정리금액이 가장 큰 거래처를 고르시오.

① ㈜한라상사
② ㈜중앙전자
③ ㈜테크폴리
④ ㈜대전계기

11 다음 [보기]의 데이터를 조회한 후 답하시오.

> **┤보기├**
> • 사업장　　: 1000.㈜한국자전거본사
> • 해당년도 : 2022

㈜한국자전거본사에서는 2022년의 채권기초를 확인하고 있다. 기초미수채권이 가장 적은 곳의 담당자와 기초미수채권을 올바르게 짝지은 것을 고르시오.

① 이종현 － 700,000
② 박용덕 － 400,000
③ 정영수 － 500,000
④ 노희선 － 1,500,000

12 아래 [조회조건]으로 데이터를 조회한 후 물음에 답하시오.

> [조회조건]
> • 사업장　　: 1000.㈜한국자전거본사
> • 조회기간 : 2022/05/01 ～ 2022/05/31
> • 조회기준 : 0.국내(출고기준)
> • 미수기준 : 0.발생기준

[1000.㈜한국자전거본사]에서 고객별로 미수채권을 집계했을 때 조회기간 동안 거래가 있는 거래처 중 당기발생 금액이 가장 큰 고객을 고르시오.

① ㈜대흥정공　　　　　　　　　　② ㈜하나상사
③ ㈜제동기어　　　　　　　　　　④ ㈜제일물산

13 각 품목에 대한 구매단가를 지정하고 있다. 품목군 반조립품에 속한 품목 중 구매단가가 가장 낮은 품목을 고르시오.

① BODY-알미늄(GRAY-WHITE)
② POWER TRAIN ASS'Y(MTB)
③ PRESS FRAME-W
④ FRAME GRAY

14 아래 [조회조건]으로 데이터를 조회한 후 물음에 답하시오.

> [조회조건]
> • 사업장   : 1000.㈜한국자전거본사
> • 계획기간 : 2022/05/01 ~ 2022/05/31
> • 계획구분 : 2.SIMULATION

다음 중 [주계획작성]의 계획수량이 가장 적은 품목을 고르시오.

① 유아용자전거
② 싸이클
③ 산악자전거
④ 일반자전거

15 아래 [조회조건]으로 데이터를 조회한 후 물음에 답하시오.

> [조회조건]
> • 사업장   : 1000.㈜한국자전거본사
> • 요청일자 : 2022/05/01 ~ 2022/05/15

다음 중 [조회조건]으로 입력된 [청구등록] 내역 중 품목등록의 주거래처와 청구등록의 주거래처가 다른 품목으로 옳은 것은?

① FRAME-티타늄
② FRAME-알미늄
③ WIRING-DE
④ PEDAL(S)

16 아래 [조회조건]으로 데이터를 조회한 후 물음에 답하시오.

[조회조건]
• 사업장   : 1000.㈜한국자전거본사
• 발주기간 : 2022/05/01 ~ 2022/05/31

다음 중 [청구적용]을 받지 않고 직접 등록한 발주번호를 고르시오.

① PO2205000001
② PO2205000002
③ PO2205000003
④ PO2205000004

17 아래 [조회조건]으로 데이터를 조회한 후 물음에 답하시오.

[조회조건]
• 사업장   : 1000.㈜한국자전거본사
• 입고기간 : 2022/05/01 ~ 2022/05/31
• 입고창고 : P100.제품창고
• 발주기간 : 2022/05/10

발주내역을 활용하고 입고처리를 하려고 한다. 발주잔량의 합이 가장 많은 품목을 고르시오.

① 일반자전거
② 유아용자전거
③ 싸이클
④ 산악자전거

18 [1000.㈜한국자전거본사]에서 2022년 5월 5일에 상품창고의 상품장소로 잘못 입고된 일반자전거 재고 30개를 제품창고의 대기장소로 이동처리했다. 다음 중 위 내용의 재고수불 내역을 등록한 메뉴와 해당 수불번호를 고르시오.

① [재고이동등록(창고)] - MV2205000001
② [재고이동등록(사업장)] - MV2005000001
③ [기초재고/재고조정등록] - IA2005000001
④ [입고처리] - RV2205000001

19 아래 [조회조건]으로 데이터를 조회한 후 물음에 답하시오.

[조회조건]
• 사업장 : 1000.㈜한국자전거본사
• 내 역 : 2022년 5월 20일에 상품창고/상품장소에 있는 일반자전거를 실손처리한다.

다음 중 [조회조건]의 내역을 ERP에 등록한 수불메뉴와 수불번호를 고르시오.

① [기초재고/재고조정등록] : IA2005000001
② [기초재고/재고조정등록] : IA2205000002
③ [기초재고/재고조정등록] : IA2205000003
④ [재고이동등록(창고)] : MV2205000002

20 아래 [조회조건]으로 데이터를 조회한 후 물음에 답하시오.

[조회조건]
• 사업장   : 1000.㈜한국자전거본사
• 해당년도 : 2022년 5월

㈜한국자전거본사에서는 각 생산품에 대한 표준원가를 등록해 활용하고 있다. 다음 중 표준원가(품목등록)보다 실제원가(품목등록)가 더 작은 품목을 고르시오.

① 체 인
② 의 자
③ 바구니
④ 타이어

01	02	03	04	05	06	07	08	09	10
②	①	③	②	②	①	④	①	④	③
11	12	13	14	15	16	17	18	19	20
③	③	①	②	③	③	③	③	①	③

01

ERP 시스템 도입 시 선택기준

- 자사에 맞는 패키지
- TFT는 최고 엘리트 사원으로 구성
- 현업 중심의 프로젝트 진행
- 경험 있고 유능한 컨설턴트 활용
- 구축방법론에 의해 체계적으로 프로젝트 진행
- 커스터마이징의 최소화
- 전사적인 참여 유도
- 가시적 성과를 거둘 수 있는 부분에 집중
- 변화관리기법 도입
- 지속적인 교육 및 워크숍 필요
- 자료의 정확성을 위하여 철저한 관리 필요

① 시스템 도입 TFT는 최고 엘리트 사원으로 구성한다.

③ 가시적 성과를 거둘 수 있는 부분에 집중해 ERP 패키지를 도입한다.

④ 자사에 맞는 패키지를 선정한다.

02 ① 관계형 데이터베이스를 채택한다.

ERP 특징	내용
기능적 특징	다국적 · 다통화 · 다언어 지원, 중복업무 배제 및 실시간 정보처리체계 구축, 표준 지향 선진프로세스 수용, 비즈니스 프로세스 모델에 의한 리엔지니어링, 파라미터 지정에 의한 프로세스 정의, 경영정보 제공 및 경영조기경보체계 구축, 투명경영의 수단으로 활용, 오픈 · 멀티벤더 시스템
기술적 특징	4세대 언어(4GL), CASE TOOL 사용, 관계형 데이터베이스 채택, 객체지향기술 사용, 인터넷환경의 e-비즈니스를 수용할 수 있는 Multi-tier환경 구성

03 ③ 기업 경영효과 및 효율의 극대화를 위한 방안으로서 제3자에게 위탁해 처리하는 것을 아웃소싱이라고 한다.

04 ② 어떠한 운영체제나 데이터베이스에서도 잘 운영될 수 있도록 설계되어 있으므로 시스템의 확장이나 다른 시스템과의 연계가 쉽다. 그러므로 특정하드웨어 및 소프트웨어 업체에 의존하지 않고, 다양한 하드웨어 업체의 컴퓨터와 소프트웨어를 조합하여 사용할 수 있도록 커스터마이징의 최소화를 추구한다.

05 • 6월 수요를 예측하기 위해서는 직전 4개월 치(2, 3, 4, 5월)의 실제판매량 평균값을 구한다.

② 6월의 수요예측값 $= \dfrac{(27개 + 18개 + 10개 + 5개)}{4} = 10,000개$

06 ① 델파이법은 정성적 예측방법에 속하며, 그 외 보기는 계량적 예측방법에 속한다.

수요예측방법	
정성적 방법	시장조사법
	패널동의법
	중역평가법
	판매원의 견합성법
	수명주기유추법
	델파이분석법
계량적 방법	시계열분석법(계절지수법, 단순·가중 이동평균법, 지수평활법, 최소자승법 등)
	인과모형분석법(회귀분석법, 시뮬레이션 모형)

07 ④ 외상매출채권의 회수율이 낮아지게 되면 외상매출채권의 회수기간이 길어지므로, 그에 따른 대손발생의 위험이 증가하고 수익감소의 원인이 된다. 또한 불량채권 발생의 원인이 되며, 여신한도의 증가를 초래한다.

08 • 소비자 구매능력, 가격탄력성, 품질, 제품이미지, 용도 등은 가격결정에 영향을 주는 여러 요인 중 고객수요 요인에 속한다.

① 제조원가는 내부적 요인의 비용에 포함된다.

가격결정에 영향을 미치는 요인		내 용
내부적	제품특성	생산재·소비재, 필수품·사치품, 표준품, 계절품
	비 용	제조원가, 직접비·간접비, 고정비·변동비, 손익분기점
	마케팅 목표	생존목표, 이윤극대화, 시장점유율극대화
외부적	고객수요	소비자구매능력, 가격탄력성, 품질, 제품이미지, 용도
	유통채널	물류비용, 유통단계별 영업비용, 유통이익
	경쟁환경	경쟁기업의 가격·품질, 대체품가격
	법·규제·세금	독점금지법, 협회 등의 가격규제, 세금제도

09 ④ 비가격경쟁에 의한 가격유지의 구체적인 방법으로는 브랜드이미지, 수요에 대응한 신제품 개발력, 강력한 홍보력, 유리한 지급조건, 면밀한 판매망, 수요에 따른 공급능력, 차별화 상품을 통한 틈새시장 공략 등이 있다.

가격유지정책 조건	내 용
비가격경쟁	가격인하 외의 다른 방법으로 기업들이 경쟁하는 방식
리베이트전략	판매를 도와준 판매업자에게 이익의 일부를 되돌려주는 방식

10 ③ 외상매출금 회수율 $= \dfrac{\text{당월회수액}}{(\text{전월 말 외상매출금 잔액} + \text{당월매출액})} \times 100\%$

$$= \dfrac{300,000원}{(1,500,000원 + 8,500,000원)} \times 100\%$$

$$= 3\%$$

11

공급망 물류거점 운영방식	내 용
직배송 방식	생산자 창고만 보유하고, 물류거점을 거치지 않고 소비자에게 직접 배송
지역물류센터 운영방식	소비자 근처로 위치한 분산물류거점을 운영하는 방식
통합 · 지역물류센터 혼합운영방식	중앙물류센터와 지역물류센터를 혼합하여 사용하는 방식 글로벌 공급망인 경우에 주로 적용
통합물류센터 운영방식	중앙물류센터에서 전체 공급망의 물품을 통합 운영하는 방식 소비자에게 배송되는 데 걸리는 시간이 긴 반면 비용(재고비용, 고정투자비용) 측면에서 유리

① 지역물류센터 운영방식

② 통합물류센터 운영방식

④ 직배송 방식

12 • 공급망 거점을 설계할 때 고려할 주요 지표는 고객서비스지표와 비용지표다.

③ 비용지표의 주요 비용항목은 재고비용, 고정투자비용, 변동운영비용, 수송비용 등이다.

13 ① 비축재고에 대한 설명이다.

② 순환재고 : 비용절감을 위해 경제적 주문량 또는 로트사이즈 (lot size)로 구매(생산)하게 되어 당장 필요한 수량을 초과하는 잔량에 의해 발생하는 재고

③ 안전재고 : 조달기간의 불확실, 생산의 불확실, 또는 그 기간 동안의 수요량이 불확실한 경우 등 예상외의 소비나 재고부족 상황에 대비하여 보유하는 재고

④ 파이프라인 재고 : 수송 중에 있는 재고

14 ② 재발주점 = 일평균 사용량(판매량) × 조달기간(Lead Time) + 안전재고량

$$= 2 \times 2 + 2$$

$$= 6$$

15 ③ 선입선출법에서는 매입가격 상승기에는 매출이익이 상대적으로 크게 나타난다.

16 ③ 배송거점 방식에 대한 설명이다.

① 공장직송 방식 : 발송 화주에서 도착지 화주 직송방식

② 복수거점 방식 : 화주별, 권역별, 품목별로 집하하여 고객처별 공동운송하는 방식으로 물류거점을 권역별 또는 품목별 운영이 요구됨

④ 중앙집중거점 방식 : 단일의 물류센터만을 운용하는 운송경로방식

17 ③ 개정가격은 판매자 다수가 서로 협의하여 일정한 기준에 따라 가격 결정하는 것으로서 공공요금 성격을 갖는 교통비, 이발료, 목욕료 등 공정거래를 위해 설정된 각종 업계의 협정가격을 말한다.

• 판매자 다수가 서로 협의하여 결정한 공공요금 성격의 가격은 협정가격이다.

18 ③ 제품단위당 매출원가에 적정이익이 가능한 가산이익률을 곱해 가격을 결정하는 것은 가산이익률 방식이다.

구매가격 결정방식		내 용
비용 중심적	비용가산 방식	제품원가의 판매관리비와 목표이익을 가산함으로써 가격 결정
	가산이익률 방식	제품단위당 매출원가에 적정이익이 가능한 가산이익률을 곱해 가격 결정
	목표투자이익률 방식	기업이 목표로 하는 투자이익률을 달성할 수 있도록 가격 결정
	손익분기점 방식	손익분기점의 매출액 또는 매출수량을 기준으로 가격을 결정
구매자 중심적	구매가격예측 방식	소비자의 구매의도, 구매능력 등을 고려하여 소비자가 기꺼이 지불할 수 있는 가격수준으로 가격 결정
	지각가치기준 방식	소비자가 느끼는 가치를 토대로 가격 결정
경쟁자 중심적	경쟁기업가격기준 방식	자사의 시장점유율, 이미지, 제품경쟁력 등을 고려하여 판매이익보다 경쟁기업의 가격을 기준으로 전략적으로 가격 결정
	입찰경쟁 방식	거래처의 공급자 선정을 목적으로 하는 입찰경쟁에서 경쟁자를 이기기 위해 전략적으로 가격 결정

19 ① 총원가는 '제조원가 + 판매비와관리비'로 구성되며, 여기에서 제조원가는 '직접원가 + 제조간접비'를 의미한다

20 ③ 본사 집중구매가 유리한 품목은 대량구매품목, 고가품목, 공통 또는 표준 품목 등이며, 사업장별 분산구매가 유리한 품목은 지역성 품목, 소량구매품목 등이다.

01	02	03	04	05	06	07	08	09	10
①	③	④	③	②	④	②	③	④	③
11	12	13	14	15	16	17	18	19	20
③	④	①	①	①	②	④	①	②	②

01   [시스템관리] – [기초정보관리] – [일반거래처등록]

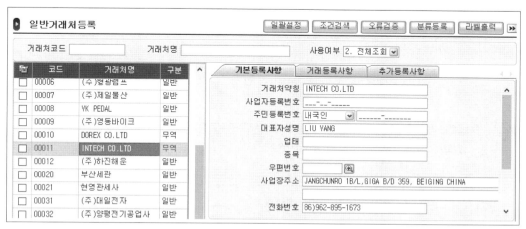

① INTECH CO.LTD의 구분값은 '무역', 그 외는 모두 '일반'이다.

02   [시스템관리] – [기초정보관리] – [품목등록]
     → [MASTER/SPEC] 및 [ORDER/COST] 탭

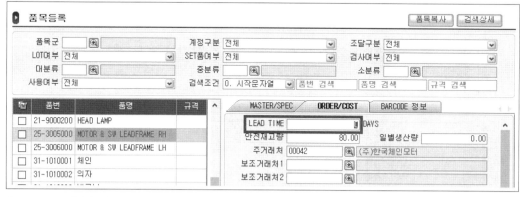

③ LEAD TIME은 '0'이다.

03   [시스템관리] – [마감데이터관리] – [자재마감/통제등록]

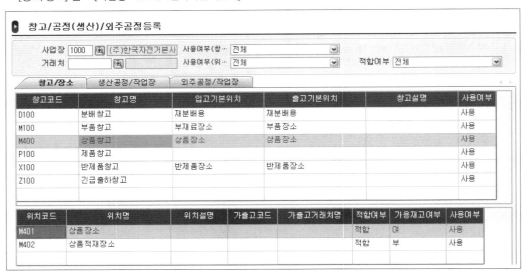

④ ㈜한국자전거본사의 재고평가방법은 '후입선출'이다.

04   [시스템관리] – [기초정보관리] – [창고/공정(생산)/외주공정등록]

→ [창고/장소] 탭 – [사업장 : 1000.㈜한국자전거본사]

	창 고	적합여부	가용재고여부
①	[D101.재분배용]	적 합	여
②	[M101.부품장소]	적 합	여
③	[M401.상품장소]	적 합	여
④	[P101.판매장소]	적 합	여

05 [영업관리] – [영업관리] – [판매계획등록](고객별상세)]

→ [사업장 : 1000.㈜한국자전거본사] – [대상년월 : 2022/5] – 상단 [조회] 클릭

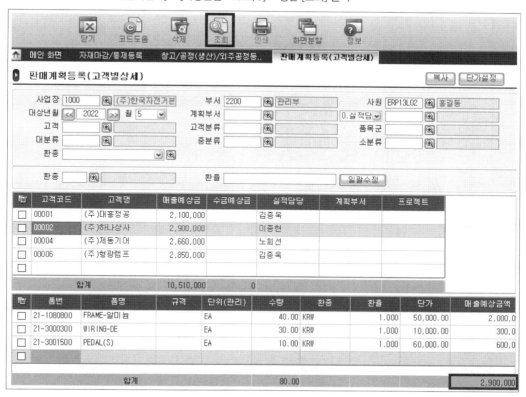

② ㈜하나상사의 매출예상금이 '2,900,000'으로 가장 많다.

06   [영업관리] – [영업관리] – [견적등록]

→ [사업장 : 1000.㈜한국자전거본사] – [견적기간 : 2022/05/01 ~ 2022/05/07]

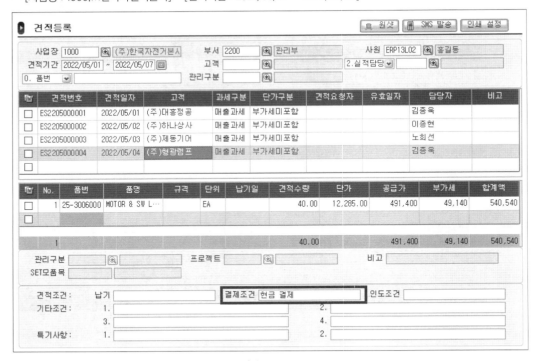

④ 견적번호 ES2205000004의 결제조건이 '현금 결제'다.

① 견적번호 ES2205000001의 결제조건 : 신용카드

② 견적번호 ES2205000002의 결제조건 : 제예금

③ 견적번호 ES2205000003의 결제조건 : 어 음

07   [영업관리] – [영업관리] – [수주등록]

→ [사업장 : 1000.㈜한국자전거본사] – [주문기간 : 2022/05/01 ~ 2022/05/07]

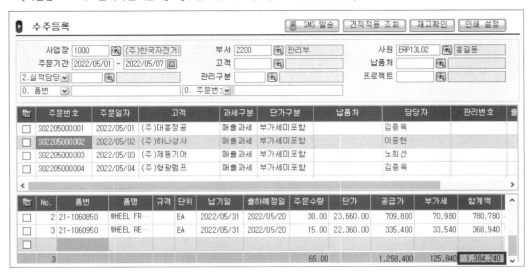

② 주문번호 SO2205000002의 주문합계액 총합이 '1,384,240'으로 가장 크다.

08 [영업관리] – [영업관리] – [출고처리(국내수주)]

→ [주문출고] 탭 – [사업장 : 1000.㈜한국자전거본사] – [출고기간 : 2022/05/09 ~ 2022/05/13] – [출고창고 : P100.
제품창고] – 조회 후 상단 [주문적용] 클릭 – [주문적용조회(LIST/예정일/건별)] 팝업창 – [주문적용(LIST)] 탭 –
[0.주문일 : 2022/05/09 ~ 2022/05/13]

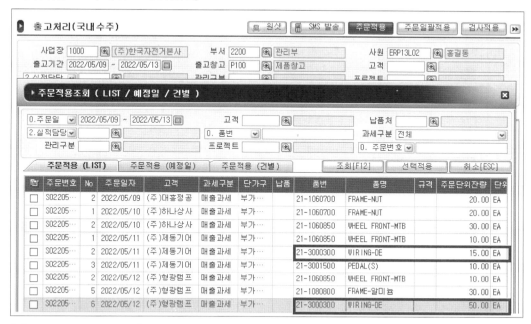

③ [21-3000300.WIRING-DE] 품목의 주문잔량 합이 '65(= 15 + 50)'로 가장 많다.

① [21-1060700.FRAME-NUT] 품목의 주문잔량 합 = 20 + 20 = 40

② [21-1060850.WHEEL FRONT-MTB] 품목의 주문잔량 합 = 30 + 10 + 10 = 50

④ [21-1080800.FRAME-알미늄] 품목의 주문잔량 합 = 30

09 [영업관리] – [영업관리] – [매출마감(국내거래)]

→ [사업장 : 1000.㈜한국자전거본사] – [마감기간 : 2022/05/16 ~ 2022/05/20]

| | 매출마감(국내거래) | | | | | | 계산서처리 | 계산서취소 | 출고적용 | 출고일괄적용 |

사업장	1000	㈜한국자전거	부서	2200	관리부		사원	ERP13L02	홍길동
마감기간	2022/05/16 ~ 2022/05/20		고객				0.비고(건)	
관리구분			프로젝트				0.품번	

	마감번호	마감일자	고객	마감구분	과세구분	세무구분	전표	계산서번호	비고
☐	SC2205000001	2022/05/16	(주)대흥정공	건별	매출과세	과세매출	미처리		
☐	SC2205000002	2022/05/17	(주)하나상사	건별	매출과세	과세매출	미처리		
☐	SC2205000003	2022/05/18	(주)제동기어	건별	매출과세	카드매출	미처리		
☐	SC2205000004	2022/05/19	(주)제일물산	건별	매출과세	과세매출	미처리		
☐				일괄			미처리		

	No.	품번	품명	규격	단위	마감수량	단가	공급가	부가세	합계액
☐	1	21-1030600	FRONT FORK(S)		EA	45.00	24,960.00	1,123,200	112,320	1,235,520
☐	2	21-1060700	FRAME-NUT		EA	10.00	10,660.00	106,600	10,660	117,260
☐	3	21-3065700	GEAR REAR C		EA	15.00	54,860.00	822,900	82,290	905,190
	3					70.00		2,052,700	205,270	2,257,970

④ 마감번호 SC2107000004의 마감수량이 '70'으로 가장 많다.

10   [영업관리] – [영업관리] – [수금등록]

→ [사업장 : 1000.㈜한국자전거본사] – [수금기간 : 2022/05/01 ~ 2022/05/07]

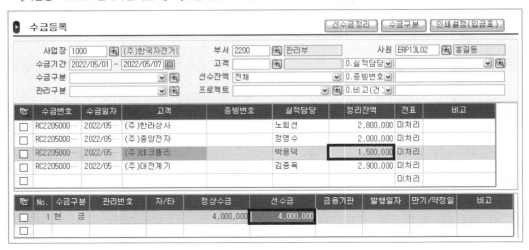

③ ㈜테크폴리의 선수금 정리금액이 '2,500,000(= 선수금 4,000,000 – 정리잔액 1,500,000)'으로 가장 크다.

11   [영업관리] – [기초정보관리] – [채권기초/이월/조정(출고기준)]

→ [채권기초] 탭 – [사업장 : 1000.㈜한국자전거본사] – [해당년도 : 2022]

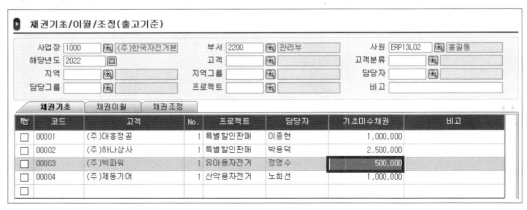

• 당기 기초미수채권은 [채권기초] 탭에서 확인한다.

③ 정영수가 담당한 [00003㈜빅파워]의 기초미수채권이 '500,000'으로 가장 적다.

12 [영업관리] – [영업현황] – [미수채권집계]

→ [고객] 탭 – [사업장 : 1000.㈜한국자전거본사] – [조회기간 : 2022/05/01 ~ 2022/05/31] – [조회기준 : 0.국내(출고기준)] – [미수기준 : 0.발생기준]

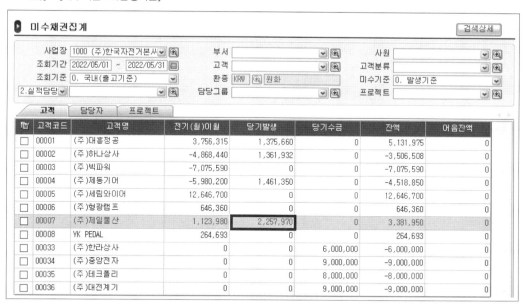

④ ㈜제일물산의 당기발생 채권금액이 '2,257,970'으로 가장 크다.

13 [영업관리] – [기초정보관리] – [품목단가등록]

→ [구매단가] 탭 – [품목군 : S100.반조립품]

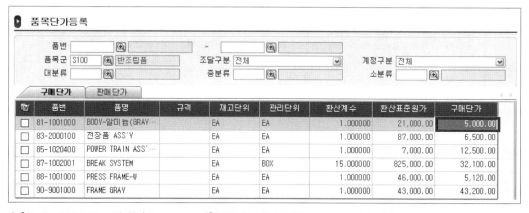

① [81-1001000.BODY-알미늄(GRAY-WHITE)] 품목의 구매단가가 '5,000'으로 가장 낮다.

14 [구매/자재관리] – [구매관리] – [주계획작성(MPS)]

→ [사업장 : 1000.㈜한국자전거본사] – [계획기간 : 2022/05/01 ~ 2022/05/31] – [계획구분 : 2.SIMULATION]

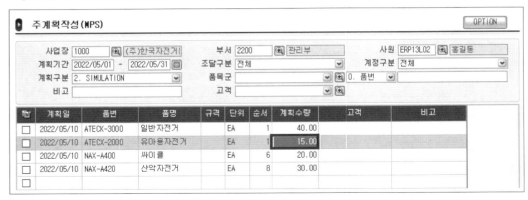

① [ATECK–2000.유아용자전거] 품목의 계획작성상 계획수량이 '15'로 가장 적다.

15 [구매/자재관리] – [구매관리] – [청구등록]

1) 청구등록상 주거래처 확인

→ [사업장 : 1000.㈜한국자전거본사] – [요청일자 : 2022/05/01 ~ 2022/05/15]

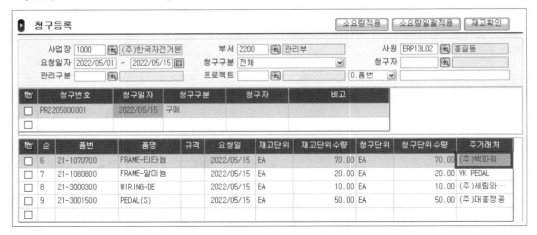

2) 품목등록상 주거래처 확인

→ [사업장 : 1000.㈜한국자전거본사] – [요청일자 : 2022/05/01 ~ 2022/05/15] 조회 후 아래칸 상세내역에서 마우스 오른쪽 버튼/'부가기능 – 품목상세정보' 클릭 – [품목 상세정보] 팝업창

① [21-1070700.FRAME-티타늄] 품목의 청구등록상 주거래처는 '㈜빅파워', 품목등록의 주거래처는 '㈜세림와이어'다.

	품 목	청구등록상 주거래처	품목등록상 주거래처
②	[21-1080800.FRAME-알미늄]	YK PEDEL	YK PEDAL
③	[21-3000300.WIRING-DE]	㈜세림와이어	㈜세림와이어
④	[21-3001500.PEDAL(S)]	㈜대흥공정	㈜대흥공정

16 [구매/자재관리] – [구매관리] – [발주등록]

→ [사업장 : 1000.㈜한국자전거본사] – [발주기간 : 2022/05/01 ~ 2022/05/31] – 조회 후 하단 상세내역에서 마우스 오른쪽 버튼/'[발주등록] 이력정보' 클릭 – [진행상태 확인 및 메뉴이동 :: 발주등록] 팝업창

② 발주번호 PO2205000002는 이전 청구등록 내역이 없다.

17 [구매/자재관리] – [구매관리] – [입고처리(국내발주)]

→ [발주입고] 탭 – [사업장 : 1000.㈜한국자전거본사] – [발주기간 : 2022/05/01 ～ 2022/05/31] – [입고창고 : P100.
제품창고] – 조회 후 상단 [발주적용] 클릭 – [발주적용(LIST/예정일/건별) 팝업창 – [발주적용(LIST)] 탭 – [발주기
간 : 2022/05/10 ～ 2022/05/10]

④ [NAX-A420.산악자전거] 품목의 발주잔량 합이 '95(= 50 + 45)'으로 가장 많다.

① [ATECK-3000.일반자전거] 품목의 발주잔량 합 = 50 + 15 = 65

② [ATECK-2000.유아용자전거] 품목의 발주잔량 합 = 50 + 35 = 85

③ [NAX—A400.싸이클] 품목의 발주잔량 합 = 50 + 25 = 75

18   [구매/자재관리] – [재고관리] – [재고이동등록(창고)]

→ [사업장 : 1000.㈜한국자전거본사] – [이동기간 : 2022/05/05 ~ 2022/05/05]

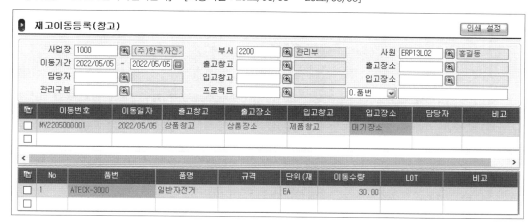

① 재고의 이동은 [재고이동등록(창고)] 메뉴에서 확인할 수 있으며, 수불번호 MV22050000010이 [M401.상품장소]에서 [P103.대기장소]로 이동되었다.

19   [구매/자재관리] – [재고관리] – [기초재고/재고조정등록]

→ [출고조정] 탭 – [사업장 : 1000.㈜한국자전거본사] – [조정기간 : 2022/05/20 ~ 2022/05/20]

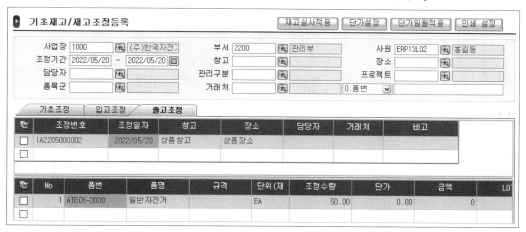

• 실손처리의 경우 출고조정을 해야 하므로 [기초재고/재고조정등록] 메뉴를 이용한다.

② 조정번호 IA22050000002가 해당 날짜에 출고조정되었다.

20 [구매/자재관리] – [재고평가] – [생산품표준원가등록]
→ [사업장 : 1000.㈜한국자전거본사] – [해당년도 : 2022/5]

② [31-1010002.의자] 품목의 표준원가(품목등록)는 '6,000', 실제원가(품목등록)는 '5,200'으로 실제원가가 더 낮다.

① [31-1010001.체인] 품목 : 표준원가(품목등록) 3,000 = 실제원가(품목등록) 3,000

③ [31-1010003.바구니] 품목 : 표준원가(품목등록) 1,500 < 실제원가(품목등록) 2,460

④ [31-1010004.타이어] 품목 : 표준원가(품목등록) 6,000 < 실제원가(품목등록) 6,500

이론문제

01 확장된 ERP 시스템의 SCM모듈을 실행함으로써 얻는 장점으로 가장 적절하지 않은 것은?

① 공급사슬에서의 가시성 확보로 공급 및 수요변화에 대한 신속한 대응이 가능하다.
② 정보투명성을 통해 재고수준 감소 및 재고회전율(Inventory Turnover) 증가를 달성할 수 있다.
③ 공급사슬에서의 계획(plan), 조달(source), 제조(make) 및 배송(deliver) 활동 등 통합 프로세스를 지원한다.
④ 마케팅(marketing), 판매(sales) 및 고객서비스(Customer Service)를 자동화함으로써 현재 및 미래 고객들과 상호작용할 수 있다.

02 [보기]의 괄호 안에 들어갈 용어로 가장 적절한 것은?

┌─**보기**───┐
│ ERP 시스템 내의 데이터분석 솔루션인 (   )은(는) 구조화된 데이터(Structured Data)와 비구조화된 데이터 │
│ (Unstructured Data)를 동시에 이용해 과거 데이터에 대한 분석뿐만 아니라 이를 통한 새로운 통찰력 제안과 │
│ 미래사업을 위한 시나리오를 제공한다. │
└──┘

① 리포트(Report)
② SQL(Structured Query Language)
③ 비즈니스 애널리틱스(Business Analytics)
④ 대시보드(Dashboard)와 스코어카드(Scorecard)

03 ERP에 대한 내용으로 가장 적절하지 않은 것은?

① 글로벌환경에 쉽게 대응할 수 있다.
② 기업의 다양한 업무를 지원해주는 통합정보시스템이다.
③ 신속한 의사결정이 가능하도록 실시간으로 정보를 제공한다.
④ 물류, 회계, 인사, 생산 등 기능별로 최적화할 수 있도록 여러 개의 데이터베이스로 구성되어 있다.

04 ERP 구축순서로 가장 적절한 것은?

① 설계 – 분석 – 구현 – 구축
② 설계 – 분석 – 구축 – 구현
③ 분석 – 설계 – 구축 – 구현
④ 분석 – 설계 – 구현 – 구축

05 수요예측에 대한 설명으로 가장 적절하지 않은 것은?

① 정교한 수요분석을 진행해도 미래수요에 대한 완벽한 추정은 불가능하다.
② 수요예측방법 중 정성적 방법에는 시장조사법, 델파이법, 판매원평가법 등이 있다.
③ 일반적으로 영속성이 있는 상품은 영속성이 없는 상품에 비해 지속적으로 정확한 수요예측을 하기가 어렵다.
④ 수요예측이란 재화나 서비스에 대해 일정기간 동안에 발생가능한 모든 수요 중 잠재수요를 제외한 미래수요의 크기를 추정하는 것이다.

06 수요예측을 위한 관련 자료가 [보기]와 같고, 지수평활법을 활용해 3월의 수요를 예측하고자 할 때 수요예측값으로 옳은 것은?

┌─ 보 기 ┐

구 분	1월	2월	3월
실제값	30	26	30
예측값	40		

※ 지수평활계수(α) = 0.4

① 30
② 32
③ 34
④ 36

07 [보기]의 정보를 바탕으로 교차비율을 고려해 상품 A, B의 목표판매액을 차등할당하고자 한다. 다음 설명 중 옳은 것은?

┤보 기├

(단위 : 억원)

구 분	매출액	한계이익	평균재고액
상품A	100	30	20
상품B	100	40	40

① 상품A의 교차비율 수치는 1이다.
② 상품A보다 상품B의 교차비율 수치가 높다.
③ 교차비율 수치에 의하면 상품A보다 상품B의 재고회전율이 높다.
④ 상품A의 목표판매액을 상품B보다 높게 할당하는 것이 바람직하다.

08 가격결정에 영향을 미치는 외부적 요인 중 유통채널 요인으로 옳은 것은?

① 제조원가
② 물류비용
③ 대체품가격
④ 가격탄력성

09 거래처의 여신한도액을 설정하기 위해 거래처의 신용능력을 평가하려고 한다. 재무제표가 있는 경우에 자기자본비율 지표를 이용해 평가할 수 있는 거래처의 재무상태 기준으로 가장 적절한 것은?

① 성장성
② 수익성
③ 안정성
④ 유동성

10 매출채권의 회전율이 낮아질 경우 발생할 수 있는 현상으로 적절하지 않은 것은?

① 수익감소의 원인이 된다.
② 대손발생의 위험이 감소한다.
③ 불량채권 발생의 원인이 된다.
④ 매출채권의 회수기간이 길어진다.

11 물류센터 내에서 주문피킹, 입출고, 재고관리 등의 자동화를 통해 신속·정확한 고객대응력, 재고삭감, 미출고·오출고 예방 등을 목적으로 하는 공급망관리 정보시스템의 유형은 무엇인가?

① CD
② ECR
③ QR
④ WMS

12 공급망운영참조(SCOR)모델에서 정의하고 있는 공급망 운영프로세스 5단계를 순서대로 나열한 것은?

① 계획(plan) − 조달(source) − 생산(make) − 배송(deliver) − 반품(return)
② 계획(plan) − 생산(make) − 조달(source)− 배송(deliver) − 보관(stock)
③ 계획(plan) − 생산(make) − 판매(sales) − 배송(deliver) − 반품(return)
④ 계획(plan) − 조달(source) − 구매(purchase) − 배송(deliver) − 보관(stock)

13 ㈜생산성의 제품A의 연간수요량은 90,000개다. 그런데 수요량이 일정하지 않고(높아지거나 낮아지며), 이를 주문하면 공급업체로부터는 5일 후에 도착한다. 이를 위해 ㈜생산성은 제품A의 안전재고량을 600개 확보해야 한다. ㈜생산성은 연간 300일을 운영할 경우 제품A에 대한 재주문점 수량은 얼마인가?

① 1,500개
② 2,100개
③ 3,000개
④ 90,600개

14 재고조사의 목적으로 가장 적절하지 않은 것은?

① 현재 보유 재고수준을 고려해 미래재고를 예측
② 품목별 현재고 수량과 재고 보유기간을 파악해 재고수준의 적정 여부를 분석
③ 재고대장에 기록된 품목의 수량과 금액이 실제 창고의 재고와 일치하는지를 확인
④ 창고의 물품 보관상태를 확인해 품질저하, 도난 등의 문제점 여부를 파악하고 개선

15 [보기]에서 설명하는 특징을 갖는 운송경로 유형으로 적절한 것은?

┤ 보 기 ├
- 장 점 : 권역별 · 품목별 거래처 밀착형 물류거점 운영으로 거래처의 물류서비스 만족도 향상
- 단 점 : 물류거점 및 지역별 창고운영으로 다수의 물류거점 확보 및 운영비 가중

① 복수거점방식
② 다단계거점방식
③ 공장직송운송방식
④ 중앙집중거점방식

16 창고 입고프로세스 중에서 [보기]가 설명하는 활동으로 적절한 것은?

┤ 보 기 ├
- 창고의 지정된 보관장소에 물품을 넣고 쌓아두는 활동

① 분 류
② 적 치
③ 적재 출하 이동
④ 오더 피킹(picking)

17 특별기간 현금할인(Extra Dating)방식에 따라 10/5-25days extra로 결제조건이 표시되는 경우 총 할인기간으로 옳은 것은?

① 5
② 10
③ 20
④ 30

18 구매방침에서 자체생산 또는 구매(외주)를 결정하기 위한 구매활동 기준으로 가장 적절하지 않은 것은?

① 제조기술 측면에서 제품의 구성이 전략적인 중요성을 가지는 품목은 자체생산한다.

② 생산능력 측면에서 일시적 주문에 의해 자체 생산능력을 초과하는 품목은 외주생산한다.

③ 원가절감 측면에서 모델변경의 가능성이 낮고, 지속적으로 대량생산해야 하는 품목은 자체생산한다.

④ 기술권리 측면에서 특허권을 아직 취득하지 못한 고유기술을 포함한 품목은 외주생산한다.

19 구매계약 시 총 계약금액을 결정할 때 개산수량방식에 의해 계약금액을 결정하기도 한다. 다음 중 개산수량방식에 대한 설명으로 적절한 것은?

① 계약수량보다 물품수량이 초과해야만 인수하는 방식

② 계약수량과 물품수량이 정확하게 일치해야 인수하는 방식

③ 계약수량보다 물품수량이 약간의 과부족이 있어도 인수하는 방식

④ 계약수량보다 물품수량이 부족한 만큼 배상을 받고 인수하는 방식

20 [보기]의 품목에 대해 적절한 구매방법으로 서로 연결된 것은?

┌─ 보 기 ├─────────────────────────────────────
│ ㉠ 소량 다품종의 품목을 구매해야 하는 경우에 적합
│ ㉡ 생산시기가 일정한 품목이나 상비 저장품목 등에 적합
│ ㉢ 계절품목 등 일시적인 수요품목 등에 적합
└───

① ㉠ – 수시구매   ㉡ – 일괄구매   ㉢ – 시장구매

② ㉠ – 예측구매   ㉡ – 투기구매   ㉢ – 수시구매

③ ㉠ – 일괄구매   ㉡ – 시장구매   ㉢ – 수시구매

④ ㉠ – 투기구매   ㉡ – 장기계약구매   ㉢ – 예측구매

로그인 정보

회사코드	3005	사원코드	ERP13L02
회사명	물류2급 회사B	사원명	홍길동

01 다음 보기의 일반거래처 중 구분이 다른 것을 고르시오.

① [00001.㈜대흥정공]
② [00005.㈜세림와이어]
③ [00009.㈜영동바이크]
④ [00010.DOREX CO. LTD]

02 다음 보기 중 계정구분이 [0.원재료]인 품목을 고르시오.

① [10-1450000.SEAT CLAMP]
② [45-78050.BATTERY TS-50]
③ [81-1001000.BODY-알미늄(GRAY-WHITE)]
④ [88-1001000.PRESS FRAME-W]

03 [1000.㈜한국자전거본사]에서 사용되는 장소 중 적합여부가 [부적합]인 장소를 고르시오.

① [M100.부품창고]의 [M101.부품장소]
② [M400.상품창고]의 [M401.상품장소]
③ [X100.반제품창고]의 [X110.반제품장소]
④ [X300.원재료창고]의 [X310.원재료장소]

04 [1000.㈜한국자전거본사]에서는 2022년 7월 판매계획을 등록했다. 다음 중 기초계획보다 수정된 계획에서 수량이 더 늘어난 품목을 고르시오.

① [ATECK-3000.일반자전거]
② [ATECX-2000.유아용자전거]
③ [NAX-A400.일반자전거(P-GRAY WHITE)]
④ [NAX-A420.산악자전거(P-20G)]

05 아래 [조회조건]으로 데이터를 조회한 후 물음에 답하시오.

[조회조건]
- 사업장 : 1000.㈜한국자전거본사
- 견적기간 : 2022/07/01 ~ 2022/07/04

다음 [조회조건]의 입력된 견적내역 중 관리구분 [S40.정기매출]이 등록된 견적번호를 고르시오.

① ES2207000001
② ES2207000002
③ ES2207000003
④ ES2207000004

06 아래 [조회조건]으로 데이터를 조회한 후 물음에 답하시오.

[조회조건]
- 사업장 : 1000.㈜한국자전거본사
- 주문기간 : 2022/07/01 ~ 2022/07/04

다음 [조회조건]의 입력된 주문내역 중 합계액의 총합이 가장 큰 주문번호를 고르시오.

① SO2207000001
② SO2207000002
③ SO2207000003
④ SO2207000004

07 아래 [조회조건]으로 데이터를 조회한 후 물음에 답하시오.

[조회조건]
- 사업장 : 1000.㈜한국자전거본사
- 주문기간 : 2022/07/05 ~ 2022/07/10

다음 [조회조건]의 주문내역 중 마감처리된 내역에 사유가 다른 것을 고르시오.

① [ATECK-3000.일반자전거]
② [ATECX-2000.유아용자전거]
③ [NAX-A400.일반자전거(P-GRAY WHITE)]
④ [NAX-A420.산악자전거(P-20G)]

08 아래 [조회조건]으로 데이터를 조회한 후 물음에 답하시오.

[조회조건]
- 사업장   : 1000.㈜한국자전거본사
- 출고기간 : 2022/07/05 ~ 2022/07/10
- 출고창고 : P100.제품창고

다음 [조회조건]의 입력된 예외출고내역 중 주문단위수량과 재고단위수량이 같은 출고번호를 고르시오.

① IS2207000001
② IS2207000002
③ IS2207000003
④ IS2207000004

09 아래 [조회조건]으로 데이터를 조회한 후 물음에 답하시오.

[조회조건]
- 사업장   : 1000.㈜한국자전거본사
- 출고기간 : 2022/07/05 ~ 2022/07/10

다음 [조회조건]의 조회된 출고내역 중 관리구분별 합계액의 합이 가장 큰 관리구분을 고르시오.

① [S10.일반매출]
② [S20.대리점매출]
③ [S40.정기매출]
④ [S50.비정기매출]

10 아래 [조회조건]으로 데이터를 조회한 후 물음에 답하시오.

[조회조건]
- 사업장   : 1000.㈜한국자전거본사
- 수금기간 : 2022/07/11 ~ 2022/07/15

다음 [조회조건]의 입력된 수금내역 중 금융기관 신한의 제예금으로 수금된 수금번호를 고르시오.

① RC2207000001
② RC2207000002
③ RC2207000003
④ RC2207000004

11 아래 [조회조건]으로 데이터를 조회한 후 물음에 답하시오.

> [조회조건]
> • 사업장　　: 1000.㈜한국자전거본사
> • 조회기간 : 2022/07/01 ～ 2022/07/31
> • 조회기준 : 0.국내(출고기준)
> • 미수기준 : 0.발생기준

다음 [조회조건]의 조회된 채권내역 중 잔액이 가장 큰 거래처를 고르시오.

① [00002.㈜하나상사]　　　　　　　② [00007.㈜제일물산]
③ [00009.㈜영동바이크]　　　　　　④ [00033.㈜한라상사]

12 [1000.㈜한국자전거본사]에서 사용되는 재고평가방법을 고르시오.

① 총평균　　　　　　　　　　　② 이동평균
③ 선입선출　　　　　　　　　　④ 후입선출

13 [1000.㈜한국자전거본사]에서는 품목별로 구매단가를 지정해 사용하고 있다. 계정구분이 원재료인 품목 중 구매단가가 가장 큰 품목을 고르시오.

① [ATECK-3000. 일반자전거]　　　② [NAX-A420. 산악자전거(P-20G)]
③ [21-3065700. GEAR REAR C]　　　④ [90-9001000. FRAME GRAY]

14 아래 [조회조건]으로 데이터를 조회한 후 물음에 답하시오.

> [조회조건]
> • 사업장　　: 1000.㈜한국자전거본사
> • 계획기간 : 2022/07/01 ～ 2022/07/31
> • 계획구분 : 2.SIMULATION

다음 [조회조건]의 입력된 주계획내역 중 계획수량이 가장 큰 품목을 고르시오.

① [81-1001000. BODY-알미늄(GRAY-WHITE)]
② [85-1020400. POWER TRAIN ASSY(MTB)]
③ [87-1002001. BREAK SYSTEM]
④ [88-1001000. PRESS FRAME-W]

15 아래 [조회조건]으로 데이터를 조회한 후 물음에 답하시오.

> [조회조건]
> • 사업장 : 1000.㈜한국자전거본사
> • 요청일자 : 2022/07/01 ∼ 2022/07/01

다음 [조회조건]의 입력된 청구요청내역 중 주거래처가 ㈜영동바이크인 품목을 고르시오.

① [21-1030600.FRONT FORK(S)] 〉 주거래처 : ㈜빅파워
② [21-1060700.FRAME-NUT] 〉 주거래처 : ㈜영동바이크
③ [21-3001500.PEDAL(S)] 〉 주거래처 : ㈜대흥정공
④ [21-9000200.HEAD LAMP] 〉 주거래처 : ㈜형광램프

16 아래 [조회조건]으로 데이터를 조회한 후 물음에 답하시오.

> [조회조건]
> • 사업장 : 1000.㈜한국자전거본사
> • 발주기간 : 2022/07/05 ∼ 2022/07/08

다음 [조회조건]의 입력된 발주내역 중 입고검사 대상인 발주번호를 고르시오.

① PO2207000001
② PO2207000002
③ PO2207000003
④ PO2207000004

17 아래 [조회조건]으로 데이터를 조회한 후 물음에 답하시오.

> [조회조건]
> • 사업장 : 1000.㈜한국자전거본사
> • 입고기간 : 2022/07/17 ∼ 2022/07/22
> • 입고장소 : M100.부품창고

다음 [조회조건]의 발주내역을 적용받은 국내 입고내역 중 입고장소가 다른 입고번호를 고르시오.

① RV2207000001
② RV2207000002
③ RV2207000003
④ RV2207000004

18 아래 [조회조건]으로 데이터를 조회한 후 물음에 답하시오.

[조회조건]
- 사업장 : 1000.㈜한국자전거본사
- 마감기간 : 2022/07/22 ～ 2022/07/24

다음 [조회조건]의 국내 매입마감내역을 조회한 후 설명으로 옳은 것은?

① ㈜영동바이크는 건별마감으로 등록이 되었다.
② ㈜빅파워는 세무구분이 과세매입으로 등록이 되었다.
③ ㈜대흥정공의 마감내역은 마감수량과 재고단위수량이 다르다.
④ ㈜형광램프의 매입마감내역은 전표처리를 했다.

19 [1000.㈜한국자전거본사]에서 2022년 7월 23일 ㈜대흥정공의 매입마감내역을 전표처리했다. 전표처리된 내역의 대차구분값과 이에 맞는 계정과목으로 옳은 것은?

① 대체차변 － [14900.원재료]
② 대체대변 － [14900.원재료]
③ 대체차변 － [14600.비용]
④ 대체대변 － [13500.부가세대급금]

20 아래 [조회조건]으로 데이터를 조회한 후 물음에 답하시오.

[조회조건]
- 사업장 : 1000.㈜한국자전거본사
- 실사기간 : 2022/06/01 ～ 2022/06/30

[1000.㈜한국자전거본사]에서는 2022년 6월 30일 부품창고/부품장소를 대상으로 재고실사를 했다. 다음 [조회조건]의 등록된 실사내역의 품목에 대해서 차이수량의 처리방법이 옳지 않은 것은?

① [87-1002001.BREAK SYSTEM] : [기초재고/재고조정등록]을 통해 3만큼 출고조정한다.
② [DW-001.DOWN TUBE] : [기초재고/재고조정등록]을 통해 1만큼 입고조정한다.
③ [HT-001.HEAD TUBE] : [입고처리(국내발주)]에서 누락 건을 확인해 3만큼 입고한다.
④ [PS-201B.R10K] : 전산재고와 실사재고가 동일해 아무 작업을 하지 않아도 된다.

이론문제

01	02	03	04	05	06	07	08	09	10
④	③	④	③	④	②	④	②	③	②

11	12	13	14	15	16	17	18	19	20
④	①	②	①	②	②	④	④	③	③

01 ④ 확장된 ERP 환경에서 CRM시스템은 마케팅(marketing), 판매(sales) 및 고객서비스(customerservice)를 자동화한다.

02 ③ 비즈니스 애널리틱스(Business Analytics)에 대한 설명이다.

03 ④ ERP 시스템은 기업 내 경영활동에 해당하는 생산, 판매, 재무, 회계, 인사관리 등의 활동을 통합적으로 개발·운영하여 전체를 최적화시킨다.

04

ERP 구축절차	내 용
1단계 분석	현황 분석, TFT 구성, 문제 파악, 목표·범위 설정, 경영전략·비전 도출, 세부 추진일정 계획수립, 시스템 설치 등
2단계 설계	미래업무 도출, GAP 분석, 패키지 설치·파라미터 설정, 추가 개발·수정·보완, 인터페이스 문제 논의, 커스터마이징 등
3단계 구축	모듈조합화, 테스트, 추가 개발·수정·보완 확정, 출력물 제시 등
4단계 구현	시스템 운영, 시험가동, 시스템 평가, 유지·보수, 향후일정 수립 등

05 ④ 수요예측이란 재화나 서비스가 일정기간 동안에 발생 가능한 모든 수요의 크기를 추정하는 것이다.

06

> 예측치 = 평활상수 × 전기실적치 + (1 − 평활상수) × 전기예측치

- 2월의 예측값 = (0.4 × 30) + [(1 − 0.4) × 40] = 36
- ② 3월의 예측값 = (0.4 × 26) + [(1 − 0.4) × 36] = 32

07

$$\text{교차비율} = \frac{\text{매출액}}{\text{평균재고액}} \times \frac{\text{한계이익}}{\text{매출액}}$$

$$= \frac{\text{한계이익}}{\text{평균재고액}}$$

- 상품A의 교차비율 $= \dfrac{30}{20} = 1.5$

- 상품B의 교차비율 $= \dfrac{40}{40} = 1$

④ 교차비율을 고려해 목표판매액 할당하는 만큼(교차비율이 높을수록 이익도 높아지므로) 상품A의 목표판매액을 상품 B보다 높게 할당하는 것이 바람직하다.

08

② 외부적 요인 중 유통채널요인은 물류비용, 유통단계별 영업비용, 유통이익 등이다.

가격결정에 영향을 미치는 요인		내 용
내부적	제품특성	생산재·소비재, 필수품·사치품, 표준품, 계절품
	비 용	제조원가, 직접비·간접비, 고정비·변동비, 손익분기점
	마케팅 목표	생존목표, 이윤극대화, 시장점유율극대화
외부적	고객수요	소비자 구매능력, 가격탄력성, 품질, 제품이미지, 용도
	유통채널	물류비용, 유통단계별 영업비용, 유통이익
	경쟁환경	경쟁기업의 가격·품질, 대체품가격
	법·규제·세금	독점금지법, 협회 등의 가격규제, 세금제도

09

③ 기자본비율 지표를 이용하여 평가할 수 있는 거래처의 재무상태 기준은 안정성이다.
① 성장성 : 재무제표가 없는 경우 수익의 정도
② 수익성 : 총자본 대비 경상이익률, 매출액 대비 총이익률, 매출액 대비 경상이익률
④ 유동성 : 상품회전율, 유동비율

10

② 매출채권의 회수율이 낮아지면 매출채권의 회수기간이 길어지고 그에 따른 대손발생의 위험이 증가하며 수익감소 의 원인이 된다. 또한 불량채권 발생의 원인이 되고, 여신한도의 증가를 초래한다.

11

④ 창고관리시스템(WMS : Warehouse Management System)에 대한 설명이다.
① 크로스도킹시스템(CD : Cross Docking) : 물류센터로 입고되는 상품을 물류센터에 보관하는 것이 아니라 분류 또는 재포장의 과정을 거쳐 곧바로 다시 배송하는 시스템
② 효율적 소비자대응시스템(ECR : Efficient Consumer Response) : 유통업체와 제조업체가 효율적인 상품보충, 점포 진열, 판매촉진 등을 목적으로 POS시스템 도입하여 자동적으로 제품을 충원하는 시스템
③ 신속대응시스템(QR : Quick Response) : 소매업자와 제조업자 간 정보공유를 통해 최소의 재고량으로 운영하는 시 스템

12 ① 계획(Plan) → 조달(Source) → 생산(Make) → 배송(Deliver) → 반품(Return)

SCOR모델 5단계 프로세스		내 용
1단계	계획(Plan)	수요와 공급을 계획
2단계	조달(Source)	원료의 공급, 조달 기반 구조를 형성
3단계	생산(Make)	제품생산, 검사, 포장
4단계	배송(Deliver)	주문입력, 고객정보 관리, 주문발송, 제품포장, 보관, 발송, 창고관리
5단계	반품(Return)	공급자의 원재료 회수, 고객 완제품 발품, 영수증 관리

13

> 재발주점(ROP) = 구매 리드타임 동안의 수요 + 안전재고량
> = 일평균 사용량(판매량) × 조달기간(Lead Time) + 안전재고량

- 재주문점이란 현재 보유하고 있는 재고가 일정수준 이하로 떨어졌을 때 재주문를 내는 시점으로서 조달기간과 수요량이 확률적인 경우 구매 리드타임 동안의 수요와 안전재고량을 더해 구한다.
② 재발주점(ROP) = 일평균 사용량(판매량) × 조달기간(Lead Time) + 안전재고량
   = 5일 × 300개 + 600개
   = 2,100개

14 ① 현재 보유 재고수준을 고려하여 미래재고를 예측하는 것은 유통소요계획 수립절차의 한 단계다.

15 ② 다단계거점방식에 대한 설명이다.
① 복수거점방식 : 화주별, 권역별, 품목별로 집하하여 고객처별 공동운송하는 방식으로 물류거점을 권역별 또는 품목별 운영이 요구됨
③ 공장직송방식 : 발송 화주에서 도착지 화주 직송방식
④ 중앙집중거점방식 : 단일의 물류센터만을 운용하는 운송경로방식

16 ② 적치에 대한 설명이다.
① 분 류 : 창고에 보관된 물품인 재고를 꺼내어 고객별, 차량별, 지역별, 용도별 등으로 구분 분류하는 것
③ 적재출하이동 : 출하포장을 마친 물품은 지정된 트럭 및 운송수단에 상차적재하여 고객거래처로 출하 이동하는 것
④ 오더 피킹(Picking) : 창고에 보관 중인 재고를 거래처로부터 수주한 주문정보를 바탕으로 주문대로 꺼내어 출하하는 과정

17 ④ 5일 이내는 10% 할인을 인정하고 그 후 25일간 할인도 특별히 인정한다는 조건이므로 할인기간은 총 30일이다.

18 ④ 기술권리 측면에서 자사가 고유기술을 보호해야 하는 경우에는 특허권을 취득할 때까지는 자체생산을 필요로 한다.

19

계약금액 결정방식		내 용
계약금액 기준	총액방식	계약목적물 전체에 대하여 총액으로 체결
	개별가격방식	계약목적물의 개별금액을 기준으로 체결
	희망수량가격방식	
계약수량 기준	확정수량방식	계약수량과 물품수량이 정확하게 일치해야 인수하는 방식
	개산수량방식	계약수량보다 물품수량이 약간의 과부족이 있어도 인수하는 방식

개산수량방식 특징
• 장기간 운송해야하는 광물이나 곡문 등의 대량구매에 적용 • 물품 인수 시 어느 정도의 수량과부족은 매수자가 용인 • 과부족수량에 대한 분쟁의 소지가 항상 존재

20

    ㉠ 일괄구매 : 소모용품 등과 같이 사용량은 적으나 여러 종류로 품종이 많은 경우 공급처를 선정하여 일괄적으로 구매

    ㉡ 시장구매 : 생산시기가 일정한 품목이나 상비 저장품목 등에 적합한 방식으로 제조계획에 따르지 않고 시장상황이 유리할 때 구매(예측구매)

    ㉢ 수시구매 : 과잉구매를 방지하고 설계변경 등에 대응하기가 용이하다는 장점이 있는 방법으로 계절품목 등 일시적인 수요품목 등에 적합구매청구가 있을 때마다 구매하여 공급

    • 투기구매 : 보통 최고경영자의 지시로 이루어지는 방법으로 가격이 인상될 것을 대비하여 가격이 저렴할 때 구매

    • 장기계약구매 : 장기제조계획에 따라 산출된 소요자재의 소요수량에 의해 구매

01	02	03	04	05	06	07	08	09	10
④	①	③	①	③	②	②	④	①	②
11	12	13	14	15	16	17	18	19	20
②	③	④	③	②	③	④	①	①	②

01 [시스템관리] – [기초정보관리] – [일반거래처등록]

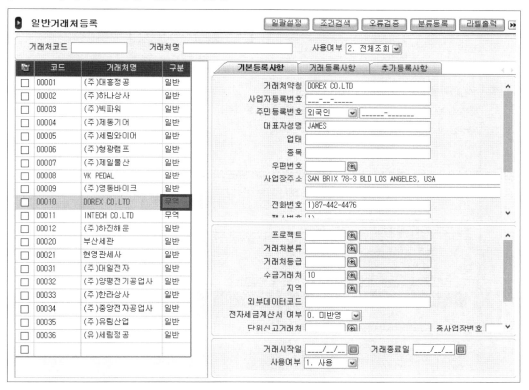

④ [00010.DOREX CO. LTD]의 구분은 '무역'이고, 나머지는 모두 '일반'이다.

02 [시스템관리] – [기초정보관리] – [품목등록]

→ [MASTER/SPEC]

① [10-1450000.SEAT CLAMP] 품목의 계정구분이 [0.원재료]다.

② [45-78050.BATTERY TS-50] : [5.상품]

③ [81-1001000.BODY-알미늄(GRAY-WHITE)] : [4.반제품]

④ [88-1001000.PRESS FRAME-W] : [4.반제품]

03 [시스템관리] – [기초정보관리] – [창고/공정(생산)/외주공정등록]

→ [창고/장소] 탭 – [사업장 : 1000.㈜한국자전거본사]

③ [X100. 반제품창고] – [X110.반제품장소]의 적합여부가 '부적합'이다.

04 [영업관리] – [영업관리] – [판매계획등록]

→ [수정계획] 탭 – [사업장 : 1000.㈜한국자전거본사] – [계획년도 : 2022/7]

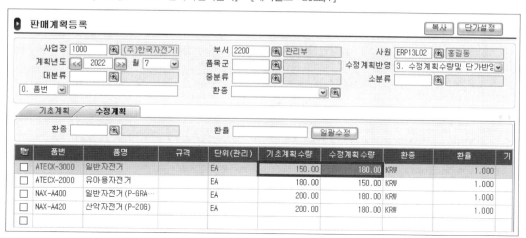

① [ATECK−3000.일반자전거] 품목의 판매계획수량이 기초 '150'에서 수정 후 '180'으로 증가했다.

05 [영업관리] – [영업관리] – [견적등록]

→ [사업장 : 1000.㈜한국자전거본사] – [견적기간 : 2022/07/01 ~ 2022/07/04]

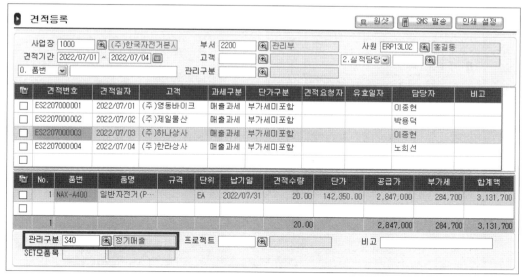

③ 견적번호 ES22070000003의 견적내용이 [S40.정기매출]이고, 그 외는 모두 [S10.일반매출]이다.

06 [영업관리] – [영업관리] – [수주등록]

→ [사업장 : 1000.㈜한국자전거본사] – [주문기간 : 2022/07/01 ~ 2022/07/04]

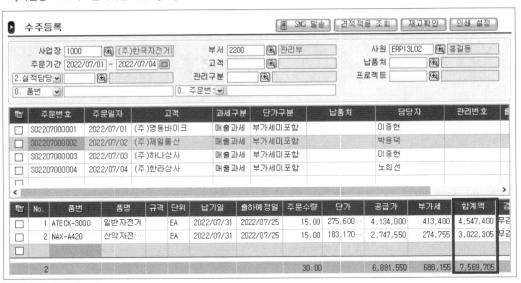

② 주문번호 SO22070000002의 주문합계액 총합이 '7,569,705'로 가장 크다.

07 [영업관리] – [영업관리] – [수주마감처리]

→ [사업장 : 1000.㈜한국자전거본사] – [주문기간 : 2022/07/05 ~ 2022/07/10]

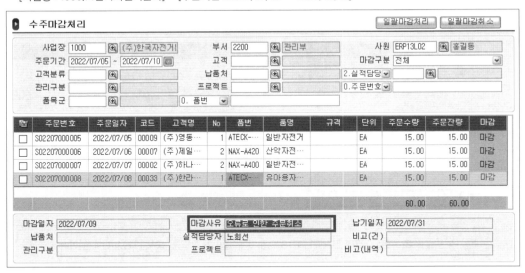

② [ATECX-2000.유아용자전거] 품목의 마감사유는 '오류로 인한 주문취소'다.

08 [영업관리] – [영업관리] – [출고처리(국내수주)]

→ [예외출고] 탭 – [사업장 : 1000.㈜한국자전거본사] – [출고기간 : 2022/07/05 ～ 2022/07/10] – [출고창고 : P100.
  제품창고]

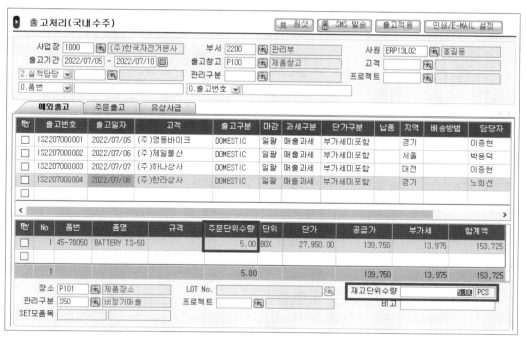

④ 출고번호 IS2207000004의 주문단위수량 '5(BOX)', 재고단위수량은 '5(PCS)'다.

① 출고번호 IS2207000001 : 주문단위수량 5(KG), 재고단위수량 5,000(G)

② 출고번호 IS2207000002 : 주문단위수량 5(BOX), 재고단위수량 75(EA)

③ 출고번호 IS2207000003 : 주문단위수량 5(BOX), 재고단위수량 50(EA)

09 [영업관리] – [영업현황] – [출고현황]

→ [사업장 : 1000.㈜한국자전거본사] – [출고기간 : 2022/07/05 ~ 2022/07/10] – [정렬조건 : 관리구분별] 체크

※ 조회 후 상세내역에서 마우스 오른쪽 버튼/'정렬 및 소계 설정 – 정렬 및 소계' 클릭 – [정렬 및 소계] 팝업창 – 오른쪽에서 [0.관리구분]의 '소계' 체크 후 [적용]하면 관리구분별 소계를 한눈에 볼 수 있다.

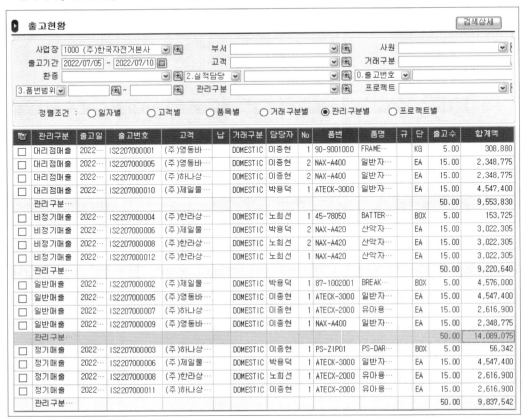

① 관리구분 [S10.일반매출]의 합계액이 '14,089,075'로 가장 크다.

② [S20.대리점매출] : 9,553,830

③ [S40.정기매출]   : 9,837,542

④ [S50.비정기매출] : 9,220,640

10 [영업관리] – [영업관리] – [수금등록]

→ [사업장 : 1000.㈜한국자전거본사] – [수금기간 : 2022/07/11 ~ 2022/07/15]

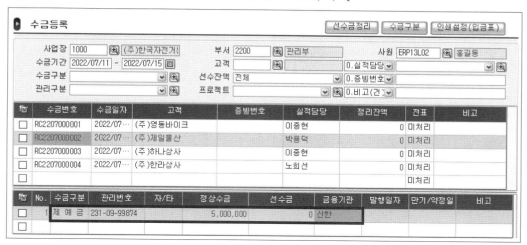

② 수금번호 RC2207000002 : 수금구분 : 제예금 / 금융기관 : 신한

① 수금번호 RC2207000001 : 수금구분 : 제예금 / 금융기관 : 국민

③ 수금번호 RC2207000003 : 수금구분 : 당좌 / 금융기관 : 신한

④ 수금번호 RC2207000004 : 수금구분 : 제예금 / 금융기관 : KEB하나

11 [영업관리] – [영업현황] – [미수채권집계]

→ [고객] 탭 – [사업장 : 1000.㈜한국자전거본사] – [조회기간 : 2022/07/01 ~ 2022/07/31] – [조회기준 : 0.국내(출고 기준)] – [미수기준 : 0.발생기준]

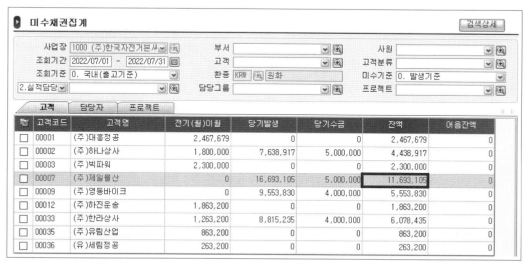

② 거래처 [00007.㈜제일물산]의 채권잔액이 '11,693,105'로 가장 크다.

12   [시스템관리] – [마감/데이타관리] – [자재마감/통제등록]

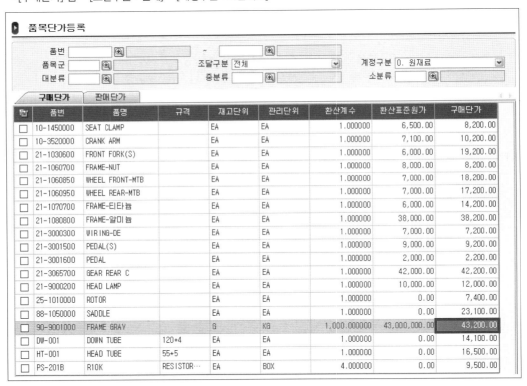

③ [1000.㈜한국자전거본사]의 재고평가방법이 '선입선출'임을 확인할 수 있다.

13   [영업관리] – [기초정보관리] – [품목단가등록]

→ [구매단가] 탭 – [조달구분 : 전체] – [계정구분 : 0.원재료]

품번	품명	규격	재고단위	관리단위	환산계수	환산표준원가	구매단가
10-1450000	SEAT CLAMP		EA	EA	1.000000	6,500.00	8,200.00
10-3520000	CRANK ARM		EA	EA	1.000000	7,100.00	10,200.00
21-1030600	FRONT FORK(S)		EA	EA	1.000000	6,000.00	19,200.00
21-1060700	FRAME-NUT		EA	EA	1.000000	8,000.00	8,200.00
21-1060850	WHEEL FRONT-MTB		EA	EA	1.000000	7,000.00	18,200.00
21-1060950	WHEEL REAR-MTB		EA	EA	1.000000	7,000.00	17,200.00
21-1070700	FRAME-티타늄		EA	EA	1.000000	6,000.00	14,200.00
21-1080800	FRAME-알미늄		EA	EA	1.000000	38,000.00	38,200.00
21-3000300	WIRING-DE		EA	EA	1.000000	7,000.00	7,200.00
21-3001500	PEDAL(S)		EA	EA	1.000000	9,000.00	9,200.00
21-3001600	PEDAL		EA	EA	1.000000	2,000.00	2,200.00
21-3065700	GEAR REAR C		EA	EA	1.000000	42,000.00	42,200.00
21-9000200	HEAD LAMP		EA	EA	1.000000	10,000.00	12,000.00
25-1010000	ROTOR		EA	EA	1.000000	0.00	7,400.00
88-1050000	SADDLE		EA	EA	1.000000	0.00	23,100.00
90-9001000	FRAME GRAY	G	KG	1,000.000000	43,000,000.00	43,200.00
DW-001	DOWN TUBE	120+4	EA	EA	1.000000	0.00	14,100.00
HT-001	HEAD TUBE	55*5	EA	EA	1.000000	0.00	16,500.00
PS-201B	R10K	RESISTOR…	EA	BOX	4.000000	0.00	9,500.00

④ 계정구분이 원재료인 [90-9001000.FRAME GRAY] 품목의 구매단가가 '43,200'으로 가장 크다.

① [ATECK-3000.일반자전거] 품목은 계정구분이 '상품'이다.

② [NAX-A420.산악자전거(P-20G)] 품목은 계정구분이 '제품'이다.

③ [21-3065700.GEAR REAR C] 품목은 계정구분이 '원재료'이지만, 구매단가가 '42,200'이다.

14 [구매/자재관리] – [구매관리] – [주계획작성(MPS)]

→ [사업장 : 1000.㈜한국자전거본사] – [계획기간 : 2022/07/01 ~ 2022/07/31] – [계획구분 : 2.SIMULATION]

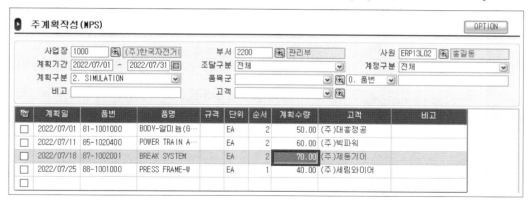

③ [87-1002001.BREAK SYSTEM] 품목의 계획수량이 '70'으로 가장 많다.

15 [구매/자재관리] – [구매관리] – [청구등록]

→ [사업장 : 1000.㈜한국자전거본사] – [요청일자 : 2022/07/01 ~ 2022/07/01]

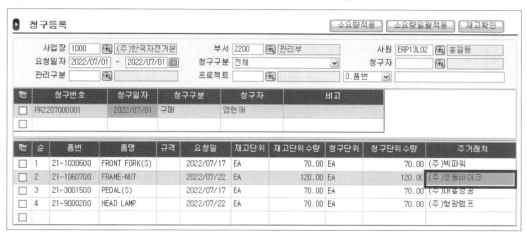

① [21-1030600.FRONT FORK(S)] 품목의 주거래처 : ㈜빅파워

③ [21-3001500.PEDAL(S)] 품목의 주거래처 : ㈜대흥정공

④ [21-9000200.HEAD LAMP] 품목의 주거래처 : ㈜형광램프

16 [구매/자재관리] – [구매관리] – [발주등록]

→ [사업장 : 1000.㈜한국자전거본사] – [발주기간 : 2022/07/05 ~ 2022/07/08]

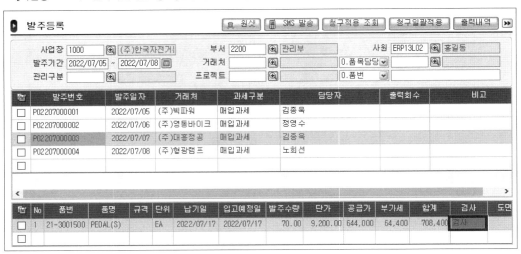

③ 발주번호 PO2207000003의 검사항목이 '검사'로서 입고검사 대상이다.

17 [구매/자재관리] – [구매관리] – [입고처리(국내발주)]

→ [발주입고] 탭 – [사업장 : 1000.㈜한국자전거본사] – [입고기간 : 2022/07/17 ~ 2022/07/22] – [입고장소 : M100.
부품창고]

④ 입고번호 RV2207000004의 입고장소는 [M103.예비장소]이고, 그 외는 모두 [M101.부품장소]다.

18 [구매/자재관리] – [구매관리] – [매입마감(국내거래)]

→ [사업장 : 1000.㈜한국자전거본사] – [마감기간 : 2022/07/22 ～ 2022/07/24]

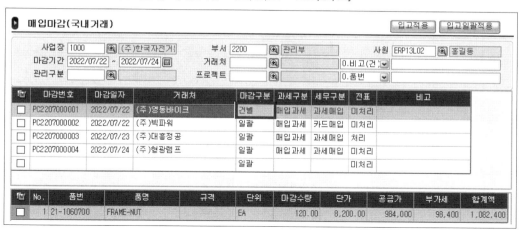

① ㈜영동바이크의 마감구분은 '건별'이다.

② ㈜박파워는 세무구분이 '카드매입'이다.

③ ㈜대흥정공의 마감내역은 마감수량과 재고단위수량이 동일히다.

④ ㈜형광램프의 매입 마감내역은 전표 '미처리' 상태다.

19 [구매/자재관리] – [구매관리] – [회계처리(매입마감)]

→ [회계전표] 탭 – [사업장 : 1000.㈜한국자전거본사] – [기간 : 2022/07/23 ～ 2022/07/23]

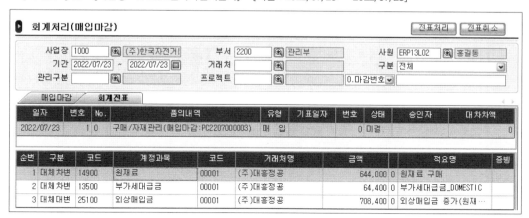

• 해당 전표의 회계처리

(차) 149.원재료   644,000   (대) 251.외상매입금   708,400

     135.부가세대급금   64,400

20

[구매/자재관리] – [재고관리] – [재고실사등록]

→ [사업장 : 1000.㈜한국자전거본사] – [실사기간 : 2022/06/01 ~ 2022/06/30]

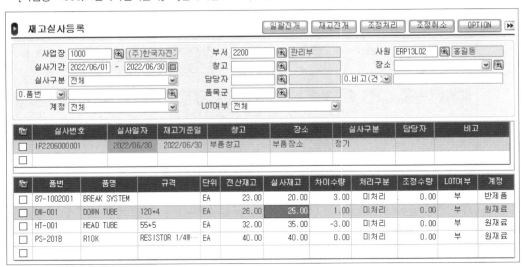

② 전산재고가 실재재고보다 1만큼 큰 경우 [기초재고/재고조정등록]에서 1만큼 출고조정을 한다.

※ 출고조정 :

[구매/자재관리] – [재고관리] – [기초재고/재고조정등록]

→ [사업장 : 1000.㈜한국자전거본사] – [실사기간 : 2022/06/01 ~ 2022/06/30] – 조회 후 상단 [재고실사적용] 버튼
   클릭 – [지고실사적용창] 팝업창 – [실사기간 : 2022/06/01 ~ 2022/06/30] – [적용수량 : 2.차이수량] – [DW–001.
   DOWN TUBE] 체크 후 [선택적용] 클릭

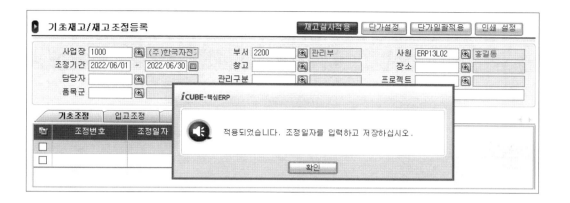

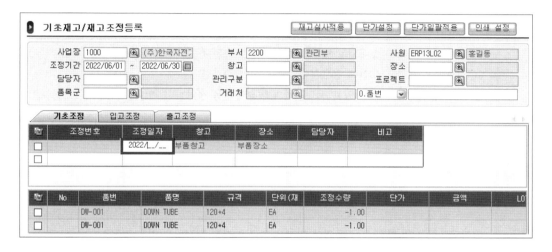

이론문제

01 ERP 도입의 효과로 가장 적절하지 않은 것은?

① 불필요한 재고를 없애고 물류비용을 절감할 수 있다.

② 업무의 정확도가 증대되고 업무 프로세스가 단축된다.

③ 정보공유 제한으로 인해 업무처리의 독립성이 증가한다.

④ 업무시간을 단축할 수 있고 필요인력과 필요자원을 절약할 수 있다.

02 클라우드 ERP의 특징 혹은 효과에 대한 설명으로 가장 적절하지 않은 것은?

① 안정적이고 효율적인 데이터 관리

② IT자원관리의 효율화와 관리비용 절감

③ 사용자가 응용프로그램을 자유롭게 직접설치 가능

④ 원격근무환경 구현을 통한 스마트워크환경 정착

03 확장형 ERP 시스템에서 SCM기능을 지원함으로써 얻는 장점으로 가장 적절한 것은?

① 고객과 관련된 자료를 분석·통합하여 고객특성에 맞게 마케팅 활동을 계획하고 지원이 가능하다.

② 기업의 사용자들이 통신망으로 연결된 컴퓨터로 공동으로 작업하여 업무생산성 향상이 가능하다.

③ 공장의 생산공정에서 발생하는 생산정보를 실시간으로 수집·처리하여 현장관리자에게 제공이 가능하다.

④ 원재료 공급에서 최종제품의 유통까지의 모든 단계를 최적화하여 수요자가 원하는 제품을 원하는 시간과 장소에 제공이 가능하다.

04 ERP를 구축할 때 설계단계에 대한 활동으로 옳지 않은 것은?

① TFT 구성
② GAP 분석
③ 인터페이스 문제 논의
④ To-BE 프로세스 도출

05 수요예측의 오차에 대한 설명으로 옳은 것은?

① 예측기간이 길수록 예측적중률이 높아진다.
② 신규상품은 기존상품보다 예측적중률이 높다.
③ 영속성이 있는 상품은 영속성이 없는 상품보다 예측적중률이 높다.
④ 대체품이 없는 상품이 대체품이 많은 상품보다 예측적중률이 높다.

06 ㈜생산은 수익성 지표를 활용하여 선풍기의 목표매출액을 설정하고자 한다. [보기]를 참고하여 손익분기점에서의 매출액을 구하시오.

┌─┤ 보 기 ├─────────────────────────────┐
│   │
│ • 연간 고정비   : 400만원   │
│ • 제품단위당 변동비 : 200원/개   │
│ • 제품단위당 판매가 : 1,200원/개   │
│   │
└──────────────────────────────────────┘

① 360만원
② 440만원
③ 480만원
④ 520만원

07 ㈜생산성은 제품의 A모델과 B모델의 판매할당을 위해 [보기]의 자료를 이용하여 교차비율을 산출하려고 한다. 설명으로 옳지 않은 것은?

┤ 보 기 ├

구 분	매출액(억원)	한계이익(억원)	평균재고액(억원)
A모델	80	40	10
B모델	200	100	50

① A모델의 교차비율은 2다.
② B모델은 A모델보다 교차비율이 낮다.
③ A모델과 B모델의 한계이익률은 같다.
④ A모델에 더 높은 목표판매액을 할당한다.

08 가격결정에 영향을 주는 외부요인 중에서 고객수요 요인으로 가장 적절한 것은?

① 물류비용
② 대체품가격
③ 가격탄력성
④ 독점금지법

09 가격탄력성에 관한 설명으로 가장 적절한 것은?

① 가격탄력성이 1보다 큰 상품의 수요는 비탄력적이라고 한다.
② 소득이 1% 변화할 때 상품의 수요가 몇 % 변화하는가를 나타내는 지표다.
③ 대체재가 많은 상품은 대체재가 적은 상품에 비해 수요의 가격탄력성이 크다.
④ 일반적으로 수요가 지속적으로 유지되는 생필품의 가격탄력성이 사치품보다 크다.

10 [보기]는 ㈜생산성의 외상매출금 회수에 대한 자료다. 일반적인 방법을 적용하여 ㈜생산성의 5월의 외상매출금 회수율(%)을 계산하면 얼마인가?

> **│보기│**
> - 4월   매출액   : 8,000만원
> - 4월   외상매출액 회수액 : 1,000만원
> - 4월 말 외상매출금 잔액   : 2,000만원
> - 5월   매출액   :10,000만원
> - 5월   외상매출액 회수액 : 3,000만원
> - 5월 말 외상매출금 잔액   :   500만원

① 20%

② 25%

③ 30%

④ 35%

11 공급망에서 채찍효과를 줄이는 방안으로 가장 옳지 않은 것은?

① 기업 간 전략적 파트너십을 구축한다.

② 주문리드타임을 늘리고 정보리드타임을 단축한다.

③ 안정적 가격구조를 갖추고 수요변동의 폭을 축소한다.

④ 공급망 전반의 수요정보를 중앙집중화하여 불확실성을 제거한다.

12 SCM운영전략은 효율적 공급망과 대응적 공급망 전략으로 구분된다. 효율적 공급망(Efficient Supply Chain)에 대한 설명으로 가장 옳지 않은 것은?

① 높은 가동률을 통한 낮은 비용 유지

② 높은 재고회전율과 낮은 재고수준으로 유지

③ 불확실성에 대비한 초과버퍼의 생산용량을 배치

④ 가능한 한 가장 낮은 비용으로 예측가능한 수요에 대응

13 물류거점 설계 시 고려하는 비용항목에 대한 설명 중 가장 적절한지 않은 것은?

① 수송비용은 수송거리에 비례하여 증가한다.

② 물류거점 수가 증가하면 수송비용은 서서히 감소하다가 어느 수준을 넘어서게 되면 수송비용이 증가한다.

③ 고정투자비용에는 인건비 및 초기 설비투자 비용을 포함하며, 물류거점 수에 비례하여 감소하는 경향을 갖는다.

④ 재고비용은 물류거점 수가 증가함에 따라 처음에 크게 증가하다 어느 수준 이상이 되면 완만히 증가하는 경향을 갖는다.

14 [보기]가 설명하는 재고유형으로 가장 적절한 것은?

> ┤ 보 기 ├
> • 계절적인 수요급등, 가격급등, 파업으로 인한 생산중단 등이 예상될 때 향후 발생할 수요를 대비하여 미리 생산하여 보관하는 재고

① 비축재고 ② 수송재고

③ 순환재고 ④ 안전재고

15 [보기]는 ㈜생산의 재고정보다. [보기]를 참고하여 고정주문기간 발주모형(P–System)을 이용할 때 ㈜생산의 발주량으로 옳은 것은?

> ┤ 보 기 ├
> • 현재 재고   : 20
> • 검토주기기간 수요   : 40
> • 구매리드타임 기간수요 : 60
> • 안전재고   : 10

① 40 ② 90

③ 120 ④ 200

16 창고배치의 기본원칙으로 가장 옳지 않은 것은?

① 높낮이 차이의 최소화

② 자재 취급횟수 최대화

③ 흐름방향의 직진성의 원리

④ 물품, 사람, 운반기기의 역행 및 교차 없애기

17 구매관리의 영역과 기능은 구매전략, 구매실무, 구매분석 등으로 구분할 수 있다. 다음 중 구매전략기 능으로 가장 옳지 않은 것은?

① 구매방침 설정
② 구매가격 결정
③ 구매계획 수립
④ 구매방법 결정

18 선불기일 현금할인에 대한 설명으로 옳은 것은?

① 할인판매 등의 특별기간 동안 현금할인기간을 추가로 적용하는 방식
② 현금할인 만기일 이전에 선불되는 기일에 비례하여 이자율을 차감해주는 방식
③ 할인기간의 시작일을 거래일로 하지 않고 송장의 하수일을 기준으로 할인하는 방식
④ 거래일자를 늦추어 기입함으로써 대금지불일자를 연기하여 현금할인의 기산일을 거래일보다 늦 추어 잡는 방식

19 판매원가를 구성하는 요소로 적절하지 않은 것은?

① 이 익
② 직접원가
③ 제조원가
④ 제조간접비

20 구매계약 시 대표적인 구매거래 조건에 포함될 사항을 아래 [보기]에서 모두 나열한 것은?

┤ 보 기 ├
㉠ 대금지급방법
㉡ 물품인도장소
㉢ 선급금 또는 전도금
㉣ 거래물품의 시장가격
㉤ 가격인하 또는 할인내용

① ㉠, ㉡, ㉢
② ㉡, ㉣, ㉤
③ ㉠, ㉡, ㉢, ㉣
④ ㉠, ㉡, ㉢, ㉤

로그인 정보

회사코드	3002	사원코드	ERP13L02
회사명	물류2급 회사A	사원명	홀길동

01 일반거래처를 유형에 따라 일반, 무역, 주민, 기타로 구분지어 관리한다. 다음 거래처 중에서 구분값이
나머지와 다른 거래처를 고르시오.

① ㈜대흥정공
② ㈜하나상사
③ ㈜빅파워
④ INTECH CO.LTD

02 다음 중 ASSY KEY SWITCH LEADFRAME LH 품목에 대한 설명으로 옳지 않은 것을 고르시오.

① 계정구분은 원재료다.
② 재고단위와 관리단위가 동일하다.
③ LEAD TIME은 '2 DAYS'다.
④ 주거래처는 '㈜영동바이크'다.

03 홍길동 사원은 품목군이 반조립품이면서 대분류는 FG, 중분류 EEG, 소분류 SHJ-48에 대한 품목을
찾고 있다. 해당 요구사항과 동일한 품목을 고르시오.

① BODY-알미늄(GRAY-WHITE)
② POWER TRAIN ASS'Y(MTB)
③ PRESS FRAME-W
④ FRAME GRAY

04 ㈜한국자전거본사에서는 ERP 시스템을 처음 도입하여 영업/구매 모듈에 대해 통제 설정하고 있다. [영업마감/통제등록] 메뉴와 [자재마감/통제등록] 메뉴에 대한 설명 중 옳지 않은 것을 고르시오.

① 주문(유통)여신통제방법은 '경고'다.
② 일괄마감 후 출고변경 통제는 '통제안함'이다.
③ 재고평가방법은 '후입선출'이다.
④ 재고(-) 통제여부는 '통제'다.

05 ㈜한국자전거본사에서는 2022년 9월 판매계획을 등록했다. 다음 중 기초계획보다 수정된 계획에서 수량이 더 늘어난 품목을 고르시오.

① 일반자전거
② 유아용자전거
③ 싸이클
④ 산악자전거

06 아래 [조회조건]으로 데이터를 조회한 후 물음에 답하시오.

[조회조건]
• 사업장 : 1000.㈜한국자전거본사
• 견적기간 : 2022/09/07 ~ 2022/09/07

다음 [조회조건]의 입력된 견적내역 중 관리구분 [S40.정기매출]이 등록된 견적번호를 고르시오.

① ES2208000001
② ES2209000001
③ ES2209000002
④ ES2209000003

07 다음 [보기]의 데이터를 조회한 후 답하시오.

┤ 보 기 ├
• 사업장 : 1000.㈜한국자전거본사
• 주문기간 : 2022/09/10 ~ 2022/09/13

다음 중 주문 합계액의 총합이 가장 큰 고객을 고르시오.

① ㈜대흥정공
② ㈜하나상사
③ ㈜형광램프
④ ㈜제일물산

08 아래 [조회조건]으로 데이터를 조회한 후 물음에 답하시오.

[조회조건]
- 사업장   : 1000.㈜한국자전거본사
- 출고기간   : 2022/09/12 ~ 2022/09/12
- 출고창고   : M100.부품창고
- 주문적용기간 : 2022/09/10 ~ 2022/09/13

주문내역을 출고처리를 하려고 한다. 주문잔량의 합이 가장 많이 남아 있는 고객을 고르시오.

① ㈜대흥정공
② ㈜하나상사
③ ㈜형광램프
④ ㈜제일물산

09 아래 [조회조건]으로 데이터를 조회한 후 물음에 답하시오.

[조회조건]
- 사업장   : 1000.㈜한국자전거본사
- 마감기간 : 2022/09/26 ~ 2022/09/29

위 [조회조건]의 [매출마감(국내거래)]에 대한 설명으로 틀린 것을 고르시오.

① ㈜대흥정공의 합계액이 가장 적다
② SC2209000004의 세무구분만 카드매출이다.
③ ㈜제동기어의 마감수량의 합이 가장 많다.
④ SC2209000006의 출고번호는 IS2209000009다.

10 다음 [보기]의 데이터를 조회한 후 답하시오.

┤ 보 기 ├
- 사업장   : 1000.㈜한국자전거본사
- 수금기간 : 2022/09/01 ~ 2022/09/07

다음 [수금등록]의 모든 수금 합계내역이 가장 많은 실적담당자를 고르시오.

① 김종욱
② 이종현
③ 노희선
④ 정영수

11 다음 [조회조건]의 데이터를 조회한 후 답하시오.

[조회조건]
• 사업장　　: 1000.㈜한국자전거본사
• 해당년도 : 2022
• 조회기준 : 수 량

다음 보기 중 9월 한 달 동안 출고실적집계 중 가장 많이 출고된 품목을 고르시오.

① FRAME-NUT　　　　　　　　② WIRING-DE
③ GEAR REAR C　　　　　　　　④ HEAD LAMP

12 아래 [조회조건]으로 데이터를 조회한 후 물음에 답하시오.

[조회조건]
• 사업장　　: 1000.㈜한국자전거본사
• 조회기간 : 2022/09/01 ~ 2022/09/30
• 조회기준 : 0.국내(출고기준)
• 미수기준 : 0.발생기준

㈜한국자전거본사에서 고객별로 미수채권을 집계했을 때 조회기간 동안 보기의 거래처 중 당기발생 금액이 가장 적은 고객을 고르시오.

① ㈜대흥정공　　　　　　　　② ㈜하나상사
③ ㈜제동기어　　　　　　　　④ ㈜제일물산

13 아래 [조회조건]으로 데이터를 조회한 후 물음에 답하시오.

[조회조건]
• 사업장　　: 1000.㈜한국자전거본사
• 조회기간 : 2022/09/01 ~ 2022/09/30
• 조회기준 : 수 량

㈜한국자전거본사에서 고객별로 매출품목순위를 확인하고 있다. 고객별로 점유율이 가장 높은 품목과 올바르지 않는 것을 고르시오.

① ㈜대흥정공 - FRAME-알미늄
② ㈜제동기어 - ASSY KEY SWITCH LEADFRAME LH
③ ㈜하나상사 - MOTOR & SW LEADFRAME RH
④ ㈜제일물산 - 산악자전거

14 조달구분이 생산인 품목에 대한 구매단가를 지정하고 있다. 다음 보기 중 구매단가가 가장 낮은 품목을 고르시오.

① 체 인
② 의 자
③ 바구니
④ 타이어

15 아래 [조회조건]으로 데이터를 조회한 후 물음에 답하시오.

[조회조건]
• 사업장　　: 1000.㈜한국자전거본사
• 요청일자 : 2022/09/15 ~ 2022/09/15

다음 [조회조건]의 입력된 청구요청 내역 중 주거래처가 ㈜영동바이크인 품목을 고르시오.

① 일반자전거
② 유아용자전거
③ 싸이클
④ 산악자전거

16 아래 [조회조건]으로 데이터를 조회한 후 물음에 답하시오.

[조회조건]
• 사업장　　: 1000.㈜한국자전거본사
• 발주기간 : 2022/09/20 ~ 2022/09/30

다음 [조회조건]의 입력된 발주내역 중 입고검사 대상인 발주번호를 고르시오.

① PO2209000001
② PO2209000002
③ PO2209000003
④ PO2209000004

17 아래 [조회조건]으로 데이터를 조회한 후 물음에 답하시오.

[조회조건]
• 사업장　　: 1000.㈜한국자전거본사
• 입고기간 : 2022/09/10 ~ 2022/09/13
• 입고장소 : M100.부품창고

다음 [조회조건]의 입고내역 중 장소가 다른 입고번호를 고르시오.

① RV2209000001
② RV2209000002
③ RV2209000003
④ RV2209000004

18 아래 [조회조건]으로 데이터를 조회한 후 물음에 답하시오.

> [조회조건]
> • 사업장 : 1000.㈜한국자전거본사
> • 마감기간 : 2022/09/01 ～ 2022/09/30

다음 [조회조건]의 국내 매입마감내역을 조회한 후 설명으로 옳지 않은 것을 고르시오.

① ㈜대흥정공의 합계액은 '182,000원'이다.
② ㈜하나상사의 입고번호는 'RV2209000002'다.
③ ㈜제동기어의 세무구분은 '카드매입'이다.
④ ㈜형광램프의 매입마감내역은 전표처리를 했다.

19 ㈜한국자전거본사에서 2022년 9월 13일 ㈜형광램프의 매입마감내역을 전표처리했다. 전표처리된 내역의 대차구분값과 이에 맞는 계정과목으로 옳은 것을 고르시오.

① 대체차변 – [14900.원재료]
② 대체대변 – [14900.원재료]
③ 대체차변 – [14600.비용]
④ 대체대변 – [13500.부가세대급금]

20 아래 [조회조건]으로 데이터를 조회한 후 물음에 답하시오.

> [조회조건]
> • 사업장 : 1000.㈜한국자전거본사
> • 해당년도 : 2022년 9월

㈜한국자전거본사에서는 각 생산품에 대한 표준원가를 등록하여 활용하고 있다. 다음 중 표준원가(품목등록)보다 실제원가(품목등록)가 더 적은 품목을 고르시오.

① 일반자전거
② 유아용자전거
③ 싸이클
④ 산악자전거

이론문제

01	02	03	04	05	06	07	08	09	10
③	③	④	①	④	③	①	③	③	②
11	12	13	14	15	16	17	18	19	20
②	③	③	①	②	②	②	②	①	④

01 ③ 정보공유로 통합 업무시스템 구축이 가능하다.

ERP시스템 도입 시 예상효과
통합 업무시스템 구축, 재고물류비용 감소, 고객서비스 개선, 수익성 개선, 생산성 향상 및 매출 증대, 비즈니스 프로세스 혁신, 생산계획의 소요기간 단축, 리드타임 감소, 결산작업 단축, 원가절감, 투명한 경영, 표준화 · 단순화 · 코드화, 사이클타임 단축, 최신 정보기술 도입

02 ③ 클라우드 ERP의 경우 전문 컨설턴트의 도움 없이 설치 · 운영이 가능하지만 응용프로그램은 제공되는 것만 사용할 수 있다.

클라우드 ERP시스템의 장점
• 접근성 및 편의성 • 맞춤형 및 비용 효율적인 솔루션 • 안정적인 데이터 관리 및 보안 강화 • 원격근무환경의 구현을 통한 스마트워크환경 구축

03 ④ SCM은 원자재 조달에서 마지막 단계인 제품배송에 이르기까지 제품 또는 서비스와 관련된 상품, 데이터 및 재정의 흐름을 관리하여 수요자가 원하는 제품을 원하는 시간과 장소에 제공하는 '공급망 관리'를 뜻한다.
① CRM(Customer Relationship Management, 고객관계관리)
② ERP(Enterprise Resource Planning, 전사적자원관리)
③ POP(Point Of Production, 생산시점관리)

04 ① TFT 구성은 '1단계 분석' 때 진행한다.

ERP 구축절차	내 용
1단계 분석	현황 분석, TFT 구성, 문제 파악, 목표 · 범위 설정, 경영전략 · 비전 도출, 세부 추진일정 계획수립, 시스템 설치 등
2단계 설계	미래업무 도출, GAP 분석, 패키지 설치 · 파라미터 설정, 추가 개발 · 수정 · 보완, 인터페이스 문제 논의, 커스터마이징 등
3단계 구축	모듈조합화, 테스트, 추가 개발 · 수정 · 보완 확정, 출력물 제시 등
4단계 구현	시스템 운영, 시험가동, 시스템 평가, 유지 · 보수, 향후일정 수립 등

05 ① 예측기간이 길수록 예측의 적중률이 낮아진다.

② 영속성이 있는 상품은 영속성이 없는 상품보다 예측률이 떨어진다

③ 신규상품은 기존상품보다 예측적중률이 낮다

06

- 손익분기점 매출량 $= \dfrac{고정비용}{(단위당\ 가격 - 단위당\ 변동비)}$
- 손익분기점 매출액 = 손익분기점 매출량 × 단위당 가격

- 손익분기점 매출량 $= \dfrac{4,000,000원}{(1,200원 - 200원)} = 4,000개$

③ 손익분기점 매출액 = 4,000개 × 1,200원 = 4,800,000원

07

- 교차비율 $= \dfrac{매출액}{평균재고액} \times \dfrac{한계이익}{매출액}$

  $= \dfrac{한계이익}{평균재고액}$

① A모델의 교차비율 $= \dfrac{40}{10} = 4$

- B모델의 교차비율 $= \dfrac{100}{50} = 2$

- 교차비율을 고려해 목표판매액 할당하는 만큼(교차비율이 높을수록 이익도 높아지므로) A모델의 목표판매액을 B모델보다 높게 할당하는 것이 바람직하다.

08 ③ 소비자구매능력, 가격탄력성, 품질, 제품이미지, 용도 등은 가격결정에 영향을 주는 여러 요인 중 고객수요 요인에 속한다.

가격결정에 영향을 미치는 요인		내 용
내부적	제품특성	생산재 · 소비재, 필수품 · 사치품, 표준품, 계절품
	비 용	제조원가, 직접비 · 간접비, 고정비 · 변동비, 손익분기점
	마케팅 목표	생존목표, 이윤극대화, 시장점유율극대화
외부적	고객수요	소비자구매능력, 가격탄력성, 품질, 제품이미지, 용도
	유통채널	물류비용, 유통단계별 영업비용, 유통이익
	경쟁환경	경쟁기업의 가격 · 품질, 대체품가격
	법 · 규제 · 세금	독점금지법, 협회 등의 가격규제, 세금제도

09 ① 가격탄력성이 1보다 큰 상품의 수요는 탄력적이라고 한다.
② 소득이 1% 변화할 때 상품의 수요가 몇 % 변화하는가를 나타내는 지표는 소득탄력성이다.
④ 일반적으로 수요가 지속적으로 유지되는 생필품의 가격탄력성이 사치품보다 작다

10 • 일반적인 경우 회수율 공식

$$외상매출금\ 회수율 = \frac{당월회수액}{(전월\ 말\ 외상매출금\ 잔액 + 당월매출액)} \times 100\%$$

$$② 외상매출금\ 회수율 = \frac{당월회수액}{(전월\ 말\ 외상매출금\ 잔액 + 당월매출액)} \times 100\%$$
$$= \frac{3,000,000원}{(20,000,000원 + 100,000,000원)} \times 100\%$$
$$= 25\%$$

11 ② 주문리드타임과 정보리드타임을 단축한다.

12 ③ 대응적 공급망의 생산전략 특징이다.

구 분	효율적 공급망	대응적 공급망
목 표	가능한 한 가장 낮은 비용으로 예측가능한 수요에 대응	품절, 가격인하 압력, 불용재고를 최소화하기 위해 예측이 어려운 수요에 재빠르게 대응
생산전략	높은 가동률을 통한 낮은 비용 유지	불확실성에 대비한 초과버퍼의 생산용량을 배치
재고전략	높은 재고회전율과 낮은 재고수준으로 유지	불확실한 수요를 맞추기 위한 상당한 양의 부품이나 완제품 버퍼 재고를 유지
리드타임전략	비용을 증가시키지 않는 범위에서 리드타임 최소화	리드타임을 줄이기 위한 방법으로 공격적 투자

13 ③ 고정투자비용에는 인건비 및 초기 설비투자 비용이 포함되며, 물류거점 수에 비례하여 증가하는 경향을 갖는다.

공급망 거점 설계 시 고려하는 비용요소	특 징
재고비용	• 물류거점에서 보유하게 될 재고에 의해 발생되는 제반비용 • 물류거점 수가 증가하면 처음에는 크게 증가하다가 어느 수준 이상이 되면 완만히 증가함 • 변동에 대비한 안전재고가 증가함에 따라 발생
고정투자비용	• 물류거점 건설 및 운영에 투입되는 1회성 고정비용 • 고정적으로 발생하는 인건비, 초기 설비투자 관련 비용 포함 • 물류거점 수에 비례하여 증가
변동운영비용	• 물류거점 운영관리에 필요한 제반비용 • 물류거점 규모에 비례하여 증가
운송(수송)비용	• 물류거점과 생산자·소비자 사이를 연결하는 수배송 관련 비용 • 물류거점 수가 증가함에 따라 서서히 감소하지만, 어느 수준 이하가 되면 오히려 크게 증가(검점 수 증가 → 1회당 수송거리·수송량 감소) • 1회당 수송거리와 수송량에 비례하여 증가

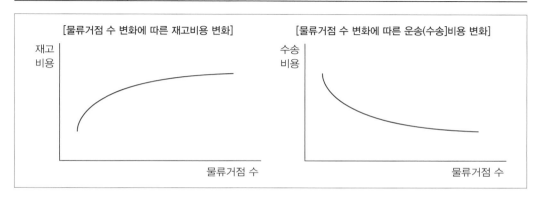

14 ① 비축재고에 대한 설명이다.

② 수송재고 : 대금을 지급하여 물품에 대한 소유권을 가지고 있으며, 수송 중에 있는 재고

③ 순환재고 : 비용절감을 위하여 경제적 주문량(생산량) 또는 로트사이즈(Lot Size)로 구매(생산)하게 되어 당장 필요한 수량을 초과하는 잔량에 의해 발생하는 재고로서 다음의 구매시점까지 계속 보유하는 재고

④ 안전재고 : 기업을 운영함에 있어서 발생할 수 있는 여러 가지 불확실한 상황에 대처하기 위해 미리 확보하고 있는 재고

15 • 목표재고 = 검토주기 동안의 수요 + 구매리드타임 동안의 수요 + 안전재고

= 40 + 60 + 10 = 110

② 발주량 = 목표재고 − 현재고 = 110 − 20 = 90

16 ② 창고배치의 기본원칙으로 물품의 임시저장 등으로 취급횟수가 증가하지 않도록 유의해야 한다.

17 ② 구매가격의 결정은 구매실무 영역에서 이루어진다.

18　① 특인기간 현금할인

③ 수취일기준 현금할인

④ 선입부 현금할인

19　① 판매원가 = 제조원가 + 판매비와일반관리비

= (직접원가 + 제조간접비) + 판매비와일반관리비

20　④ 거래물품의 시장가격은 견적활동 시 활용된다.

구매계약 시 계약조건
• 대금지급방법
• 가격인하 또는 할인내용
• 물품인도장소
• 선급금 또는 전도금
• 하역, 수송방법 등

01	02	03	04	05	06	07	08	09	10
④	①	④	④	②	④	①	④	④	④
11	12	13	14	15	16	17	18	19	20
④	③	③	①	②	②	④	①	①	④

01 [시스템관리] – [기초정보관리] – [일반거래처등록]

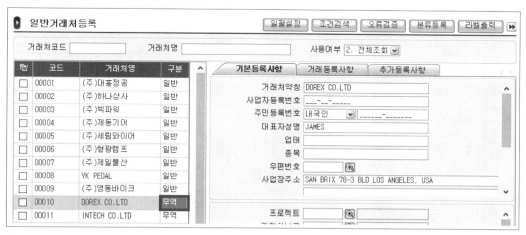

④ INTECH CO.LTD의 구분은 '무역'이고, 그 외는 모두 '일반'이다.

02 [시스템관리] – [기초정보관리] – [품목등록]
→ [MASTER/SPEC] 및 [ORDER/COST] 탭

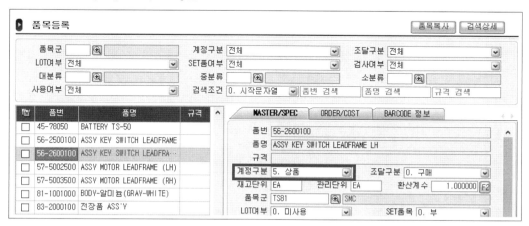

① [56–2600100.ASSY KEY SWITCH LEADFRAME LH] 품목의 계정구분은 [5.상품]이다.

03 [시스템관리] – [기초정보관리] – [품목분류(대/중소)등록]

→ [품목군 : S100.반조립품]

④ 해당 조건과 일치하는 품목은 [90–9001000.FRAME GRAY]다.

04 [시스템관리] – [마감데이터관리] – [자재마감/통제등록]

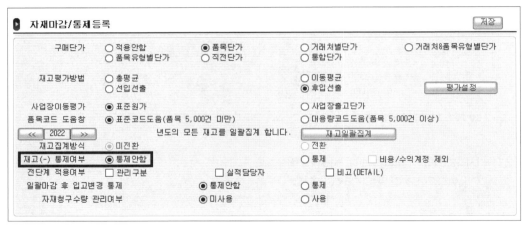

④ '재고(–) 통제여부'는 '통제안함'이다.

05 [영업관리] – [영업관리] – [판매계획등록]

→ [수정계획] 탭 – [사업장 : 1000.㈜한국자전거본사] – [계획년도 : 2022/9]

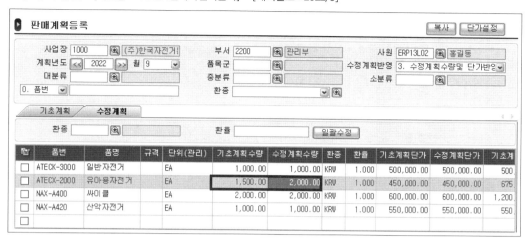

② [ATECK-2000.유아용자전거] 품목의 판매계획수량이 기초 '1,500'에서 수정 후 '2,000'으로 증가했다.

06 [영업관리] – [영업관리] – [견적등록]

→ [사업장 : 1000.㈜한국자전거본사] – [견적기간 : 2022/09/07 ~ 2022/09/07]

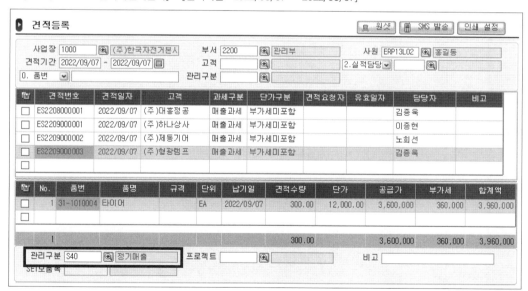

④ 견적번호 ES2209000003의 관리구분이 [S40.정기매출]이다.

① 견적번호ES2208000001의 관리구분 : 일반매출

② 견적번호ES2209000001의 관리구분 : 대리점매출

③ 견적번호ES2209000002의 관리구분 : 비정기매출

07 [영업관리] – [영업관리] – [수주등록]

→ [사업장 : 1000.㈜한국자전거본사] – [주문기간 : 2022/09/10 ～ 2022/09/13]

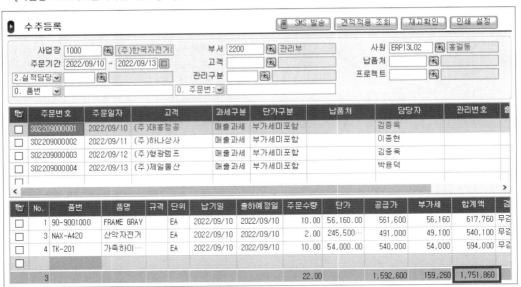

① ㈜대흥정공(주문번호 SO2209000001)의 주문 합계액 총합이 '1,751,860'으로 가장 크다.

08 [영업관리] – [영업관리] – [출고처리(국내수주)]

→ [주문출고] 탭 – [사업장 : 1000.㈜한국자전거본사] – [출고기간 : 2022/09/12 ～ 2022/09/12] – [출고창고 : M100. 부품창고] – 조회 후 상단 [주문적용] 클릭 – [주문적용조회(LIST/예정일/건별)] 팝업창 – [주문적용(건별)]탭 – [0.주문일 : 2022/09/10 ～ 2022/09/13]

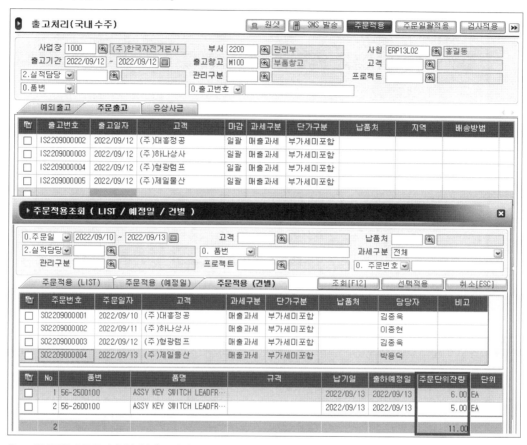

④ ㈜제일물산의 주문잔량 합이 '11'로 가장 많다.

09 [영업관리] – [영업관리] – [매출마감(국내거래)]

→ [사업장 : 1000.㈜한국자전거본사] – [마감기간 : 2022/09/26 ～ 2022/09/29]

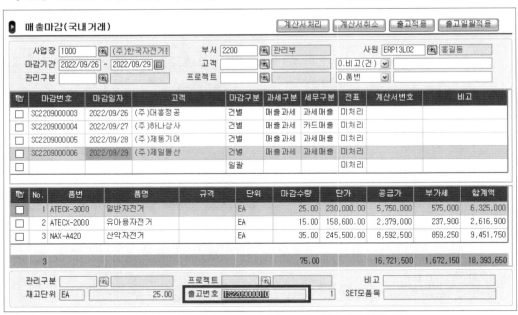

④ SC2209000006의 출고번호는 'IS2209000010'이다.

10 [영업관리] – [영업관리] – [수금등록]

→ [사업장 : 1000.㈜한국자전거본사] – [수금기간 : 2022/09/01 ～ 2022/09/07]

④ 실적담당자 정영수의 수금 합계내역이 '6,000,000(= 현금 1,000,000 + 당좌 5,000,000)'으로 가장 많다.

11 [영업관리] – [영업분석] – [출고실적집계표(월별)]

→ [품목] 탭 – [사업장 : 1000.㈜한국자전거본사] – [해당년도 : 2022] – [조회기준 : 0.수량]

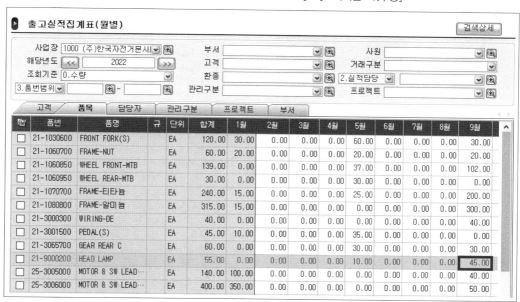

④ 보기 중에서는 [21-9000200.HEAD LAMP] 품목의 출고실적이 '45'로 가장 많다.

12 [영업관리] – [영업현황] – [미수채권집계]

→ [고객] 탭 – [사업장 : 1000.㈜한국자전거본사] – [조회기간 : 2022/09/01 ~ 2022/09/30] – [조회기준 : 0.국내(출고기준)] – [미수기준 : 0.발생기준]

③ 보기 중에서는 ㈜제동기어의 당기발생 금액이 '1,720,218'로 가장 적다.

13 [영업관리] – [영업분석] – [매출순위표(마감기준)]

→ [고객] 탭 – [사업장 : 1000.㈜한국자전거본사] – [조회기간 : 2022/09/01 ～ 2022/09/30] – [조회기준 : 0.수량]

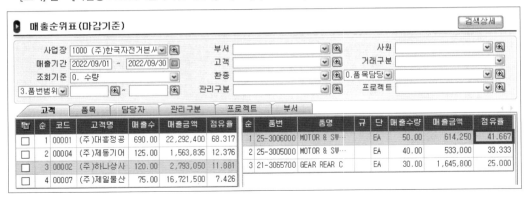

③ ㈜하나상사의 경우 고객별 점유율이 가장 높은 품목은 [25–3006000.MOTOR & SW LEADFRAME RH]다.

① ㈜대흥정공 : FRAME–알미늄

② ㈜제동기어 : ASSY KEY SWITCH LEADFRAME LH

④ ㈜제일물산 : 산악자전거

14 [영업관리] – [기초정보관리] – [품목단가등록]

→ [구매단가] 탭 – [조달구분 : 1.생산]

① 보기 중에서는 [31–1010001.체인] 품목의 구매단가가 '2,605'로 가장 낮다.

15 [구매/자재관리] – [구매관리] – [청구등록]

→ [사업장 : 1000.㈜한국자전거본사] – [요청일자 : 2022/09/15 ~ 2022/09/15]

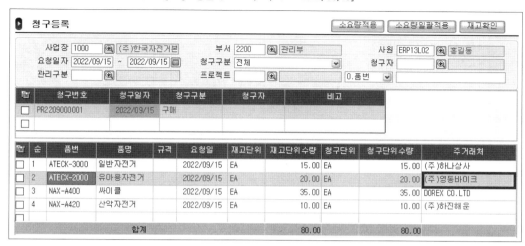

② 주거래처가 '㈜영동바이크'인 품목은 [ATECK–3000.유아용자전거]다.

16 [구매/자재관리] – [구매관리] – [발주등록]

→ [사업장 : 1000.㈜한국자전거본사] – [발주기간 : 2022/09/20 ~ 2022/09/30]

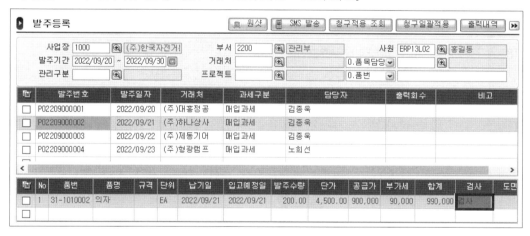

② 발주내역의 검사항목이 '검사'일 때 입고검사 대상이며, 발주번호 PO2209000002의 검사항목만 검사항목이 '검사'
이고 그 외는 모두 '무검사'다.

17 [구매/자재관리] – [구매관리] – [입고처리(국내발주)]

→ [예외입고] 탭 – [사업장 : 1000.㈜한국자전거본사] – [입고기간 : 2022/09/10 ~ 2022/09/13] – [입고장소 : M100. 부품창고]

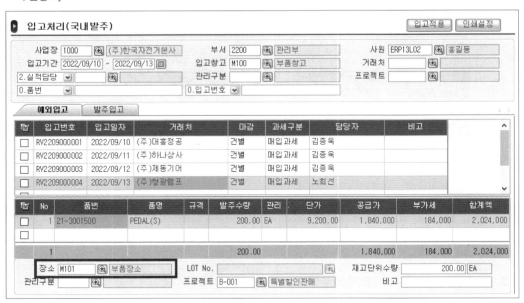

④ 입고번호 RV2209000004의 장소는 [M101.부품장소]이고, 그 외는 모두 [M102.부재료장소]다.

18 [구매/자재관리] – [구매관리] – [매입마감(국내거래)]

→ [사업장 : 1000.㈜한국자전거본사] – [마감기간 : 2022/09/01 ~ 2022/09/30]

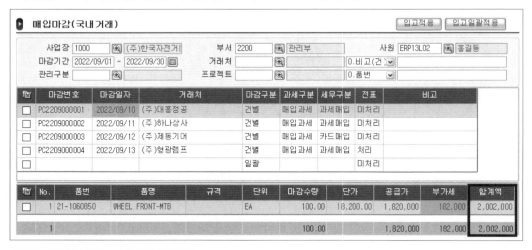

① ㈜대흥정공의 합계액은 '2,002,000'이다.

19 [구매/자재관리] – [구매관리] – [회계처리(매입마감)]

→ [회계전표] 탭 – [사업장 : 1000.㈜한국자전거본사] – [기간 : 2022/09/13 ～ 2022/09/13]

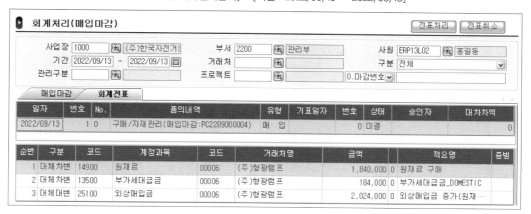

• 해당 전표의 회계처리

(차) 149.원재료   1,840,000   (대) 251.외상매입금   2,024,000

      135.부가세대급금   184,000

20 [구매/자재관리] – [재고평가] – [생산품표준원가등록]

→ [사업장 : 1000.㈜한국자전거본사] – [해당년도 : 2022/9]

④ [NAX-A420.산악자전거] 품목의 실제원가가 '190,000'으로 표준원가 '210,000'보다 적다.

① [ATECK-3000.일반자전거]   : 표준원가 200,000 < 실제원가 260,000

② [ATECX-2000.유아용자전거] : 표준원가 120,000 < 실제원가 121,000

③ [NAX-A400.싸이클]   : 표준원가 190,000 < 실제원가 191,000

이론문제

01 BPR(Business Process Re-Engineering)이 필요한 이유로 가장 적절하지 않은 것은?

① 복잡한 조직 및 경영 기능의 효율화
② 지속적인 경영환경 변화에 대한 대응
③ 정보 IT기술을 통한 새로운 기회 창출
④ 정보보호를 위한 닫혀 있는 업무환경 확보

02 차세대 ERP의 비즈니스 애널리틱스(Business Analytics)에 관한 설명으로 가장 적절하지 않은 것은?

① 비즈니스 애널리틱스는 구조화된 데이터(structured data)만을 활용한다.
② ERP 시스템 내의 방대한 데이터 분석을 위한 비즈니스 애널리틱스가 ERP의 핵심요소가 됐다.
③ 비즈니스 애널리틱스는 질의 및 보고와 같은 기본적 분석기술과 예측 모델링과 같은 수학적으로 정교한 수준의 분석을 지원한다.
④ 비즈니스 애널리틱스는 리포트, 쿼리, 대시보드, 스코어카드뿐만 아니라 예측모델링과 같은 진보된 형태의 분석기능도 제공한다.

03 [보기]는 무엇에 대한 설명인가?

┤ 보 기 ├
조직의 효율성을 제고하기 위해 업무흐름뿐만 아니라 전체 조직을 재구축하려는 경영혁신전략기법이다. 주로 정보기술을 통해 기업경영의 핵심과 과정을 전면 개편함으로 경영성과를 향상시키려는 경영기법인데 매우 신속하고 극단적인, 그리고 전면적인 혁신을 강조하는 이 기법은 무엇인가?

① 지식경영
② 벤치마킹
③ 리스트럭처링
④ 리엔지니어링

04 e-Business 지원시스템을 구성하는 단위시스템으로 적절하지 않은 것은?

① 성과측정관리(BSC)
② EC(전자상거래) 시스템
③ 의사결정지원 시스템(DSS)
④ 고객관계관리(CRM) 시스템

05 [보기]의 설명에 해당하는 예측방법으로 옳은 것은?

┤보 기├

과거 여러 기간 동안 발생한 실제값의 각각에 서로 다른 가중치를 부여하여 산출된 값을 미래의 예측값으로 사용하는 방법

① 시장조사법
② 델파이분석법
③ 단순이동평균
④ 가중이동평균법

06 시장점유율을 확대하고자 할 경우 가장 영향을 많이 주는 요소 2가지를 [보기]에서 고르시오.

┤보 기├

㉠ 자사의 매출채권 회수율
㉡ 자사의 연간 총 여신한도액
㉢ 과거의 시장점유율(과거의 데이터)
㉣ 경쟁기업에 대한 상대적 가격 · 품질 · 기능

① ㉠, ㉢
② ㉡, ㉣
③ ㉢, ㉣
④ ㉠, ㉣

07 가격결정에 영향을 미치는 요인을 내부적 요인과 외부적 요인으로 구분할 때 다음 중 나머지 3가지 요인들과 성격이 다른 하나는?

① 제조원가
② 세금제도
③ 대체품 가격
④ 소비자 구매능력

08 상품 · 서비스별로 판매할당하고자 할 때 고려사항으로 가장 적절한 것은?

① 교차비율
② 제조원가
③ 노동생산성
④ 판매생산성

09 완전경쟁시장에서 나타나는 시장환경의 특성에 대한 설명으로 가장 적절하지 않은 것은?

① 시장에서 거래되는 같은 상품은 품질 면에서 모두 동일하다.
② 새로운 기업이 시장에 진입하기 위해서는 정부의 허가나 승인이 필요하다.
③ 개별 수요자나 공급자가 수요량이나 공급량을 변경해도 시장가격은 변동하지 않는다.
④ 상품의 가격 및 품질 등 시장 정보에 대하여 수요자와 공급자가 모두 잘 알고 있다.

10 A사의 연간 총 여신한도액을 설정하기 위해 회사의 자금조달기간을 이용하고자 한다. [보기]의 자료를 이용할 때 A사의 매출채권 한도액으로 옳은 것은? (단위 : 만원)

┌─ 보 기 ┐
- 매출액　　　 : 365,000만원
- 매출채권잔액 : 100,000만원
- 상품재고잔액 :　16,500만원
- 자금조달기간 :　　36.5일
└──────────────┘

① 26,500만원
② 36,500만원
③ 265,000만원
④ 365,000만원

11 공급망관리 경쟁능력의 4가지 요소 중 시간의 경쟁능력요소에 대한 설명으로 가장 옳지 않은 것은?

① 신속한 제품배달 능력

② 경쟁사보다 빠르게 신제품을 개발할 수 있는 능력

③ 적은 자원으로 제품이나 서비스를 창출할 수 있는 능력

④ 고객이 원하는 시간에 제품을 정확하게 인도할 수 있는 능력

12 공급망운영참고(SCOR : Supply Chain Operations Reference) 모델은 [보기]와 같이 5가지의 기본 관리 프로세스로 구성되어 지는데, 이중 ㉠에 해당되는 내용으로 가장 옳은 것은?

┤보 기├

계획 – 조달 – 생산 – (㉠) – 반품

① 원료의 공급과 관련된 프로세스

② 공급자에 대한 원재료의 회수프로세스

③ 주문을 입력하고 완성된 재화를 제공하는 프로세스

④ 조달된 자재를 이용하여 재화를 완성하고 검사 · 포장 · 보관하는 프로세스

13 [보기]는 제품 A의 재고와 관련된 정보다. 제품 A의 재고회전율이 5회일 때 연간 총판매량으로 옳은 것은?

┤보 기├

• 연간 총판매량 : ?
• 기초재고량　 : 600
• 기말재고량　 : 400

① 1,000

② 1,500

③ 2,000

④ 2,500

14 재고자산평가방법 중 최근 매입된 재고자산의 원가를 매출원가에 순차적으로 배분하고 가장 먼저 매입된 원가는 기말재고자산가액에 적용되는 방법은?

① 총평균법
② 이동평균법
③ 선입선출법
④ 후입선출법

15 화물차량 운송의 장점으로 가장 적절한 것은?

① 자가운송이 용이하다.
② 비교적 전천후 교통수단이다.
③ 중량에 대한 제한이 거의 없다.
④ 중ㆍ장거리 대량운송에 적합하다.

16 창고관리 시 유의해야 할 사항으로 가장 적절하지 않은 것은?

① 출고가 잦은 자재는 출고장 또는 사용처에 가까운 장소에 보관한다.
② 유효일이 있는 가변성자재는 유효일자가 가장 늦은 순서부터 우선적으로 출고한다.
③ 자재의 안전하고 효율적인 보관을 위해 자재별로 저장위치를 구분하고, 위치카드 등으로 관리한다.
④ 창고공간의 효율성과 신속한 입출고를 위해 운반수단과 방법을 개선하고, 파레트 사용을 우선하여 시간과 경비를 절약한다.

17 구매가격의 결정방식 중 비용중심적 가격결정으로 옳지 않은 것은?

① 비용가산 방식
② 가산이익률 방식
③ 구매가격예측 방식
④ 목표투자이익률 방식

18 A화학은 특인기간 현금할인(Extra dating)방식을 활용한 가격정책을 시행하고 있다. [보기]의 결제조건이 제시된 경우 괄호 (   ) 안에 들어갈 할인율로 옳은 것은?

┤ 보 기 ├
- "6/12-16 days, extra" 결제조건 : (   )% 할인

① 6
② 12
③ 16
④ 18

19 원가의 유형 중 기업이 이상적인 제조활동을 수행할 경우에 소비될 원가로 옳은 것은?

① 실제원가
② 예정원가
③ 추정원가
④ 표준원가

20 [보기]에서 공급업체 선정 시 수의계약방식이 적용되는 경우를 모두 나열한 것으로 옳은 것은?

┤ 보 기 ├
- ㉠ 구매금액이 소액인 경우
- ㉡ 구매품목을 제조하는 공급자가 유일한 경우
- ㉢ 구매조건을 이행할 수 있는 능력을 갖춘 경쟁자가 없는 경우
- ㉣ 경쟁입찰을 할 수 없는 특별한 상황인 경우 등의 특수한 사정이 있는 경우

① ㉠, ㉡, ㉢
② ㉠, ㉡, ㉣
③ ㉠, ㉢, ㉣
④ ㉠, ㉡, ㉢, ㉣

로그인 정보

회사코드	3005	사원코드	ERP13L02
회사명	물류2급 회사B	사원명	홀길동

01 ㈜한국자전거본사의 재고평가방법을 고르시오.

① 총평균
② 이동평균
③ 선입선출
④ 후입선출

02 다음 품목 중 영업담당자(물류실적담당자)가 다른 품목을 고르시오.

① [21-1030600.FRONT FORK(S)]
② [21-1060950.WHEEL REAR-MTB]
③ [21-1080800.FRAME-알미늄]
④ [21-3000300.WIRING-DE]

03 품목에 대한 설명 중 옳지 않은 것을 고르시오.

① [21-1030600.FRONT FORK(S)] : 조달구분은 [0.구매]다.
② [21-1060950.WHEEL REAR-MTB] : 품목군은 [H100.WHEEL]이다.
③ [21-3000300.WIRING-DE] : 중분류 [3000.SQUARE 30]에 속한다.
④ [21-3065700.GEAR REAR C] : 실제원가는 42,000원이다.

04 아래 [조회조건]의 조건으로 데이터를 조회한 후 물음에 답하시오.

> [조회조건]
> • 사업장　　　 : 1000.㈜한국자전거본사
> • 계획년도/월　: 2022/11
> • 수정계획반영 : 3.수정계획수량 및 단가반영

㈜한국자전거본사에서 2022년 11월 품목에 대한 판매계획을 입력했다. 다음 중 수정계획수량이 기초 계획수량에 비해 가장 많이 증가한 품목을 고르시오.

① [ATECK-3000.일반자전거]
② [ATECX-2000.유아용자전거]
③ [NAX-A400.일반자전거(P-GRAY WHITE)]
④ [NAX-A420.산악자전거(P-20G)]

05 아래 [조회조건]의 조건으로 데이터를 조회한 후 물음에 답하시오.

> [조회조건]
> • 사업장　 : 1000.㈜한국자전거본사
> • 견적기간 : 2022/11/01 ~ 2022/11/05

㈜한국자전거본사는 견적 요청일로부터 최소한 10일의 납기기간을 갖는다. 다음 견적 건 중 긴급으로 요청되어 짧은 납기기간으로 등록된 견적번호를 고르시오.

① ES2211000001　　　　　　　　　② ES2211000002
③ ES2211000003　　　　　　　　　④ ES2211000004

06 아래 [조회조건]으로 데이터를 조회한 후 물음에 답하시오.

> [조회조건]
> • 사업장　 : 1000.㈜한국자전거본사
> • 주문기간 : 2022/11/01 ~ 2022/11/05

다음 주문내역 중 견적적용 기능을 이용하여 등록된 주문번호를 고르시오.

① SO2211000001　　　　　　　　　② SO2211000002
③ SO2211000003　　　　　　　　　④ SO2211000004

07 아래 [조회조건]으로 데이터를 조회한 후 물음에 답하시오.

> [조회조건]
> • 사업장 : 1000.㈜한국자전거본사
> • 출고기간 : 2022/11/01 ~ 2022/11/05
> • 출고창고 : P100.제품창고

다음 중 부적합인 장소에서 출고된 품목을 고르시오.

① [21-1030600.FRONT FORK(S)]
② [21-1060700.FRAME-NUT]
③ [21-1060850.WHEEL FRONT-MTB]
④ [21-1060950.WHEEL REAR-MTB]

08 아래 [조회조건]으로 데이터를 조회한 후 물음에 답하시오.

> [조회조건]
> • 사업장 : 1000.㈜한국자전거본사
> • 출고기간 : 2022/11/10 ~ 2022/11/10
> • 출고창고 : P100.제품창고

[출고처리(국내수주)] 메뉴에서 주문적용 기능을 통해 2022년 11월 6일 주문번호 'SO2211000005'를 적용하려고 한다. 하지만 주문적용 내역에 [ATECX-2000.유아용자전거]가 조회되지 않는데, 그 이유를 고르시오.

① 출고검사를 한 후 적용받을 수 있다.
② 수주마감처리되어 출고등록할 수 없다.
③ 출고번호 'IS2211000002'에 모두 등록되어 잔량이 없다.
④ 출고예정일이 '2022/11/09'이므로 '2022/11/10'에는 출고처리할 수 없다.

09 2022/11/11 ~ 2022/11/15 기간 동안 출고등록되지 않은 창고장소를 고르시오.

① [M400.상품창고] - [M401.상품장소]
② [M400.상품창고] - [M402.상품적재장소]
③ [P100.제품창고] - [P101.제품장소]
④ [X100.반제품창고] - [X110.반제품장소]

10 아래 [조회조건]으로 데이터를 조회한 후 물음에 답하시오.

[조회조건]
• 사업장　: 1000.㈜한국자전거본사
• 마감기간 : 2022/11/11 ～ 2022/11/15

[매출마감(국내거래)] 메뉴에서 데이터를 조회한 후 바르게 설명한 것을 고르시오.

① SC2211000001은 마감수량을 수정할 수 없다.
② SC2211000002는 마감일자을 수정할 수 없다.
③ SC2211000003은 과세구분을 수정할 수 있다.
④ SC2211000004는 세무구분을 수정할 수 없다.

11 아래 [조회조건]으로 데이터를 조회한 후 물음에 답하시오.

[조회조건]
• 사업장　: 1000.㈜한국자전거본사
• 조회기간 : 2022/11/01 ～ 2022/11/30
• 조회기준 : 0.국내(출고기준)
• 미수기준 : 0.발생기준

㈜한국자전거본사의 2022년 11월 발생된 채권의 금액이 가장 큰 고객을 고르시오.

① [00006.㈜형광램프]　　　　　　　　② [00007.㈜제일물산]
③ [00009.㈜영동바이크]　　　　　　　④ [00033.㈜한라상사]

12 아래 [조회조건]으로 데이터를 조회한 후 물음에 답하시오.

[조회조건]
• 사업장　: 1000.㈜한국자전거본사
• 계획기간 : 2022/11/01 ～ 2022/11/30
• 전개구분 : 2.모의전개

2022년 11월에 세워진 주계획내역으로 소요량을 분석했다. 다음 중 예정발주일이 가장 빠른 품목을 고르시오.

① [21-1060950.WHEEL REAR-MTB]
② [45-78050.BATTERY TS-50]
③ [ATECK-3000.일반자전거]
④ [ATECX-2000.유아용자전거]

13 다음의 [보기]의 내용을 읽고 질문에 답하시오.

┤보 기├
- 사업장 : 1000.㈜한국자전거본사
- 요청일자 : 2022/11/11 ~ 2022/11/15

다음 중 [보기]의 데이터로 조회된 청구등록 내역 중 품목등록의 주거래처와 청구등록의 주거래처가 다른 품목을 고르시오.

① [21-1030600.FRONT FORK(S)]

② [21-1060850.WHEEL FRONT-MTB]

③ [21-3000300.WIRING-DE]

④ [21-3065700.GEAR REAR C]

14 아래 [조회조건]으로 데이터를 조회한 후 물음에 답하시오.

[조회조건]
- 사업장 : 1000.㈜한국자전거본사
- 발주기간 : 2022/11/01 ~ 2022/11/05

다음 중 고객의 주문에 의해 등록된 발주번호를 고르시오.

① PO2211000001 ② PO2211000002
③ PO2211000003 ④ PO2211000004

15 아래 [조회조건]으로 데이터를 조회한 후 물음에 답하시오.

[조회조건]
- 사업장 : 1000.㈜한국자전거본사
- 입고기간 : 2022/11/06 ~ 2022/11/10
- 입고창고 : P100.제품창고
- 발주기간 : 2022/11/01 ~ 2022/11/05

발주내역을 활용하고 입고처리를 하려고 한다. 발주내역 중 품목별 발주잔량(미입고수량)이 가장 많은 품목을 고르시오.

① [21-1030600.FRONT FORK(S)]

② [21-1060700.FRAME-NUT]

③ [21-1060850.WHEEL FRONT-MTB]

④ [21-3000300.WIRING-DE]

16 아래 [조회조건]으로 데이터를 조회한 후 물음에 답하시오.

[조회조건]
· 사업장   : 1000.㈜한국자전거본사
· 마감기간 : 2022/11/11 ～ 2022/11/15

국내 매입마감 내역에 대하여 잘못 설명한 것을 고르시오.

① PC2211000001은 입고번호 'RV2211000007'을 마감했다.
② PC2211000002는 입고수량 '50EA' 중 '30EA'를 마감했다.
③ PC2211000003은 [A-001.COM교육사업] 프로젝트로 설정되어 있다.
④ PC2211000004는 재고평가 시 재고수량 '375'가 아닌 '25'가 반영된다.

17 아래 [조회조건]의 조건으로 데이터를 조회한 후 물음에 답하시오.

[조회조건]
· 사업장 : 1000.㈜한국자전거본사
· 기 간 : 2022/11/11 ～ 2022/11/15

[매입마감(국내거래)]의 전표내역들을 확인하고 사용되지 않은 계정과목을 고르시오.

① [14700.제품]   ② [14900.원재료]
③ [25100.외상매입금]   ④ [25500.부가세예수금]

18 아래 [조회조건]의 조건으로 데이터를 조회한 후 물음에 답하시오.

[조회조건]
· 작업내역
　– 2022/11/11에 [NAX-A420.산악자전거(P-20G)] 10EA를 전시목적으로 특정창고로 이동시켰다.
　– 전시품목은 양품이지만 판매재고에는 포함되지 않으므로 장소의 적합 여부는 '적합', 가용 여부는 '부'인 곳이다.

작업내역을 처리하기 위해 [재고이동등록(창고)] 메뉴를 사용했다. 작업내역을 만족하는 이동번호를 고르시오.

① MV2211000001
② MV2211000002
③ MV2211000003
④ MV2211000004

19 아래 [조회조건]의 조건으로 데이터를 조회한 후 물음에 답하시오.

> [조회조건]
> • 사업장　　: 1000.㈜한국자전거본사
> • 실사기간 : 2022/11/01 ∼ 2022/11/01

부품창고의 부품장소에서 4가지 품목에 대하여 정기 재고실사를 실시했다. 각 품목에 대한 대처로 잘못 설명한 것을 고르시오.

① [21-1030600.FRONT FORK(S)]는 3만큼 출고조정한다.

② [21-1060700.FRAME-NUT]는 2만큼 전산재고를 차감한다.

③ [21-3000300.WIRING-DE]는 특별한 작업을 하지 않아도 된다.

④ [21-3065700.GEAR REAR C]는 누락된 입고 건을 확인하여 입력한다.

20 아래 [조회조건]으로 데이터를 조회한 후 물음에 답하시오.

> [조회조건]
> • 사업장　　: 1000.㈜한국자전거본사
> • 조정기간　: 2022/11/01 ∼ 2022/11/05
> • 입고창고　: M400.상품창고　/ 입고장소 : M401.상품장소
> • 출고창고　: X100.반제품창고 / 출고장소 : X110.반제품장소
> • SET모품목 : 20-1025000.유아용자전거세트

SE2211000001을 [SET 적용] 기능을 활용하여 'SET품 수불조정' 입력할 때 잘못 설명한 것을 고르시오.

① [21-3001600.PEDAL]은 대상수량이 '20'이다.

② [31-1010003.바구니]는 대상수량이 '10'이다.

③ [31-1010005.자물쇠]를 적용입력하면 출고조정수량만큼 재고가 증가한다.

④ [ATECX-2000.유아용자전거]를 적용입력하면 출고조정수량만큼 재고가 감소한다.

이론문제

01	02	03	04	05	06	07	08	09	10
④	①	④	①	④	③	①	①	②	②
11	12	13	14	15	16	17	18	19	20
③	③	④	④	①	②	③	①	④	④

01

BPR 필요 이유
• 복잡한 조직 및 경영 기능 효율화
• 지속적인 경영환경 변화에 대한 대응
• 정보 IT기술을 통한 새로운 기회 창출

02

① 비즈니스 애널리틱스(Business analytics, BA)는 웹사이트의 실적을 높이고 온라인 비즈니스의 성공을 돕는 효율적인 웹사이트 분석도구로서 각종 데이터(구조화 · 비구조화 · 반구조화 데이터)가 자동으로 유입되도록 한다.

03

④ 리엔지니어링에 대한 설명이다.

① 지식경영 : 지식을 창출, 저장, 전이, 적용하려고 조직에서 개발한 일련의 비즈니스 프로세스다.

② 벤치마킹 : 조직의 업적향상을 위해 최고 수준에 있는 다른 조직의 제품, 서비스, 업무방식 등을 서로 비교하여 새로운 아이디어를 얻고 경쟁력을 확보해나가는 체계적이고 지속적인 개선활동의 과정을 말한다.

③ 리스트럭처링(Restructuring, 구조조정) : 시스템이나 조직을 새로운 방향으로 조정하는 것을 말하며, 실제 기업에서 사업 포트폴리오의 개편, 부채비중 감소와 같은 자본구조의 변화, 조직구조의 혁신, 보상과 인센티브제도의 개혁, 기업문화의 혁신과 같은 기업경영의 제반 시스템의 변화를 의미한다.

04

e-Business 지원시스템의 단위시스템
• 지식경영시스템 (KMS ; Knowledge Management System)
• 의사결정지원시스템 (DSS ; Decision Support System)
• 경영자정보시스템 (EIS ; Executive Information System)
• 고객관계관리(CRM ; Customer Relationship Management)
• 전자상거래(EC ; Electronic Commerce)
• 공급체인망관리 (SCM ; Supply Chain Management)

05 ④ 가중이동평균법에 대한 설명이다.

① 시장조사법 : 시장상황에 대한 자료를 수집하고 이를 이용해 예측

② 델파이분석법 : 여러 전문가들의 의견을 수집해 신제품의 수요를 예측

③ 단순이동평균 : 차기예측치를 현시점에서 가까운 N개의 데이터를 평균하여 차례로 구하는 방법

수요예측방법	
정성적 방법	시장조사법
	패널동의법
	중역평가법
	판매원의 견합성법
	수명주기유추법
	델파이분석법
계량적 방법	시계열분석법(계절지수법, 단순·가중 이동평균법, 지수평활법, 최소자승법 등)
	인과모형분석법(회귀분석법, 시뮬레이션 모형)

06 ③ 시장점유율은 매출액을 경정하는 데 가장 중요한 요소로 과거 시장점유율, 경쟁기업에 대한 상대적 가격·품질·기능, 판촉활동 및 판매경로의 강도 등에 의해 달라진다.

$$\text{시장점유율} = \frac{\text{자사 매출액}}{\text{당해업계 총매출액}} \times 100\%$$

• 자사의 매출채권회수율과 연간 총여신한도액 요소는 거래처 신용한도 설정 시 필요한 요소다.

07 ① 소비자 구매능력(고객수요), 대체품가격(경쟁환경), 세금제도(세금)는 외부적 요인에 해당하며, 제조원가(비용)은 내부적 요인에 해당한다.

가격결정에 영향을 미치는 요인		내 용
내부적	제품특성	생산재·소비재, 필수품·사치품, 표준품, 계절품
	비 용	제조원가, 직접비·간접비, 고정비·변동비, 손익분기점
	마케팅 목표	생존목표, 이윤극대화, 시장점유율극대화
외부적	고객수요	소비자구매능력, 가격탄력성, 품질, 제품이미지, 용도
	유통채널	물류비용, 유통단계별 영업비용, 유통이익
	경쟁환경	경쟁기업의 가격·품질, 대체품가격
	법·규제·세금	독점금지법, 협회 등의 가격규제, 세금제도

08 ① 상품·서비스별로 판매할 시 고려요인은 교차비율, 시장점유율, 과거 판매실적, 이익공헌도 등이다.

09 ② 완전경쟁시장에서는 새로운 기업이 시장으로 들어오는 것과 비능률적인 기업이 시장에서 견디지 못하여 나가는 것 모두가 자유로워야 한다. 만일 그렇지 않다면 시장 참여자의 수가 한정되어 결과적으로 이러한 기업이 시장에 부당한 영향을 줄 수 있게 된다.

10 ② 매출채권한도액(= 연간 총여신한도액) = 매출액 × 자금고정율

$$= 3,650,000,000원 × (자금조달기간 36.5일 ÷ 365일)$$

$$= 3,650,000,000원 × 0.1$$

$$= 36,5000,000원$$

11 ③ 적은 자원으로 제품이나 서비스를 창출할 수 있는 능력은 비용의 경쟁능력요소에 대한 설명이다.

4요소	내 용
비 용	• 적은 자원으로 제품 · 서비스를 창출할 수 있는 능력 • 비용으로 경쟁하기 위한 방법 　− 투입자원의 효율적 활용 및 조직 운영 　− 원자재 구입비용 감축 　− 낭비제거, 생산성 향상 　− 프로세스 표준화, 불량품 감축, 지속적 프로세스 개선 · 개발
품 질	고객욕구 만족시키는 척도로 소비자에 의해 결정
유연성	설계변화와 수요변화에 효율적으로 대응할 수 있는 능력
시 간	경쟁사보다 빠른 신제품개발 능력, 신속한 제품배달 능력, 정시배달 능력

12 ③ ㉠은 '배송'이다.

① 조 달

② 반 품

④ 제 조

5 프로세스	내 용
계 획	• 수요와 공급 계획 • 공급자 평가, 수요 우선순위, 재고계획, 분배요구량 파악, 생산계획, 자재조달, 계략적 능력 계획
조 달	• 원료의 공급 • 조달처 개발 및 조달 · 입고 · 검사 · 보관, 조달계획, 지불, 납입, 수송, 자재의 품질, 공급자 검증 · 지도 등 조달 기반구조 형성
생 산	• 자재를 이용한 제품 생산 및 검사 · 포장 · 보관 • 설비 · 기계 등 제조 기반시설 관리, 제품의 품질검사, 생산현황 작업스케줄 관리
배 송	• 생산된 제품을 주문자에게 배송 • 주문입력, 고객정보 관리, 주문발송, 제품 포장 · 보관 · 발송, 창고관리 등 배송 기반구조 관리
반 품	• 원재료 및 완제품의 회수 • 공급자에 대한 원재료 회수, 고객활동에서의 완제품 회수, 영수증 관리 등

13 ④ 재고회전율 $= \dfrac{연간\ 총판매량}{\dfrac{(기초재고량\ +\ 기말재고량)}{2}}$ → $5 = \dfrac{연간\ 총판매량}{\dfrac{(600\ +\ 400)}{2}}$

→ 연간 총판매량 = 5 × 500 = 2,500

14 ④ 후입선출법에 대한 설명이다.

15

화물자량운송의 장점
• 단 · 중거리 운송에 적합하다.
• 운임적용이 탄력적이다(거리체감의 원칙 : 장거리 이동 시 대형트럭을 이용하므로 단위당 원가가 낮아진다).
• 신속한 이용이 가능하다(즉시성).
• 화물특성에 맞는 차량 이용이 가능하다.

• ②, ③, ④는 철도운송의 장점이다.

16 ② 유효일이 있는 가변성자재는 유효일자가 가장 빠른 순서부터 우선적으로 출고한다.

창고관리 시 유의사항
• 선입선출법 기준으로 출고
• 자재의 안전과 효율전 보관을 위해 재질별 분류 · 정리 · 정돈
• 공간의 효율성을 위해 출고가 잦은 자재는 입출구 가까운 장소에 보관
• 자재의 적재방식 개선(중량자재는 바닥에, 경량자재는 위에 보관 등)
• 시간, 경비, 적재횟수 절약을 위해 파레트 사용
• 유효일자에 따라 우선 출고가능하도록 배치

17 ③ 비용중심적 가격결정방식에는 코스트플러스(비용가산) 방식, 가산이익률 방식, 목표투자이익률 방식, 손익분기점 분석 방식 등이 있다. 구매가격예측 방식은 구매자중심적 가격결정방법이다.

구매가격 결정방식	
비용중심적	비용가산 방식, 가산이익률 방식, 목표투자이익률 방식, 손익분기점 방식
구매자중심적	구매가격예측 방식, 지각가치기준 방식
경쟁자중심적	경쟁기업가격기준 방식, 입찰경쟁 방식

18 ① "6/12-16 days, extra"의 의미는 계약일로부터 12일 이내의 현금지불에 대해 6% 할인을 인정하며, 특별히 추가로 16일간 할인기간을 연장한다는 의미로서 거래일로부터 총 28일간 현금할인이 적용한다는 것이다.

19 ④ 추정원가에 대한 설명이다.

① 실제원가(확정원가, 현실원가) : 제조작업이 종료하고 제품이 완성된 후에 그 제품제조를 위하여 생겨난 가치의 소비액을 산출한 원가

② 예정원가(추정원가, 견적원가) : 제조작업 개시 전에 과거의 경험을 기초로 하고, 여기에 장래의 예상을 가감하여 산출한 원가

③ 표준원가 : 기업이 이상적인 제조활동을 수행할 경우에 소비될 원가

20 ④ 수의계약방식에 의한 공급업체선정은 경쟁입찰방법에 의하지 않고 특정기업을 공급자로 선정하여 구매계약을 체결하는 방법으로서 아래의 경우에 한한다.

수의계약이 적용되는 조건
• 구매 품목을 제조하는 공급자가 유일한 경우
• 구매조건을 이행할 수 있는 능력을 갖춘 경쟁자가 없는 경우
• 구매금액이 소액인 경우
• 경쟁입찰을 할 수 없는 특별한 상황 등 특수한 사정이 있는 경우

01	02	03	04	05	06	07	08	09	10
③	③	④	①	①	④	②	②	③	①
11	12	13	14	15	16	17	18	19	20
④	④	①	③	①	④	④	②	②	③

01 [시스템관리] – [마감데이터관리] – [자재마감/통제등록]

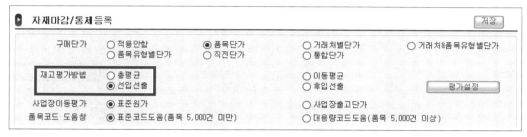

③ ㈜한국자전거본사의 재고평가방법은 '선입선출'이다.

02 [시스템관리] – [기초정보관리] – [물류실적(품목/고객)담당자등록]
→ [품목] 탭

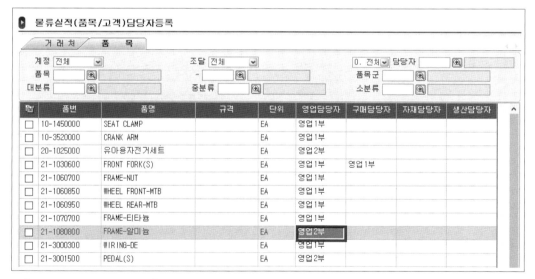

③ [21-1080800.FRAME-알미늄]의 영업은 '영업2부'가, 그 외는 '영업1부'가 담당하고 있다.

① [21-1030600.FRONT FORK(S] : 영업1부

② [21-1060950.WHEEL REAR-MTB] : 영업1부

④ [21-3000300.WIRING-DE] : 영업1부

03 [시스템관리] – [기초정보관리] – [품목등록]

→ [MASTER/SPEC] 및 [ORDER/COST] 탭

④ [21-3065700.GEAR REAR C]의 실제원가는 '42,100'이다.

04 [영업관리] – [영업관리] – [판매계획등록]

→ [수정계획] 탭 – [사업장 : 1000.㈜한국자전거본사] – [계획년도 : 2022/11] – [수정계획반영 : 3.수정계획수량 및 단가반영]

① [ATECK-3000.일반자전거] 품목이 수정계획수량(280)과 기초계획수량(210)의 차이가 '70'으로 가장 크다.

② [ATECX-2000.유아용자전거] : 170 – 150 = 20

③ [NAX-A400.일반자전거(P-GRAY WHITE)]: 180 – 180 = 0

④ [NAX-A420.산악자전거(P-20G)] : 310 – 250 = 60

05 [영업관리] – [영업관리] – [견적등록]

→ [사업장 : 1000.㈜한국자전거본사] – [견적기간 : 2022/11/01 ~ 2022/11/05]

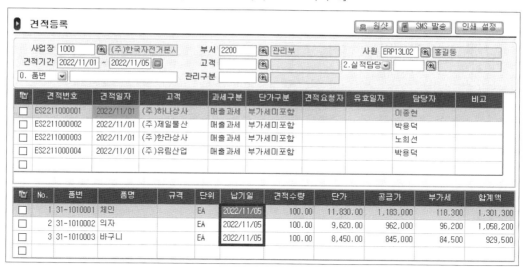

① 견적일은 모두 '2022/11/01'이므로 납기기간이 '2022/11/05'인 견적번호 ES2211000001의 납기기간이 4일로 가장 짧다.

② ES2211000002 : 납기일 2022/11/12 : 납입기간 11일

③ ES2211000003 : 납기일 2022/11/14 : 납입기간 13일

④ ES2211000004 : 납기일 2022/11/15 : 납입기간 14일

06 [영업관리] – [영업관리] – [수주등록]

→ [사업장 : 1000.㈜한국자전거본사] – [주문기간 : 2022/11/01 ~ 2022/11/05] – 조회 후 아래칸 상세내역에서 마우스 오른쪽 버튼/'[수주등록] 이력정보' 클릭

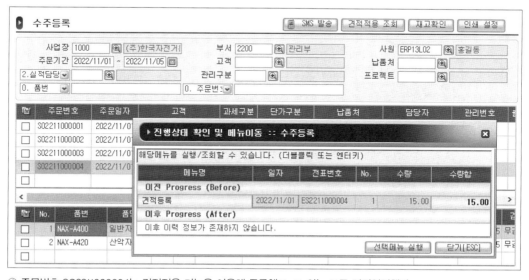

④ 주문번호 SO2211000004는 견적적용 기능을 이용해 등록했고, 그 외는 모두 직접입력했다.

1) 부적합 장소 확인

[시스템관리] – [기초정보관리] – [창고/공정(생산)/외주공정등록]

→ [창고/장소] 탭

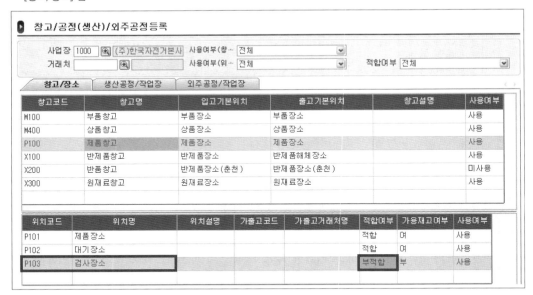

2) 해당 작업 확인

[영업관리] – [영업관리] – [출고처리(국내수주)]

→ [예외출고] 탭 – [사업장 : 1000.㈜한국자전거본사] – [출고기간 : 2022/11/01 ~ 2022/11/05] – [출고창고 : P100.제품창고]

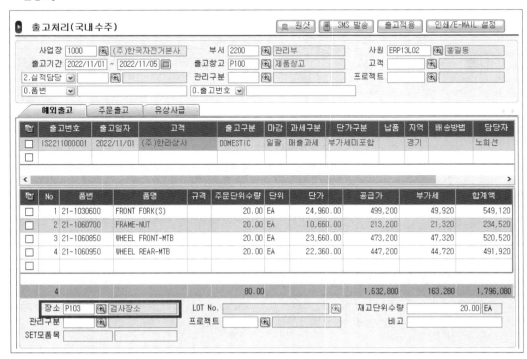

② 부적합 장소인 [P103.검사장소]에서 출고된 품목은 [21-1060700.FRAME-NUT]이다.

08 [영업관리] – [영업관리] – [수주마감처리]

→ [사업장 : 1000.㈜한국자전거본사] – [출고기간 : 2022/11/6 ~ 2022/11/6]

② [수주마감처리]에서 '마감'이 적용된 것을 확인할 수 있다. 마감되었으면 출고가 적용되지 않는다.

① 주문검사 여부는 '무검사'다.

③ 이력관리에서 '적용안됨'으로 확인된다.

④ 출고예정일과 상관없이 적용이 가능하다.

09 [영업관리] – [영업현황] – [출고현황]

→ [사업장 : 1000.㈜한국자전거본사] – [출고기간 : 2022/11/11 ~ 2022/11/15] – [정렬조건 : 일자별] 체크

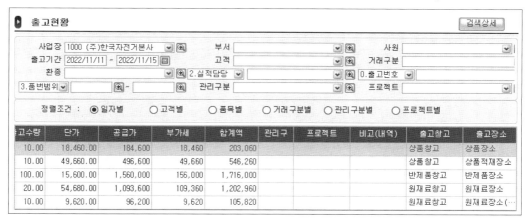

③ 해당기간 동안에는 '[P100.제품창고] – [P101.제품장소]'의 출고이력이 없다.

10 [영업관리] – [영업관리] – [매출마감(국내거래)]

→ [사업장 : 1000.㈜한국자전거본사] – [마감기간 : 2022/11/11 ~ 2022/11/15]

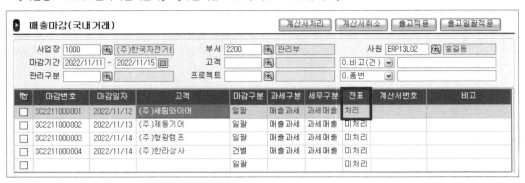

① 마감번호 SC2211000001은 전표처리되어 수정이 불가하다.

② 마감일자는 수정이 가능하다.

③ 과세구분은 수정이 불가하다.

④ 세무구분은 수정이 가능하다.

11 [영업관리] – [영업현황] – [미수채권집계]

→ [고객] 탭 – [사업장 : 1000.㈜한국자전거본사] – [조회기간 : 2022/11/01 ~ 2022/11/30] – [조회기준 : 0.국내(출고 기준)] – [미수기준 : 0.발생기준]

④ [00033.㈜한라상사]의 당기채권이 3,104,860원으로 가장 많이 발생했다.

12 [구매/자재관리] – [구매관리] – [소요량전개(MPR)]

→ [사업장 : 1000.㈜한국자전거본사] – [전개구분 : 2.모의전개] – [계획기간 : 2022/11/01 ~ 2022/11/30]

④ [ATECX-2000.유아용자전거] 품목의 예정발주일이 '2022/11/05'로 가장 빠르다.

13 [구매/자재관리] – [구매관리] – [청구등록]

→ [사업장 : 1000.㈜한국자전거본사] – [요청일자 : 2022/11/11 ~ 2022/11/15] – 조회 후 아래칸 상세내역에서 마우스 오른쪽 버튼/'부가기능 – 품목상세정보' 클릭 – [품목 상세정보] 팝업창

① [21-1030600. FRONT FORK(S)] 품목은 품목등록상 주거래처(㈜형광램프)와 청구등록상 주거래처(㈜제일물산)가 다르다.

14　[구매/자재관리] – [구매관리] – [발주등록]

→ [사업장 : 1000.㈜한국자전거본사] – [발주기간 : 2022/11/01 ~ 2022/11/05] – 조회 후 아래칸 상세내역에서 마우스
　오른쪽 버튼/[발주등록] 이력정보' 클릭 – [진행상태 확인 및 메뉴이동 :: 발주등록] 팝업창

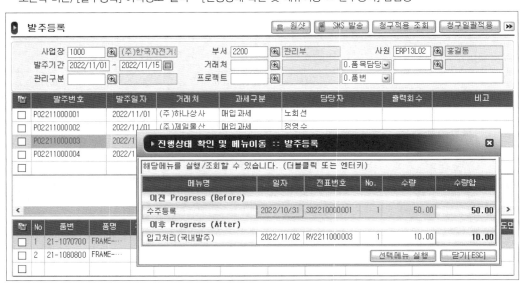

③ 고객의 주문에 의해 등록된 발주번호는 'PO2211000003'이다.

15 [구매/자재관리] – [구매관리] – [입고처리(국내발주)]

→ [발주입고] 탭 – [사업장 : 1000.㈜한국자전거본사] – [발주기간 : 2022/11/06 ~ 2022/11/10] – [입고창고 : P100.제품창고] – 조회 후 상단 [발주적용] 클릭 – [발주적용(LIST/예정일/건별)] 팝업창 – [발주적용(LIST)] 탭 – [발주기간 : 2022/11/01 ~ 2022/11/05]

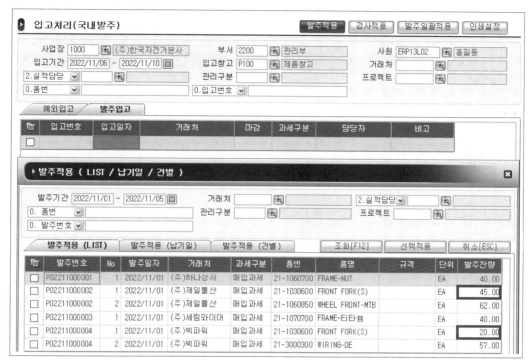

① [21-1030600.FRONT FORK(S)] 품목의 발주잔량(미입고수량)이 '65(= 45 + 20)'로 가장 많다.

② [21-1060700.FRAME-NUT] 품목의 발주잔량 : 40

③ [21-1060850.WHEEL FRONT-MTB] 품목의 발주잔량 : 62

④ [21-3000300.WIRING-DE] 품목의 발주잔량 : 57

16 [구매/자재관리] – [구매관리] – [매입마감(국내거래)]

→ [사업장 : 1000.㈜한국자전거본사] – [마감기간 : 2022/11/11 ~ 2022/11/15]

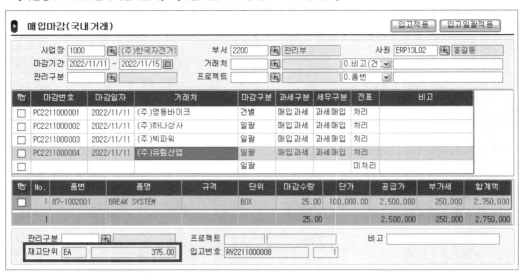

④ 재고평가는 재고수량으로 평가한다.

17 [구매/자재관리] – [구매관리] – [회계처리(매입마감)]

→ [회계전표] 탭 – [사업장 : 1000.㈜한국자전거본사] – [기간 : 2022/11/11 ~ 2022/11/15]

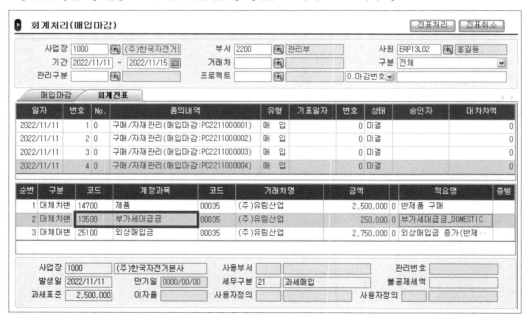

④ 세무구분이 과세매입인 거래의 전표는 [13500.부가세대급금]을 사용한다.

18　1) 적합/가용재고 여부 확인

[시스템관리] – [기초정보관리] – [창고/공정(생산)/외주공정등록]

→ [창고/장소] 탭

• 적합여부가 적합이며 가용재고가 부인 위치는 [M402.상품적재장소]다.

2) 해당 작업 확인

[구매/자재관리] – [재고관리] – [재고이동등록(창고)]

→ [사업장 : 1000.㈜한국자전거본사] – [이동기간 : 2022/11/11 ～ 2022/11/11]

② 이동번호 MV2211000002가 해당 위치로 이동했다.

19 [구매/자재관리] – [재고관리] – [재고실사등록]

→ [사업장 : 1000.㈜한국자전거본사] – [실사기간 : 2022/11/01 ~ 2022/11/01]

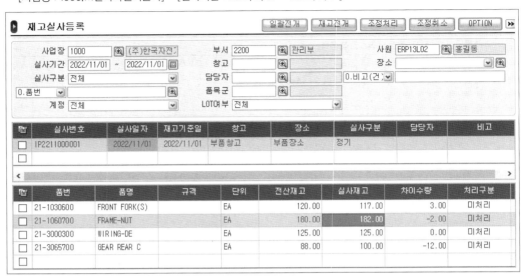

② [21–1060700.FRAME–NUT] 품목의 전산재고(180)가 실사재고(182)보다 '2' 부족하므로 재고를 증가시켜야 한다.

20 [구매/자재관리] – [재고관리] – [SET품 수불조정등록]

→ [사업장 : 1000.㈜한국자전거본사] – [조정기간 : 2022/11/01 ~ 2022/11/05] – [입고창고 : M400.상품창고] – [입고
장소 : M401.상품장소] – [출고창고 : X100.반제품창고] – [출고장소 : X110.반제품장소] – 조회 후 상단 [SET 적용]
클릭 – [SET 적용] 팝업창 – [조회] 버튼 클릭

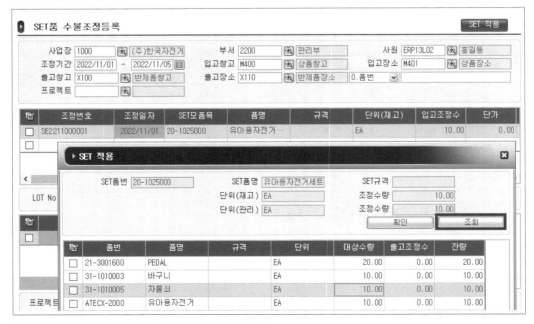

③ 제품을 적용입력하면 출고조정수량만큼 재고가 감소한다.

이론문제

01 ERP 시스템의 SCM모듈을 실행함으로써 얻는 장점으로 가장 적절하지 않은 것은?

① 공급사슬에서의 가시성 확보로 공급 및 수요변화에 대한 신속한 대응이 가능하다.

② 정보투명성을 통해 재고수준 감소 및 재고회전율(inventory turnover) 증가를 달성할 수 있다.

③ 공급사슬에서의 계획(plan), 조달(source), 제조(make) 및 배송(deliver) 활동 등 통합 프로세스를 지원한다.

④ 마케팅(marketing), 판매(sales) 및 고객서비스(customer service)를 자동화함으로써 현재 및 미래 고객들과 상호작용할 수 있다.

02 ERP 패키지에 이미 개발되어 있는 업무처리 프로세스, 사용자 화면, 보고서 등을 구축 기업의 요구사항을 반영하여 변경하는 것을 무엇이라 하는가?

① 정규화(Normalization)

② 트랜잭션(Transaction)

③ 컨피규레이션(Configuration)

④ 커스터마이제이션(Customization)

03 ㈜생산은 'Best Practice' 도입을 목적으로 ERP 패키지를 도입하여 시스템을 구축하고자 한다. ㈜생산의 도입방법 중 가장 적절하지 않은 것은?

① BPR과 ERP 시스템 구축을 병행하는 방법

② ERP 패키지에 맞추어 BPR을 추진하는 방법

③ 기존 업무처리에 따라 ERP 패키지를 수정하는 방법

④ BPR을 실시한 후에 이에 맞도록 ERP 시스템을 구축하는 방법

04 ERP에 대한 설명 중 가장 적절하지 않은 것은?

① 신속한 의사결정을 지원하는 경영정보시스템이다.

② 인사, 영업, 구매, 생산, 회계 등 기업의 업무가 통합된 시스템이다.

③ 모든 사용자들은 사용권한 없이도 쉽게 기업의 정보에 접근할 수 있다.

④ ERP의 기본시스템에 공급망관리, 고객지원기능 등의 확장기능을 추가할 수 있다.

05 [보기]의 제시된 8~11월의 수요를 이용하여 가중이동평균법으로 12월의 수요예측치를 구하시오.

월	8	9	10	11	12
실제수요	40	50	60	70	
가중치	0.4	0.3	0.2	0.1	

① 40

② 50

③ 60

④ 70

06 교차비율을 이용하여 목표판매액을 할당할 때 [보기]의 제품 중에서 목표판매액 할당이 가장 높은 제품은 무엇인가?

제 품	매출액	한계이익	평균재고액
A	50	5	2
B	100	10	20
C	150	30	50
D	200	50	40

① A

② B

③ C

④ D

07 가격탄력성에 대한 설명으로 가장 옳지 않은 것은?

① 일반적으로 생필품의 가격탄력성은 사치품보다 작다.

② 가격탄력성이 큰 상품은 가격이 상승했을 때 수요가 크게 상승한다.

③ 가격탄력성이란 가격이 1% 변화했을 때 수요량은 몇 % 변화하는가를 절대치로 나타낸 크기다.

④ 가격탄력성이 1보다 큰 상품의 수요는 탄력적(elastic)이라 하고, 1보다 작은 상품의 수요는 비탄력적(inelastic)이라고 한다.

08 [보기]의 자료를 활용하여 외상매출금 회수에 대한 회수율을 일반적인 방법을 적용하여 구하고자 한다. 5월의 외상매출금 회수율(%)을 구하시오.

┤ 보 기 ├
- 4월　매출액　　　　　　：　8,000만원
- 4월　외상매출액 회수액：　1,000만원
- 4월말 외상매출금 잔액　：　2,000만원
- 5월　매출액　　　　　　：10,000만원
- 5월　외상매출액 회수액：　3,000만원
- 5월말 외상매출금 잔액　：　 500만원

① 20%

② 25%

③ 30%

④ 35%

09 [보기]의 절차로 수행되는 수요예측방법으로 가장 적절한 것은?

┤ 보 기 ├
- 과거의 수요패턴이 미래에도 지속될 것이라고 가정한다.
- 시간의 흐름에 따라 일정한 간격마다 과거수요를 기록한 자료를 분석하여 미래수요를 예측하는 방법이다.

① 델파이법

② 회귀분석법

③ 패널조사법

④ 시계열분석법

10 가격결정에 영향을 미치는 요인들 중에서 외부적 요인으로 적절하지 않은 것은?

① 가격탄력성
② 제품이미지
③ 대체품가격
④ 손익분기점

11 공급망관리정보시스템에서 처리하는 공급망정보의 특징으로 가장 적절하지 않은 것은?

① 정보량이 많고 업무내용이 다양하여 획일적 처리가 곤란함
② 정보의 발생장소, 처리장소, 전달장소 등이 광역으로 분산됨
③ 지역, 시간 등에 따라 수요변화가 현저하므로 유연한 대응시스템이 필요함
④ 비구조적 데이터로 구성되어 데이터의 저장, 분석, 시각화, 보고서작성 등이 용이함

12 채찍효과의 원인으로 가장 적절하지 않은 것은?

① 과도한 발주량
② 리드타임 단축
③ 불안정한 가격구조
④ 수요예측의 잦은 변경

13 재고관리 관련 비용에 관한 설명으로 가장 적절한 것은?

① 재고부족비용은 생산공정의 변경이나 기계·공구의 교체 등으로 인한 비용이다

② 주문비용은 1회 주문량을 크게 할수록 재고 1단위당 비용이 늘어나는 특성이 있다

③ 생산준비비용은 생산수량과 관계없이 생산준비과정에서 일정하게 발생하는 고정비용이다

④ 재고유지비용은 납기지연, 판매기회 상실, 거래처 신용하락, 잠재적 고객상실 등과 관련된 비용이다

14 재고자산의 기록을 위해 계속기록법을 적용하고자 할 때 [보기]의 (   ) 안에 들어갈 용어로 가장 적절한 것은?

┤보 기├
- 당기매출량 = 장부상의 매출량
- 기말재고량 = 판매가능 재고량 - 실제 판매량
- 기말재고액 = 기초재고액 + (   ) - 매출원가

① 당기매입액   ② 기말재고액

③ 기말재고수량   ④ 기초재고수량

15 창고배치(Layout)의 기본원리로 가장 적절한 것은?

① 통로점유율을 높임

② 자재 취급횟수 최대화

③ 높낮이 차이의 최대화

④ 흐름방향의 직진성에 중점

16 [보기]는 무엇에 대한 설명인가?

┤보 기├
- 창고에 보관 중인 재고를 거래처로부터 수주한 주문정보를 바탕으로 주문대로 꺼내 출하하는 과정을 말한다.

① 마 감   ② 분 류

③ 적 치   ④ 오더 피킹

17 [보기]의 내용을 적절하게 나타내고 있는 현금할인조건 표기는 무엇인가?

보 기

- 가격할인방식 중 거래일이 11월 5일이지만 거래일자를 11월 15일로 기입하여 늦추고 11월 30일까지 현금지불이 되면 10%의 할인이 적용되는 경우
---

① 25/10 Advanced   ② 10/15 Advanced

③ 15/10 Advanced   ④ 10/25 Advanced

18 [보기]는 생산기업의 원가자료다. 해당 기업의 제조원가는 얼마인가?

보 기

- 판매원가 　　　　　 : 500원
- 이 익 　　　　　　 : 100원
- 판매비와일반관리비 : 200원
---

① 100원   ② 200원

③ 300원   ④ 400원

19 [보기]의 설명에 해당하는 공급자 선정방식으로 가장 적절한 것은?

보 기

- 불특정 다수의 입찰 희망자를 모두 경쟁입찰에 참여시켜 가장 유리한 조건을 제시한 공급자를 선정하는 방식
- 참가기회를 확대하는 이점이 있는 반면 부적격 업체의 응찰로 경쟁과열 등의 우려가 있음
---

① 일반경쟁   ② 수의계약

③ 지명경쟁   ④ 제한경쟁

20 구매방법의 유형에 대한 설명으로 가장 적절한 것은?

① 투기구매는 계절품목 등 일시적인 수요품목에 적합하다.

② 예측구매는 생산시기가 일정하거나 상비저장품목에 적합하다.

③ 일괄구매는 가격동향의 예측이 부정확하면 손실의 위험이 크다.

④ 수시구매는 다품종의 품목에 대해 공급처를 품종별로 선정해 한꺼번에 구매할 때 적합하다.

로그인 정보

회사코드	3002	사원코드	ERP13L02
회사명	물류2급 회사A	사원명	홀길동

01 일반거래처를 유형에 따라 일반, 무역, 주민, 기타로 구분지어 관리한다. 다음 거래처 중에서 구분값이
나머지와 다른 거래처를 고르시오.

① ㈜대흥정공
② ㈜하나상사
③ ㈜빅파워
④ INTECH CO.LTD

02 다음 중 품목에 대한 설명으로 옳지 않은 것을 고르시오.

① [16-102800.RECTANGLE PIPE] 품목의 보조거래처는 '㈜빅파워', '㈜제일물산'이다.
② [21-1060850.WHEEL FRONT-MTB] 품목의 구매포장 단위수량은 '9'이며 여유수량은 '2'다.
③ [21-3065700.GEAR REAR C] 품목의 계정구분은 '원재료'다.
④ [45-78050.BATTERY TS-50] 품목의 재고단위와 관리단위는 같다.

03 다음 중 ㈜한국자전거본사에서 사용하는 재고평가방법을 고르시오.

① 총평균법
② 선입선출
③ 이동평균
④ 후입선출

04 다음 [보기]의 데이터를 조회 후 답하시오.

┤ 보 기 ├
- 사업장   : 1000.㈜한국자전거본사
- 대상년월 : 2023년 1월

㈜한국자전거본사에서는 [00033.㈜한라상사] 거래처에 대한 판매계획을 등록했다. 2023년 1월 매출 예상원화금액은 얼마인가?

① 950

② 1,850,000

③ 8,780,000

④ 12,416,000

05 다음 [보기]의 데이터를 조회 후 답하시오.

┤ 보 기 ├
- 사업장   : 1000.㈜한국자전거본사
- 견적기간 : 2023/01/01 ~ 2023/01/05

[보기]로 조회한 견적내용 중 결제조건이 '현금결제'인 건을 고르시오.

① ES2301000001

② ES2301000002

③ ES2301000003

④ ES2301000004

06 다음 [보기]의 데이터를 조회 후 답하시오.

┤ 보 기 ├
- 사업장   : 1000.㈜한국자전거본사
- 주문기간 : 2023/01/05 ~ 2023/01/10
- 주문번호 : SO2301000001

해당 주문 건에서 [85-1020400.POWER TRAIN ASS'Y(MTB)]의 주문수량은 사실 '1,500'이 아닌 '700'이다. 잘못 입력된 주문수량을 수정한 후 해당 주문 건의 총 합계액으로 올바른 것을 고르시오.

① 11,4180,000

② 53,284,000

③ 644,800

④ 709,280

07 다음 [보기]의 데이터를 조회 후 답하시오.

┤보 기├
- 사업장 : 1000.㈜한국자전거본사
- 출고기간 : 2023/01/07 ~ 2023/01/10
- 출고창고 : M100.부품창고

다음 [보기] 기준의 출고 건 중에서 출고장소가 다른 한 건의 담당자를 고르시오.

① 김종욱
② 이종현
③ 박용덕
④ 노희선

08 아래 [조회조건]으로 데이터를 조회한 후 물음에 답하시오.

[조회조건]
- 사업장 : 1000.㈜한국자전거본사
- 마감기간 : 2023/01/11 ~ 2023/01/14

위 조회기간의 [매출마감(국내거래)] 메뉴에 대하여 잘못 설명한 것을 고르시오.

① 마감번호 SC2301000001은 전표처리되었다.
② 마감번호 SC2301000002는 합계액이 가장 크다.
③ 마감번호 SC2301000003은 세무구분만 다른 건들과 다르다
④ 마감번호 SC2301000004의 출고번호는 'IS2301000004'다.

09 다음 [보기]의 데이터를 조회 후 답하시오.

┤보 기├
- 사업장 : 1000.㈜한국자전거본사
- 수금기간 : 2023/01/15 ~ 2023/01/20

[보기]로 조회한 수금내역 중 수금금액이 가장 큰 거래처를 고르시오.

① ㈜대흥정공
② ㈜하나상사
③ ㈜제동기어
④ ㈜형광램프

10 아래 [조회조건]으로 데이터를 조회한 후 물음에 답하시오.

> [조회조건]
> • 사업장   : 1000.㈜한국자전거본사
> • 해당년도 : 2023년

채권기초를 확인하고 있다. 기초미수채권의 합이 가장 큰 프로젝트로 옳은 것을 고르시오.

① 특별할인판매   ② 일반용자전거

③ 유아용자전거   ④ 산악용자전거

11 다음 [보기]의 데이터를 조회 후 답하시오.

> ┤ 보 기 ├
> • 사업장   : 1000.㈜한국자전거본사
> • 조회기간   : 2023/01/01 ~ 2023/01/31
> • 조회기준   : 국내(출고기준)
> • 일계포함여부 : 미포함

[00001.㈜대흥정공]의 미수채권에 대한 내용을 확인하고 있다. 다음 중 해당 현황에 대한 설명으로 틀린 것을 고르시오.

① 잔액은 '9,725,100'이다.

② 전기(월)금액은 '1,000,000'이다.

③ 해당 기간 내의 당기발생한 수량은 총 '1,000'이다.

④ 수금은 '현금'으로 진행되었다.

12 아래 [조회조건]으로 데이터를 조회한 후 물음에 답하시오.

> [조회조건]
> • 사업장   : 1000.㈜한국자전거본사
> • 계획기간 : 2023/01/20 ~ 2023/01/20
> • 계획구분 : SIMULATION

다음 중 주계획작성의 계획수량이 가장 적은 품명을 고르시오.

① BODY-알미늄(GRAY-WHITE)

② 전장품 ASS'Y

③ POWER TRAIN ASS'Y(MTB)

④ BREAK SYSTEM

13 아래 [조회조건]으로 데이터를 조회한 후 물음에 답하시오.

[조회조건]
· 사업장　　: 1000.㈜한국자전거본사
· 요청일자 : 2023/01/23 ～ 2023/01/23

다음 중 [조회조건]으로 입력된 [청구등록] 내역 중 품목등록의 주거래처와 [청구등록]의 주거래처가 다른 품명으로 옳은 것을 고르시오.

① 체 인
② 의 자
③ 바구니
④ 타이어

14 다음 [보기]의 데이터를 조회 후 답하시오.

┤ 보 기 ├
· 사업장　　: 1000.㈜한국자전거본사
· 발주기간 : 2023/01/25 ～ 2023/01/25

[보기]의 발주데이터를 조회한 후 틀린 설명을 고르시오.

① PO2301000001 건은 '수주등록' 데이터를 적용받아 등록했다.
② PO2301000002 건은 COM교육사업 프로젝트로 등록되었다.
③ PO2301000003 건의 총 합계액은 '939,400'이다.
④ PO2301000004 건의 담당자는 '노희선'이다.

15 다음 [보기]의 데이터를 조회 후 답하시오.

┤ 보 기 ├
· 사업장　　: 1000.㈜한국자전거본사
· 입고기간 : 2023/01/01 ～ 2023/12/31
· 입고창고 : 분배창고

[보기]의 입고처리 건에 대한 설명 중 옳지 않은 것을 고르시오.

① ㈜영동바이크의 총 합계액은 '9,966,000'이다.
② RV2301000002의 과세구분은 '매입과세'다
③ ㈜대흥정공의 장소는 '재분배용' 장소다.
④ ㈜제동기어의 관리수량과 재고수량은 같다

16 다음 [보기]의 데이터를 조회 후 답하시오.

┌─ 보 기 ───┐
- 사업장 　　 : 1000.㈜한국자전거본사
- 마감기간 : 2023/01/10 ～ 2023/01/13
└───┘

[보기]의 [매입마감] 내역을 조회한 후 옳은 설명을 고르시오.

① PC2301000001의 마감수량은 [매입마감] 메뉴에서 수정이 가능하다.

② PC2301000002는 세무구분을 수정할 수 있다.

③ PC2301000003은 전표처리되어 있어도 삭제가 가능하다.

④ PC2301000004은 재고단위의 총합은 '1,950'이다.

17 ㈜한국자전거본사에서 2023년 1월 15일 ㈜중앙전자의 매입 마감내역을 전표처리했다. 전표처리된 내역의 대차구분값과 이에 맞는 계정과목으로 옳지 않은 것을 고르시오.

① 대체차변 － [14600.상품]

② 대체대변 － [25100.외상매입금]

③ 대체차변 － [13500.부가세대급금]

④ 대체대변 － [14900.원재료]

18 아래 [조회조건]으로 데이터를 조회한 후 물음에 답하시오.

┌───┐
[조회조건]
- 사업장 　　 : 1000.㈜한국자전거본사
- 입고기간 : 2023/01/01 ～ 2023/01/31
└───┘

회사에서 입고된 내역들의 현황을 확인하고 있다. 다음 [조회조건]의 입고내역 중에서 거래처 ㈜대흥정공으로부터 입고된 품목이 아닌 것은?

① [21-1070700.FRAME-티타늄]

② [21-1060950.WHEEL REAR-MTB]

③ [21-1080800.FRAME-알미늄]

④ [31-1010001.체인]

19 아래 [조회조건]으로 데이터를 조회한 후 물음에 답하시오.

[조회조건]
- 사업장 : 1000.㈜한국자전거본사
- 입고기간 : 2023/01/28 ~ 2023/01/29

다음 [조회조건]의 국내 매입 미마감내역을 조회 후 미마감수량(관리단위)이 가장 적은 품명을 고르시오.

① FRAME-티타늄
② FRAME-알미늄
③ MOTOR & SW LEADFRAME RH
④ MOTOR & SW LEADFRAME LH

20 아래 [조회조건]으로 데이터를 조회한 후 물음에 답하시오.

[조회조건]
- 사업장 : 1000.㈜한국자전거본사
- 해당년도 : 2023년 1월

㈜한국자전거본사에서는 각 생산품에 대한 표준원가를 등록하려 하고 있다. 다음 중 의자, 바구니, 타이어, 자물쇠를 직접입력 후 표준원가(품목등록)보다 실제원가(품목등록)가 더 작은 품목을 고르시오.

① 의 자
② 바구니
③ 타이어
④ 자물쇠

이론문제

01	02	03	04	05	06	07	08	09	10
④	④	③	③	②	①	②	②	④	④
11	12	13	14	15	16	17	18	19	20
④	②	③	①	④	④	②	③	①	②

01 ④ 마케팅(marketing), 판매(sales) 및 고객서비스(customer service)를 자동화함으로써 현재 및 미래 고객들과 상호작용을 가능하게 하는 것은 ERP 시스템의 CRM(Customer Relationship Management, 고객관계관리)시스템이다.
- SCM은 원자재 조달에서 마지막 단계인 제품배송에 이르기까지 제품 또는 서비스와 관련된 상품, 데이터 및 재정의 흐름을 관리하여 수요자가 원하는 제품을 원하는 시간과 장소에 제공하는 '공급망 관리'를 뜻한다.

02 ④ 커스터마이제이션에 대한 설명이다.
① 정규화(Normalization) : 다양한 유형의 데이터 값 검사를 통해 데이터 모델을 더 구조화시키고 개선시켜 나가는 절차
② 트랜잭션(Transaction) : 데이터베이스의 상태를 변환시키는 하나의 논리적인 기능을 수행하는 작업의 단위
③ 커스터마이제이션(Customization) : 사용자가 원하는 작업방식으로 소프트웨어를 구성하는 것으로 파라미터(parameters)를 선택하는 과정

03

BPR 지원을 위한 ERP 도입 시 4가지 방안
① 선진화된 프로세스가 구현되어 있는 기존의 ERP패키지에 맞춰 수정하는 것
② ERP패키지에 맞춰 BPR을 추진하는 것
③ BPR과 ERP 도입을 병행하는 것이다.
④ BPR을 실시한 후 이에 맞춰서 ERP를 커스터마이징하는 것

04 ③ 사용권한이 있는 사용자만 기업의 정보에 접근할 수 있으며, 없는 경우는 사용이 불가능하다.

05 ② 12월 수요예측치 = (40 × 0.4) + (50 × 0.3) + (60 × 0.2) + (70 × 0.1)
= 16 + 15 + 12 + 7
= 50

06

$$교차비율 = \frac{매출액}{평균재고액} \times \frac{한계이익}{매출액}$$

$$= \frac{한계이익}{평균재고액}$$

① A 교차비율 = (50 ÷ 2) × (5 ÷ 50) = 5 × 2 = 2.5
· B 교차비율 = (100 ÷ 20) × (10 ÷ 100) = 10 × 20 = 0.5
· C 교차비율 = (150 ÷ 50) × (30 ÷ 150) = 30 × 50 = 0.6
· D 교차비율 = (200 ÷ 40) × (50 ÷ 200) = 50 × 40 = 1.25

07 ② 가격탄력성은 소비재의 가격이 변함에 따라 수요와 공급이 얼마나 변하는지 나타내는 지표로 이것이 큰 상품은 가격이 상승할 때 수요가 크게 하락한다.

가격탄력성에 따른 수요와 총수입 변화

· 탄력성이 클수록(1보다 클수록) 같은 가격변화에 수요와 공급이 크게 변한다.
· 탄력성이 큰 경우 가격이 오르면 수요가 큰 폭으로 감소하고, 총수입도 감소한다.
· 탁력성이 낮은 경우 가격이 오르면 수요에 변화가 없어 총수입이 증가한다.
· 가격탄력성이 상대적으로 작으면 필수재, 상대적으로 크면 사치재다.

08 · 일반적인 경우 회수율 공식

$$외상매출금 \ 회수율 = \frac{당월회수액}{(전월 \ 말 \ 외상매출금 \ 잔액 + 당월매출액)} \times 100\%$$

② 외상매출금 회수율(%) = $\dfrac{30,000,000원}{(20,000,000원 + 100,000,000원)} \times 100\%$

= 25%

09 ④ 시계열분석법은 정량적(계량적) 수요예측방법의 하나로서 시간의 흐름에 따라 일정한 간격마다 기록한 통계자료(시계열 데이터)를 분석하여 예측하는 방법이다. 즉, 과거자료에 기반을 두고 미래를 예측하는 기법으로 예를 들어 과거 6주간의 판매자료를 바탕으로 7주째 판매량을 예측하는 것이다.
① 델파이법 : 여러 전문가들의 의견을 수집해 신제품의 수요를 예측
② 회귀분석법 : 정량적 방법 중 시산의 흐름에 따라 분석 · 예측하는 시계열분석법의 하나
③ 패널조사법 : 패널의 의견으로 모아 예측치로 활용해 수요를 예측

10 ④ 손익분기점(비용)은 내부적 요인이다.

가격결정에 영향을 미치는 요인		내 용
내부적	제품특성	생산재 · 소비재, 필수품 · 사치품, 표준품, 계절품
	비 용	제조원가, 직접비 · 간접비, 고정비 · 변동비, 손익분기점
	마케팅 목표	생존목표, 이윤극대화, 시장점유율극대화
외부적	고객수요	소비자구매능력, 가격탄력성, 품질, 제품이미지, 용도
	유통채널	물류비용, 유통단계별 영업비용, 유통이익
	경쟁환경	경쟁기업의 가격 · 품질, 대체품가격
	법 · 규제 · 세금	독점금지법, 협회 등의 가격규제, 세금제도

11

공급망 정보의 특징
• 정보량이 많고 업무내용이 다양하여 획일적 처리가 곤란 • 정보의 발생장소, 처리장소, 전달장소 등이 광역으로 분산 • 지역, 계절, 시간에 따라 수요변화가 현저하므로 유연한 대응시스템이 필요

12 ② 리드타임이 줄어들면 수요와 공급의 변동성이 줄어들고 불확실성이 축소됨에 따라 채찍효과를 줄일 수 있다.

13 ② 주문비용은 1회 주문량을 크게 할수록 재고 1단위당 비용이 줄어드는 특성이 있다.
③ 생산준비비용은 생산공정의 변경이나 기계 · 공구의 교체 등으로 인한 비용이다.
④ 재고부족비용은 납기지연, 판매기회 상실, 거래처 신용하락, 잠재적 고객상실 등과 관련된 비용이다.

14 ① 기말재고액 = 기초재고액 + 당기매입액 − 매출원가

15

창고배치(Layout)의 기본원리
• 흐름방향의 직진성 • 물품, 사람, 운반기기의 역행교차 없애기 • 자재 취급횟수 최소화 • 높낮이 차이의 최소화 • 통로점유율을 낮춤 • 모듈화 · 규격화 고려

16 ④ 오더 피킹(picking)은 창고에 보관 중인 재고를 거래처로부터 수주한 주문정보를 바탕으로 주문대로 꺼내어 출하하는 과정을 말하며, 창고에 보관된 물품인 재고를 꺼내어 고객별 · 차량별 · 지역별 · 용도별 등으로 구분 분류하는 것은 분류다.
② 분 류 : 창고에 보관된 물품인 재고를 꺼내어 고객별, 차량별, 지역별, 용도별 등으로 구분분류하는 것
③ 적 치 : 창고의 지정된 보관장소에 물품을 넣고 쌓아두는 활동

17 ② 현금할인조건 표기법 = 할인율/할인적용기간 Advanced

18

> • 제조원가 = 직접원가 + 제조간접비
> • 판매원가 = 제조원가 + 판매비와일반관리비
> • 매출가 = 판매원가 + 이 익

③ 판매원가 = 제조원가 + 판매비와일반관리비

　→ 제조원가 = 판매원가 − 판매비와일반관리비

　　　　　　= 500원 − 200원

　　　　　　= 300원

19　① 일반경쟁방식에 대한 설명이다.

공급업체 선정방법	내 용
일반경쟁방식	불특정 다수를 입찰에 참여시켜 가장 유리한 조건을 제시한 공급자를 선정하는 방식
수의계약방식	경쟁입찰방법에 의하지 않고 특정기업을 공급자로 선정하여 구매계약을 체결하는 방식
지명경쟁방식	공급자로서 적합한 자격을 갖추었다고 인정하는 다수의 특정한 경쟁참가자를 지명하여 경쟁입찰에 참가하도록 하는 방법
제한경쟁방식	입찰참가자의 자격을 제한하지만 자격을 갖춘 모든 대상자를 입찰참가자에 포함시키는 방법

20　② 예측구매란 미래수요를 예측하여 시장상황이 유리할 때 일정한 양을 미리 구매하여 재고로 보유했다가 생산계획이나 구매청구에 따라 재고에서 공급하는 방식으로서 계획구매로 조달비용을 절감하고, 수량 할인·수송비의 감소 등 경제적인 구매가 가능하며, 생산시기가 일정한 품목 또는 항상 비축이 필요한 상비 저장품목 등에 적합하다.

① 계절품목 등 일시적인 수요품목에 적합한 것은 수시구매다.

③ 가격동향의 예측이 부정확하면 손실의 위험이 큰 것은 투기구매다.

④ 다품종의 품목에 대해 공급처를 품종별로 선정해 한꺼번에 구매할 때 적합한 것은 일괄구매다.

01	02	03	04	05	06	07	08	09	10
④	④	④	③	③	②	①	④	③	②
11	12	13	14	15	16	17	18	19	20
③	③	④	②	④	②	④	②	①	①

01 [시스템관리] – [기초정보관리] – [일반거래처등록]

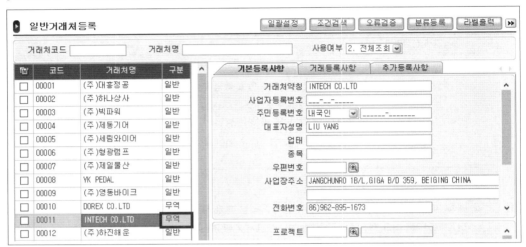

④ INTECH CO.LTD만 '무역'이고, 나머지는 모두 '일반'이다.

02 [시스템관리] – [기초정보관리] – [품목등록]

→ [MASTER/SPEC] 및 [ORDER/COST] 탭

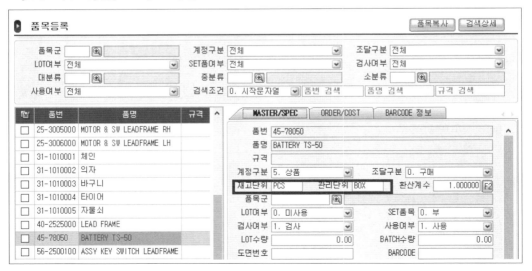

④ [45-78050.BATTERY TS-50] 품목의 재고단위는 'PCS', 관리단위는 'BOX'로 서로 다르다.

03 [시스템관리] – [마감데이터관리] – [자재마감/통제등록]

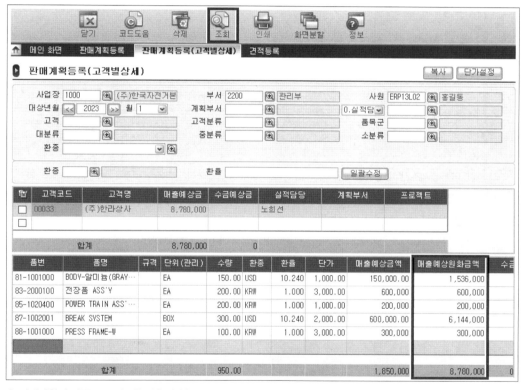

④ [자재마감/통제등록] 메뉴에서 재고평가방법이 '후입선출'인 것을 확인할 수 있다.

04 [영업관리] – [영업관리] – [판매계획등록(고객별상세)]

→ [사업장 : 1000.㈜한국자전거본사] – [대상년월 : 2023/1] – 상단 '조회' 클릭

품번	품명	규격	단위(관리)	수량	환종	환율	단가	매출예상금액	매출예상원화금액	수금
81-1001000	BODY-알미늄(GRAY···		EA	150.00	USD	10.240	1,000.00	150,000.00	1,536,000	
83-2000100	전장품 ASS'Y		EA	200.00	KRW	1.000	3,000.00	600,000	600,000	
85-1020400	POWER TRAIN ASS'···		EA	200.00	KRW	1.000	1,000.00	200,000	200,000	
87-1002001	BREAK SYSTEM		BOX	300.00	USD	10.240	2,000.00	600,000.00	6,144,000	
88-1001000	PRESS FRAME-W		EA	100.00	KRW	1.000	3,000.00	300,000	300,000	
	합계			950.00				1,850,000	8,780,000	0

③ 판매계획이 따른 2023년 1월 매출예상원화금액은 '8,780,000'이다.

05 [영업관리] – [영업관리] – [견적등록]

→ [사업장 : 1000.㈜한국자전거본사] – [견적기간 : 2023/01/01 ～ 2023/01/05]

③ 하단 '결제조건'이 '현금결제'인 견적번호는 'ES2301000003'이다.

06 [영업관리] – [영업관리] – [수주등록]

→ [사업장 : 1000.㈜한국자전거본사] – [주문기간 : 2023/01/05 ～ 2023/01/10]

〈수정 전〉

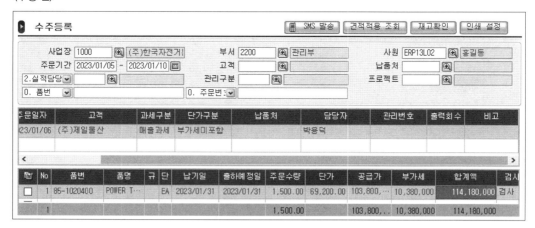

〈수정 후〉

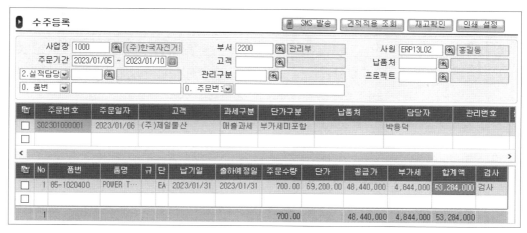

② 주문수량을 700으로 변경하면 합계액이 '53,284,000'으로 수정된다.

07 [영업관리] – [영업관리] – [출고처리(국내수주)]

→ [예외출고] 탭 – [사업장 : 1000.㈜한국자전거본사] – [출고기간 : 2023/01/07 ~ 2023/01/105] – [출고창고 : M100. 부품창고]

① 김종욱 담당자가 입력한 ㈜대흥정공 건에 대한 품목만 '부재료장소'이고, 나머지 건들은 모두 '부품장소'다.

08 [영업관리] – [영업관리] – [매출마감(국내거래)]

→ [사업장 : 1000.㈜한국자전거본사] – [마감기간 : 2023/01/11 ～ 2023/01/14]

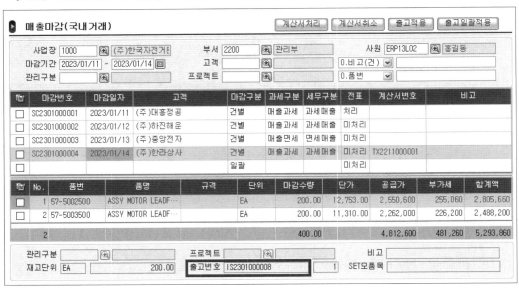

④ 하단 '출고번호'를 확인 시 마감번호 SC2301000004의 출고번호는 'IS2301000008'이다.

09 [영업관리] – [영업관리] – [수금등록]

→ [사업장 : 1000.㈜한국자전거본사] – [수금기간 : 2023/01/15 ～ 2023/01/20]

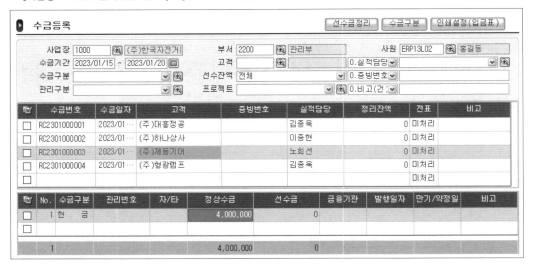

③ ㈜제동기어의 수금금액이 '4,000,000'으로 가장 크다.

① ㈜대흥정공 : 1,000,000

② ㈜하나상사 : 2,000,000

④ ㈜형광램프 : 3,000,000

10　　[영업관리] – [기초정보관리] – [채권기초/이월/조정(출고기준)]

　　　　→ [채권기초] 탭 – [사업장 : 1000.㈜한국자전거본사] – [해당년도 : 2023]

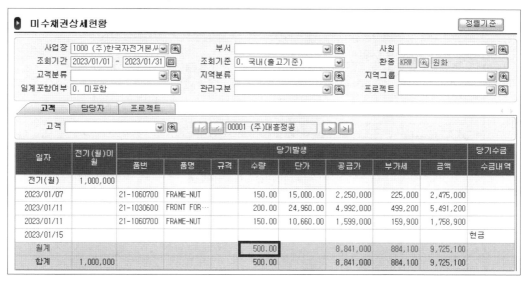

　　② 일반용자전거의 기초미수채권 합이 '2,500,000'으로 가장 크다.

　　① 특별할인판매 : 1,000,000

　　③ 유아용자전거 :　500,000

　　④ 산악용자전거 : 1,000,000

11　　[영업관리] – [영업현황] – [미수채권상세현황]

　　　　→ [고객] 탭 – [사업장 : 1000.㈜한국자전거본사] – [조회기간 : 2023/01/01 ~ 2023/01/31] – [조회기준 : 0.국내(출고기준)] – [일계포함여부 : 0.미포함]

일자	전기(월)이월	당기발생								당기수금
		품번	품명	규격	수량	단가	공급가	부가세	금액	수금내역
전기(월)	1,000,000									
2023/01/07		21-1060700	FRAME-NUT		150.00	15,000.00	2,250,000	225,000	2,475,000	
2023/01/11		21-1030600	FRONT FOR···		200.00	24,960.00	4,992,000	499,200	5,491,200	
2023/01/11		21-1060700	FRAME-NUT		150.00	10,660.00	1,599,000	159,900	1,758,900	
2023/01/15										현금
월계					500.00		8,841,000	884,100	9,725,100	
합계	1,000,000				500.00		8,841,000	884,100	9,725,100	

　　③ 해당 기간 내의 당기발생 총 수량은 '500'이다.

12 [구매/자재관리] – [구매관리] – [주계획작성(MPS)]

→ [사업장 : 1000.㈜한국자전거본사] – [계획기간 : 2023/01/20 ~ 2023/01/20] – [계획구분 : 2.SIMULATION]

③ [85-1020400.POWER TRAIN ASS'Y(MTB)]의 주계획작성 계획수량이 '100'으로 가장 적다.

① BODY-알미늄(GRAY-WHITE) : 150

② 전장품 ASS'Y : 200

④ BREAK SYSTEM : 300

13 [구매/자재관리] – [구매관리] – [청구등록]

→ [사업장 : 1000.㈜한국자전거본사] – [요청일자 : 2023/01/23 ~ 2023/01/23] – 조회 후 아래칸 상세내역에서 마우스 오른쪽 버튼/'부가기능 – 품목상세정보' 클릭 – [품목 상세정보] 팝업창

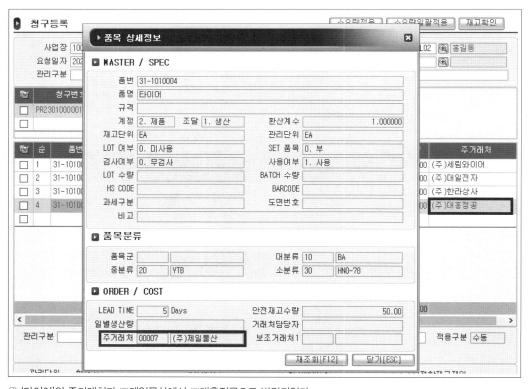

④ '타이어'의 주거래처가 ㈜제일물산에서 ㈜대흥정공으로 변경되었다.

14 구매/자재관리] – [구매관리] – [발주등록]

→ [사업장 : 1000.㈜한국자전거본사] – [발주기간 : 2023/01/25 ～ 2023/01/25]

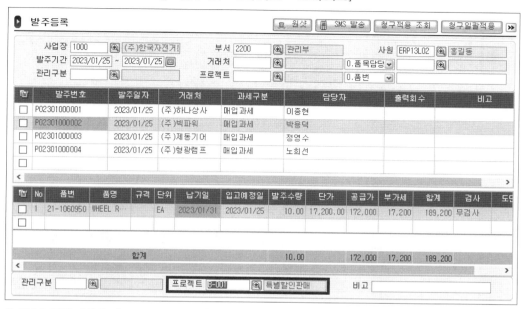

② 하단 '프로젝트' 확인 시 PO2201000002는 [B–001.특별할인판매]로 등록되어 있다.

① '수주등록' 여부는 ' 조회 후 상세내역에서 마우스 오른쪽 버튼/'[발주등록] 이력정보' 클릭 – [진행상태 확인 및 메뉴
   이동 :: 발주등록] 팝업창'에서 확인한다.

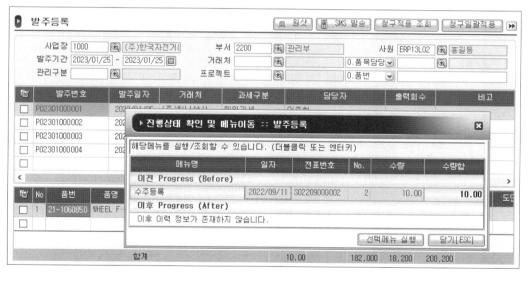

15 [구매/자재관리] – [구매관리] – [입고처리(국내발주)]

→ [예외입고] 또는 [발주입고] 탭 – [사업장 : 1000.㈜한국자전거본사] – [발주기간 : 2023/01/01 ~ 2023/12/31] – [입고창고 : D100.분배창고]

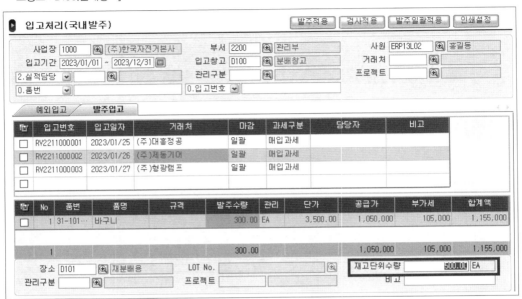

④ ㈜제동기어의 관리수량은 '300', 재고수량은 '500'이다

16 [구매/자재관리] – [구매관리] – [매입마감(국내거래)]

→ [사업장 : 1000.㈜한국자전거본사] – [마감기간 : 2023/01/10 ~ 2023/01/13]

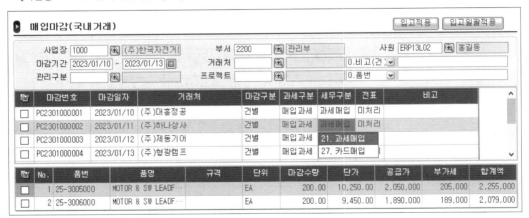

① 건별의 마감수량은 [입고처리] 메뉴에서 수정한다.

③ 전표처리되어 있으면 삭제가 불가능하다.

④ PC2301000004의 재고단위 총합은 '1,650'이다.

17 [구매/자재관리] – [구매관리] – [회계처리(매입마감)]

→ [회계전표] 탭 – [사업장 : 1000.㈜한국자전거본사] – [기간 : 2023/01/15 ~ 2023/01/15]

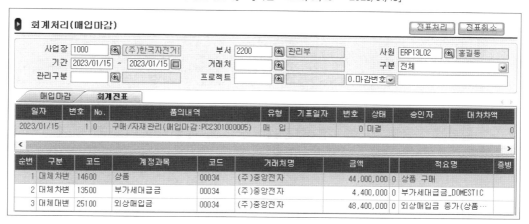

• 해당 전표의 회계처리

(차)	146.상 품	44,000,000	(대)	251.외상매입금	48,400,000
	135.부가세대급금	4,000,000			

18 [구매/자재관리] – [구매현황] – [입고현황]

→ [사업장 : 1000.㈜한국자전거본사] – [입고기간 : 2023/01/01 ~ 2023/01/31] – [거래처 : 00001.㈜대흥공정]

② [21-1060950.WHEEL REAR-MTB] 품목은 존재하지 않는다.

19 [구매/자재관리] – [구매현황] – [매입미마감현황]

→ [사업장 : 1000.㈜한국자전거본사] – [입고기간 : 2023/01/28 ~ 2023/01/29]

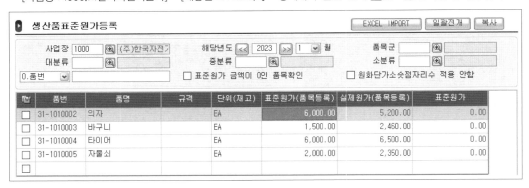

① [21-1070700.FRAME-티타늄] 품목의 미마감수량(관리단위)이 '100'으로 가장 적다.

② FRAME-알미늄 : 200

③ MOTOR & SW LEADFRAME RH : 150

④ MOTOR & SW LEADFRAME LH : 200

20 [구매/자재관리] – [구매평가] – [생산품표준원가등록]

→ [사업장 : 1000.㈜한국자전거본사] – [해당년도 : 2023/1] – 상세내역 '품번' 칸에 F2를 이용해 해당 품목들 입력

품번	품명	규격	단위(재고)	표준원가(품목등록)	실제원가(품목등록)	표준원가
31-1010002	의자		EA	6,000.00	5,200.00	0.00
31-1010003	바구니		EA	1,500.00	2,460.00	0.00
31-1010004	타이어		EA	6,000.00	6,500.00	0.00
31-1010005	자물쇠		EA	2,000.00	2,350.00	0.00

① 의자가 표준원가 '6,000', 실제원가 '5,200'으로 표준원가보다 실제원가가 작다.

이론문제

01 클라우드서비스 기반 ERP와 관련된 설명으로 가장 적절하지 않은 것은?

① PaaS에는 데이터베이스 클라우드서비스와 스토리지 클라우드서비스가 있다.

② ERP 소프트웨어 개발을 위한 플랫폼을 클라우드서비스로 제공받는 것을 PaaS라고 한다.

③ ERP 구축에 필요한 IT인프라 자원을 클라우드서비스로 빌려 쓰는 형태를 IaaS라고 한다.

④ 기업의 핵심 애플리케이션인 ERP, CRM 솔루션 등의 소프트웨어를 클라우드서비스를 통해 제공 받는 것을 SaaS라고 한다.

02 원가, 품질, 서비스, 속도와 같은 주요 성과측정치의 극적인 개선을 위해 업무프로세스를 급진적으로 재설계하는 것은 무엇인가?

① BSC(Balanced Scorecard)

② CALS(Commerce At Light Speed)

③ EIS(Executive Information System)

④ BPR(Business Process Re-engineering)

03 ERP의 특징에 관한 설명 중 가장 적절하지 않은 것은?

① 세계적인 표준업무절차를 반영하여 기업 조직구성원의 업무수준이 상향평준화된다.

② ERP 시스템의 안정적인 운영을 위하여 특정 H/W와 S/W업체를 중심으로 개발되고 있다.

③ 정확한 회계데이터 관리로 인하여 분식결산 등을 사전에 방지하는 수단으로 활용이 가능하다.

④ Parameter 설정에 의해 기업의 고유한 업무환경을 반영하게 되어 단기간에 ERP 도입이 가능하다.

04 ERP 선택 및 사용 시 유의점으로 가장 옳지 않은 것은?

① 도입하려는 기업의 상황에 맞는 패키지를 선택해야 한다.
② 데이터의 신뢰도를 높이기 위해 관리를 철저히 해야 한다.
③ 지속적인 교육 및 워크숍 등의 원활한 사용을 위한 노력이 필요하다.
④ 현재의 기업 비즈니스 프로세스를 변경하지 않는 패키지를 선택해야 한다.

05 수요예측의 특성에 대한 설명으로 가장 옳지 않은 것은?

① 예측오차 발생확률은 예측하는 기간이 길수록 낮아진다.
② 기존의 상품이나 서비스에 대한 예측은 신규상품이나 서비스에 대한 예측보다는 적중률이 높아진다.
③ 일반적으로 영속성이 있는 상품이나 서비스 등은 영속성이 없는 상품이나 서비스의 경우보다 지속적으로 정확한 예측을 하기 어렵다.
④ 안정적인 기간에 대한 예측은 예측 불가능한 상황이 자주 발생할 가능성이 있는 불안정한 기간에 대한 예측보다는 적중률이 높다.

06 [보기] 명품 시계업체 B사의 자료다. 지수평활법을 이용하여 1월의 실제판매량을 구하시오.

┤ 보 기 ├

구 분	1월	2월
실제판매량		5
예측판매량	5	6

※ 평활상수 : 0.2

① 5
② 10
③ 15
④ 20

07 제품A에 대한 목표매출액을 결정하기 위해 수익성 지표를 활용하려고 한다. [보기]의 예측자료를 이용한 손익분기점에서의 매출액을 구하시오.

┤ 보 기 ├
- 연간 고정비   : 200만원
- 제품단위당 변동비 : 500원/개
- 제품단위당 판매가 : 700원/개

① 500만원
② 600만원
③ 700만원
④ 800만원

08 [보기]에서 설명하는 시장형태로 가장 적절한 것은?

┤ 보 기 ├
- 소수의 생산자가 시장을 장악하고 비슷한 제품을 생산하며 같은 시장에서 경쟁하는 시장형태

① 과점시장
② 독점시장
③ 완전 경쟁시장
④ 독점적 경쟁시장

09 매출액을 기준으로 받을어음의 회수기간을 산출하여 여신한도액을 운용하고자 한다. [보기]의 대금회수 내역을 활용하였을 때 받을어음의 대금회수기간은 얼마인가?

┤ 보 기 ├
- 매출총액 : 23억원
- 대금회수 내역
  - 현 금   : 13억원
  - 30일 어음 : 2억원
  - 60일 어음 : 3억원
  - 90일 어음 : 5억원

① 10일
② 30일
③ 60일
④ 900일

10 자금의 유동성을 높이기 위한 운전자본을 확보하는 방법으로 가장 적절하지 않은 것은?

① 지급어음 기일연장
② 현금회수 가능 거래처 증대
③ 받을어음의 회수기간 단축
④ 어음지급을 현금지급으로 변경

11 [보기]에서 설명하는 물류시스템 용어로 가장 적절한 것은?

┤ 보 기 ├
• 유통업체와 제조업체가 효율적인 상품보충, 점포진열, 판매촉진, 상품개발 등을 목적으로 POS시스템을 도입하여 자동적으로 제품을 충원하는 전략

① 신속대응(QR)시스템
② 창고관리시스템(WMS)
③ 크로스도킹(Cross-docking)
④ 효율적 소비자대응시스템(ECR)

12 물류거점 설계에서 고려되어야 할 비용항목에 대한 설명으로 가장 옳지 않은 것은?

① 수송비용은 주로 1회당 수송량과 수송거리에 비례하여 증가한다.
② 고정투자비용은 물류거점 건설 및 운영에 투입되는 고정비용으로 물류거점 수에 비례하여 증가하는 경향이 있다.
③ 재고비용은 물류거점에 보유하게 될 재고에 의해 발생되는 제반비용으로 물류거점 수에 비례하여 감소하는 경향이 있다.
④ 변동운영비용은 물류거점 운영에 투입되는 비용으로, 고정비용 성격이 아닌 비용을 모두 포함하며, 이는 물류거점의 규모에 큰 영향을 받는다.

13 [보기]가 설명하는 재고 유형으로 가장 적절한 것은?

> ┤ 보 기 ├
> • 비용절감을 위해 경제적 주문량(생산량) 또는 로트사이즈(lot size)로 구매(생산)하게 되어 당장 필요한 수량을 초과하는 잔량에 의해 발생하는 재고로서 다음의 구매시점까지 계속 보유하는 재고를 말한다.

① 비축재고
② 수송재고
③ 순환재고
④ 안전재고

14 [보기]는 재고관리 기본모형에 대한 설명이다. 괄호 (㉠) 안에 들어갈 내용으로 옳은 것은?

> ┤ 보 기 ├
> (㉠) System
> • 재고보유량이 정해진 수준, 즉 발주점까지 하락하면 사전에 결정되어 있는 수량을 발주하는 방식이다.
> • 발주량은 경제적 주문량(EOQ)으로 결정한다.

① E
② S
③ Q
④ P

15 재고자산 기록방법의 하나로 실지재고조사법에 대한 설명으로 가장 옳지 않은 것은?

① 보관과정 중에 발생하는 도난, 분실, 파손 등의 감모손실이 기말재고수량에 포함되지 않는다.
② 출고기록이 없으므로 기말재고로 파악되지 않는 수량은 당기에 매출된 수량으로 간주하게 된다.
③ 감모손실의 수량도 매출수량에 포함되므로 매출원가가 과대평가되고 당기 매출이익이 작게 나타난다.
④ 재고자산의 입출고를 일일이 기록하지 않고 재고조사를 통해 기말재고수량과 당기의 매출수량을 파악한다.

16 [보기]에서 설명하는 특징을 갖는 운송경로 유형으로 가장 적절한 것은?

┌─ 보 기 ───┐
• 화주별 · 권역별 · 품목별로 집하해 고객처별로 공동운송하는 방식
└──┘

① 복수거점 방식
② 다단계거점 방식
③ 공장직송운송 방식
④ 중앙집중거점 방식

17 [보기] 중에서 전략적 구매를 중시하는 현대적 시각에서 볼 때 구매관리의 기능을 모두 나열한 것은 무엇인가?

┌─ 보 기 ───┐
㉠ 비용관리센터
㉡ 이익관리센터
㉢ 총원가에 집중
㉣ 획득비용중심
㉤ 사전계획적인 업무
└──┘

① ㉠, ㉢, ㉣
② ㉠, ㉢, ㉤
③ ㉡, ㉢, ㉣
④ ㉡, ㉢, ㉤

18 제품의 생산 또는 판매에 지출되는 총비용을 포함하고 목표이익을 달성할 수 있는 수준에서 가격을 결정하는 방식으로 가장 옳지 않은 것은?

① 가산이익률 방식
② 지각가치기준 방식
③ 손익분기점분석 방식
④ 목표투자이익률 방식

19 [보기]의 정보를 토대로 산출한 제조원가는 얼마인가?

┌─ 보 기 ├───
- 직접재료비　　 : 26,000원
- 직접노무비　　 : 30,000원
- 변동판매관리비 : 30,000원
- 고정판매관리비 : 25,000원
- 직접경비　　　 : 15,000원
- 이 익　　　　 : 10,000원
- 고정제조간접비 : 25,000원
- 변동제조간접비 : 24,000원
└───

① 71,000원
② 81,000원
③ 120,000원
④ 185,000원

20 [보기]에서 설명하는 구매방법으로 가장 적절한 것은?

┌─ 보 기 ├───
- 구매청구가 있을 때마다 구매하여 공급하는 방식이다. 과잉구매를 방지하고 설계변경 등에 대응하기가 용이한 장점이 있으며, 계절품목 등 일시적인 수요품목 등에 적합하다.
└───

① 수시구매
② 시장구매
③ 일괄구매
④ 투기구매

로그인 정보

회사코드	3005	사원코드	ERP13L02
회사명	물류2급 회사B	사원명	홍길동

01 다음 [보기]는 일반거래처에 대한 설명이다.

> ┤ 보 기 ├
>
> 가. ㈜대흥정공의 대표자성명은 '이민서'다.
> 나. ㈜제동기어의 업태는 '제조, 도소매'다.
> 다. YK PEDAL은 무역거래를 주로 하는 거래처다.
> 라. DOREX CO.LTD는 2019년 5월 1일부터 거래를 시작했다.

올바른 설명의 수를 고르시오.

① 0
② 1
③ 2
④ 3

02 다음 중 품목에 대한 설명으로 옳지 않은 것을 고르시오.

① [10-1450000.SEAT CLAMP] 품목의 주거래처는 '㈜제일물산'이다.
② [21-1030600.FRONT FORK(S)] 품목의 LEAD TIME은 '7 DAYS'이다.
③ [21-3000300.WIRING-DE] 품목군은 [N100.WIRING]이다.
④ [21-3065700.GEAR REAR C] 품목의 중분류는 [2000.PIPE 205]다.

03 품목 [21-1060850.WHEEL FRONT-MTB]는 거래명세서 작성 시 고객에 따라 품번, 품명, 규격 등 출력품목정보를 다르게 표기한다. 다음 고객 중 품번정보를 다르게 출력하는 고객을 고르시오.

① ㈜대흥정공
② ㈜하나상사
③ ㈜빅파워
④ ㈜제동기어

04 다음 [조회조건]의 데이터를 조회 후 답하시오.

[조회조건]
• 사업장   : 1000.㈜한국자전거본사
• 대상년월 : 2023년 3월

㈜한국자전거 본사에서는 [00002.㈜하나상사] 거래처에 대한 판매계획을 등록했다. 품목 [NAX-A400.일반자전거 (P-GRAY WHITE)]의 2023년 3월 매출예상원화금액은 얼마인가?

① 7,117,500원
② 7,567,500원
③ 8,949,200원
④ 9,300,200원

05 다음 [조회조건]의 데이터를 조회 후 답하시오.

[조회조건]
• 사업장   : 1000.㈜한국자전거본사
• 견적기간 : 2023/03/01 ~ 2023/03/05

다음 견적 내용 중 결제조건이 '현금결제'인 건을 고르시오.

① ES2303000001
② ES2303000002
③ ES2303000003
④ ES2303000004

06 다음의 [조회조건]의 내용을 읽고 질문에 답하시오.

[조회조건]
• 사업장   : 1000.㈜한국자전거본사
• 주문기간 : 2023/03/01 ~ 2023/03/01
• 납기일   : 2023/03/05 ~ 2023/03/05

다음 국내 수주내역의 관리구분 중 주문수량 합이 가장 큰 관리구분을 고르시오.

① [S10.일반매출]
② [S20.대리점매출]
③ [S30.우수고객매출]
④ [S40.정기매출]

07 아래 [조회조건]으로 데이터를 조회한 후 물음에 답하시오.

> [조회조건]
> • 사업장 : 1000.㈜한국자전거본사

다음 중 2023년 3월 05일에 [P100.제품창고]에서 출고된 내역 중 출고장소가 나머지와 다른 출고번호를 고르시오.

① IS2303000001
② IS2303000002
③ IS2303000003
④ IS2303000004

08 아래 [조회조건]으로 데이터를 조회한 후 물음에 답하시오.

> [조회조건]
> • 사업장   : 1000.㈜한국자전거본사
> • 마감기간 : 2023/03/05 ~ 2023/03/10

[매출마감(국내거래)] 메뉴에서 데이터를 조회한 후 바르게 설명한 것을 고르시오.

① SC2303000001은 마감수량을 수정할 수 없다.
② SC2303000002는 마감일자를 수정할 수 없다.
③ SC2303000003은 과세구분을 수정할 수 없다.
④ SC2303000004는 세무구분을 수정할 수 없다.

09 다음 [조회조건]의 데이터를 조회 후 답하시오.

> [조회조건]
> • 사업장   : 1000.㈜한국자전거본사
> • 수금기간 : 2023/03/06 ~ 2023/03/10

다음 중 선수금 정리금액이 가장 큰 거래처를 고르시오.

① ㈜대흥정공
② ㈜하나상사
③ ㈜제동기어
④ ㈜형광램프

10 ㈜한국자전거본사에서 2023년 3월 11일 부터 2023년 3월 15일 동안 출고등록되지 않은 창고, 장소를 고르시오.

① [M100.부품창고] - [M102.부재료장소]
② [M400.상품창고] - [M401.상품장소]
③ [P100.제품창고] - [P101.제품장소]
④ [X300.원재료창고] - [X310.원재료장소]

11 아래 [조회조건]으로 데이터를 조회한 후 물음에 답하시오.

> [조회조건]
> • 사업장   : 1000.㈜한국자전거본사
> • 마감기간 : 2023/03/16 ~ 2023/03/20

데이터를 조회한 후 [매출마감(국내거래)] 메뉴에서 할 수 있는 작업에 대하여 바르게 설명한 것을 고르시오.

① SC2303000005는 상세비고를 수정할 수 있다.
② SC2303000006은 마감수량을 수정할 수 있다.
③ SC2303000007은 마감금액을 수정할 수 있다.
④ SC2303000008은 마감일자를 수정할 수 있다.

12 아래 [조회조건]으로 데이터를 조회한 후 물음에 답하시오.

> [조회조건]
> • 사업장   : 1000.㈜한국자전거본사
> • 계획기간 : 2023/03/01 ~ 2023/03/05

㈜한국자전거에서는 2023년 2월에 계획한 판매계획에 대하여 일부 수량을 2023년 2월에 주계획을 작성했다. 2023년 2월 판매계획의 미적용수량을 2023년 3월 1일에 주계획으로 작성하고자 할 때 미적용수량이 가장 작은 품명을 고르시오.

① [ATECK-3000.일반자전거]
② [ATECX-2000.유아용자전거]
③ [NAX-A400.일반자전거 (P-GRAY WHITE)]
④ [NAX-A420.산악자전거 (P-20G)]

13 아래 [조회조건]으로 데이터를 조회한 후 물음에 답하시오.

> [조회조건]
> • 사업장 : 1000.㈜한국자전거본사
> • 요청일자 : 2023/03/01 ~ 2023/03/05

다음 중 [조회조건]으로 입력된 [청구등록] 내역 중 품목등록의 주거래처와 청구등록의 주거래처가 다른 품명으로 옳은 것을 고르시오.

① FRONT FORK(S)
② WHEEL FRONT-MTB
③ FRAME-티타늄
④ WIRING-DE

14 다음 [조회조건]의 데이터를 조회 후 답하시오.

> [조회조건]
> • 사업장 : 1000.㈜한국자전거본사
> • 발주기간 : 2023/03/01 ~ 2023/03/05

[조회조건]의 발주데이터를 조회한 후 틀린 설명을 고르시오.

① PO2303000001 건은 '수주등록' 데이터를 적용받아 등록했다.
② PO2303000002 건은 COM교육사업 프로젝트로 등록되었다.
③ PO2303000003 건의 담당자는 [P100.구매1부]다.
④ PO2303000004 건은 입고검사 없이 입고처리할 예정이다.

15 다음 [조회조건]의 데이터를 조회 후 답하시오.

> [조회조건]
> • 사업장 : 1000.㈜한국자전거본사
> • 입고기간 : 2023/03/01 ~ 2023/03/01
> • 입고창고 : [P100.제품창고]

[조회조건]의 입고처리 건에 대한 설명 중 잘못 설명한 것을 고르시오.

① RV2303000001는 합계액의 총합이 2,574,000원이다.
② RV2303000002의 관리구분은 [P20.일반구매]다.
③ RV2303000003의 프로젝트는 [A-001.COM교육사업]다.
④ RV2303000004는 관리수량 합계와 재고수량의 합계가 같다.

16 다음 [조회조건]의 데이터를 조회 후 답하시오.

> [조회조건]
> • 사업장   : 1000.㈜한국자전거본사
> • 마감기간 : 2023/03/06 ~ 2023/03/06

[조회조건]의 [매입마감] 내역을 조회한 후 틀린 설명을 고르시오.

① PC2303000001의 세무구분은 카드매입이다.

② PC2303000002는 회계전표 처리되어 삭제가 불가능하다.

③ PC2303000003은 입고수량을 마감했기 때문에 마감수량을 수정할 수 없다.

④ PC2303000004는 마감일자를 2023년 3월 10일로 수정할 수 있다.

17 **[1000.㈜한국자전거본사]에서 2023년 3월 11일 [매입마감] 내역의 회계전표에 대한 설명 중 잘못 설명한 것을 고르시오.**

① PC2303000005는 2023년 3월 11일자로 전표처리되었다.

② PC2303000006은 [14700.제품] 금액이 [14900.원재료] 금액보다 크다.

③ PC2303000007은 [14900.원재료] 금액은 220,000원이다.

④ PC2303000008은 [25100.외상매입금] 금액은 3,008,500원이다.

18 아래 [조회조건]의 조건으로 데이터를 조회한 후 물음에 답하시오.

> [조회조건]
> • 사업장   : 1000.㈜한국자전거본사
> • 실사기간 : 2023/03/01 ~ 2023/03/01

반제품창고의 반제품해체장소에서 4가지 품목에 대하여 정기 재고실사를 실시했다. 각 품목에 대한 대처로 잘못 설명한 것을 고르시오.

① [21-1060850.WHEEL FRONT-MTB]는 2만큼 출고조정한다.

② [21-1070700.FRAME-티타늄]은 1만큼 출고반품한다.

③ [21-3065700.GEAR REAR C]은 2만큼 입고반품한다.

④ [21-9000200.HEAD LAMP]는 -1만큼 입고조정한다.

19 아래 [조회조건]으로 데이터를 조회한 후 물음에 답하시오.

[조회조건]
- 사업장 : 1000.㈜한국자전거본사
- 내 역 : 2023년 3월 20일에 상품창고/상품점검장소에 있는 일반자전거 2EA를 실손처리한다.

[조회조건]의 내역을 [재고조정수불]을 활용하여 전산에 반영하려고 한다. 다음 중 올바르게 반영한 수불번호를 고르시오.

① IA2303000001
② IA2303000002
③ IA2303000003
④ IA2303000004

20 아래 [조회조건]으로 데이터를 조회한 후 물음에 답하시오.

[조회조건]
- 사업장   : 1000.㈜한국자전거본사
- 해당년도 : 2023년 3월

㈜한국자전거본사에서는 각 생산품에 대한 표준원가를 등록하여 활용하고 있다. 최근 원자재 가격 상승으로 많은 품목의 원가가 상승했다. 다음 중 표준원가(품목등록)보다 표준원가가 더 작게 등록된 품목을 고르시오.

① 체 인
② 의 자
③ 바구니
④ 타이어

이론문제

01	02	03	04	05	06	07	08	09	10
①	④	②	④	①	②	③	①	②	④
11	12	13	14	15	16	17	18	19	20
④	③	③	③	①	①	④	②	③	①

01 ① 데이터베이스 클라우드서비스와 스토리지 클라우드서비스는 IaaS(Infrastructure as a Service)에 속한다.

02 ④ BPR(Business Process Re-engineering)에 대한 설명으로 ERP 도입의 성공 여부는 BPR을 통한 업무개선에 달려 있다.

03 ② ERP 시스템의 안정적인 운영을 위해 사용자 중심으로 개발되고 있다.

ERP 특징	내용
기능적 특징	다국적 · 다통화 · 다언어 지원, 중복업무 배제 및 실시간 정보처리체계 구축, 표준 지향 선진프로세스 수용, 비즈니스 프로세스 모델에 의한 리엔지니어링, 파라미터 지정에 의한 프로세스 정의, 경영정보 제공 및 경영조기경보체계 구축, 투명경영의 수단으로 활용, 오픈 · 멀티벤더 시스템
기술적 특징	4세대 언어(4GL), CASE TOOL 사용, 관계형 데이터베이스 채택, 객체지향기술 사용, 인터넷환경의 e-비즈니스를 수용할 수 있는 Multi-tier환경 구성

04 ④ 자사에 맞는 패키지를 선택하되 변화가 필요한 부분은 과감히 개선한다.

ERP 시스템 도입 시 선택기준
• 자사에 맞는 패키지
• TFT는 최고 엘리트 사원으로 구성
• 현업 중심의 프로젝트 진행
• 경험 있고 유능한 컨설턴트 활용
• 구축방법론에 의해 체계적으로 프로젝트 진행
• 커스터마이징의 최소화
• 전사적인 참여 유도
• 가시적 성과를 거둘 수 있는 부분에 집중
• 변화관리기법 도입
• 지속적인 교육 및 워크숍 필요
• 자료의 정확성을 위하여 철저한 관리 필요

05 ① 예측오차의 발생확률은 예측하는 기간의 길이에 비례하여 높아지기 때문에 예측치에는 평균기대치와 예측오차를 포함해야만 예측의 정확도를 높일 수 있다.

06

예측치 = 평활상수 × 전기실적치 + (1 − 평활상수) × 전기예측치

② 전기실적치 $= \dfrac{\text{예측치} - (1 - \text{평활상수}) \times \text{전기예측치}}{\text{평활상수}}$

$\qquad\quad = \dfrac{6 - (1 - 0.2) \times 5}{0.2}$

$\qquad\quad = 10$

07

- 손익분기점 매출량 $= \dfrac{\text{고정비용}}{(\text{단위당 가격} - \text{단위당 변동비})}$
- 손익분기점 매출액 = 손익분기점 매출량 × 단위당 가격

- 손익분기점(BEP) 매출량 $= \dfrac{2,000,000원}{(700원 - 500원)} = 10,000개$

③ 손익분기점 매출액 = 10,000개 × 700원 = 7,000,000원

08 ① 과점시장에 대한 설명이다

시장의 형태	내 용
과점시장	소수의 생산자가 시장을 장악하고 비슷한 제품을 생산하며 같은 시장에서 경쟁하는 시장형태
독점시장	단 하나의 공급자만 존재하는 시장
완전경쟁시장	가격이 완전경쟁에 의해 형성되는 시장
독점적 경쟁시장	• 완전 경쟁시장과 독점시장의 특징을 모두 가지 불완전 경쟁시장의 한 형태 • 시장에 다수의 기업들이 참여하고 있지만 참여기업들은 각기 디자인, 품질, 포장 등에 있어 어느 정도 차이가 있는 유사상품을 생산 · 공급하여 상호경쟁하는 형태

09

받을어음 회수기간 $= \dfrac{(\text{각 받을어음 금액} \times \text{각 어음기간})\text{의 합계}}{\text{매출총액}}$

② 받을어음 회수기간 $= \dfrac{(13억원 \times 0) + (2억원 \times 30일) + (3억원 \times 60일) + (5억원 \times 90일)}{23억원}$

$\qquad\qquad\qquad\qquad = 30일$

- 현금은 '즉각회수'이므로 계산식에서 제외하거나 기일을 '0'으로 한다.

10 ④ 자금의 유동성을 높이기 위한 운전자본을 확보하기 위한 방법으로는 현금지급을 어음지급으로 변경하는 것이고, 그 이외도 상품재고 감소, 외상매출금이나 받을어음의 회수기간 단축, 및 장기회수기간 거래처를 감소하는 방법 등이 있다.

11 ④ 효율적 소비자대응시스템(ECR)에 대한 설명이다.
① 신속대응시스템(QR) : 유통업자와 제조업자의 정보공유를 통해 리드타임 단축, 재고감소, 반품감소 효율적인 생산, 공급망 재고량 최소화를 목적으로 하는 시스템
② 창고관리시스템(WMS) : 창고 내에서 이루어지는 물품의 입출고 관리, 로케이션 관리, 재고관리 등을 수행하는 정보시스템
③ 크로스도킹(Cross-Docking) : 물류센터로 입고되는 상품을 물류센터에 보관하는 것이 아니라 분류 또는 재포장의 과정을 거쳐 곧바로 다시 배송하는 물류시스템

12 ③ 재고비용은 물류거점에 보유하게 될 재고에 의해 발생되는 제반비용으로 물류거점 수에 비례하여 증가하는 경향이 있다.

13 ③ 순환재고에 대한 설명이다.
① 비축재고 : 계절적인 수요급등, 가격급등, 파업으로 인한 생산중단 등이 예상될 때 향후 발생할 수요를 대비하여 미리 생산하여 보관하는 재고
② 수송재고 : 대금을 지급하여 물품에 대한 소유권을 가지고 있으며, 수송 중에 있는 재고
④ 안전재고 : 조달기간의 불확실, 생산의 불확실, 또는 그 기간 동안의 수요량이 불확실한 경우 등 예상 외의 소비나 재고부족 상황에 대비하여 보유하는 재고

14 ③ Q System(고정주문량 발주모형)에 대한 설명이다.
② S System(절충형 시스템) : 고정주문량 발주모형과 고정주문기간 발주모형의 단점을 보완하기 위한 모형으로 정기적으로 재고수준을 파악하지만 개고수준이 사전에 결정된 발주점(s)으로 감소하면 최대 재고수준(S)까지의 부족항을 발주하는 방식
④ P System(고정주문기간 발주모형) : 재고량을 정기적으로 조사하여 일전한 목표수준까지의 부족수량을 발주하는 방식

15 ① 계속기록법은 보관과정 중에 발생하는 도난, 분실, 파손 등의 감모손실이 기말재고수량에 포함되지 않아 매출원가가 과소평가되어 당기 매출이익이 과대기록된다.

16 ① 복수거점 방식에 대한 설명이다.
② 다단계거점 방식 : 권역별ㆍ품목별로 거래처 밀착형 물류거점을 운영하는 방식
③ 공장직송 방식 : 발송화주에서 도착지화주 직송 방식
④ 중앙집중거점 방식 : 단일의 물류센터만을 운용하는 운송경로 방식

17 ④ 전략적 구매를 중시하는 현대적 시각에서 볼 때 구매관리는 과거의 생산활동이 중단되지 않도록 적정 품질의 자재를 조달하는 지원기능 중시에서 기업이익을 적극적으로 창출하는 이익창구로서의 기능이 강조되고 있다.

18 ② 지각가치기준 방식은 소비자들이 직접 지각하는 제품의 가치를 물어보는 방법으로 소비자가 느끼는 가치를 토대로 가격을 결정하는 구매자 중심적 가격결정의 방식이다. 지문의 내용은 비용 중심적 가격결정방식으로 여기에는 코스트 플러스 방식, 가산이익률 방식, 목표투자이익률 방식, 및 손익분기점분석 방식 등이 있다.

구매가격 결정방식		내 용
비용 중심적	비용가산 방식	제품원가의 판매관리비와 목표이익을 가산함으로써 가격 결정
	가산이익률 방식	제품단위당 매출원가에 적정이익이 가능한 가산이익률을 곱해 가격 결정
	목표투자이익률 방식	기업이 목표로 하는 투자이익률을 달성할 수 있도록 가격 결정
	손익분기점 방식	손익분기점의 매출액 또는 매출수량을 기준으로 가격을 결정
구매자 중심적	구매가격예측 방식	소비자의 구매의도, 구매능력 등을 고려하여 소비자가 기꺼이 지불할 수 있는 가격수준으로 가격 결정
	지각가치기준 방식	소비자가 느끼는 가치를 토대로 가격 결정
경쟁자 중심적	경쟁기업가격기준 방식	자사의 시장점유율, 이미지, 제품경쟁력 등을 고려하여 판매이익보다 경쟁기업의 가격을 기준으로 전략적으로 가격 결정
	입찰경쟁 방식	거래처의 공급자 선정을 목적으로 하는 입찰경쟁에서 경쟁자를 이기기 위해 전략적으로 가격 결정

19 ③ 제조원가 = 직접재료비 + 직접노무비 + 직접경비 + 제조간접비

= 26,000원 + 30,000원 + 15,000원 + 25,000원 + 24,000원

= 120,000원

20 ① 수시구매에 대한 설명이다.

② 시장구매 : 제조계획에 따르지 않고 시장상황이 유리할 때 구매하는 방법

③ 일괄구매 : 소모용품 등과 같이 사용량은 적으나 여러 종류로 품종이 많은 경우 공급처를 선정해 일괄적으로 구매하는 방법

④ 투기구매 : 보통 최고경영자의 지시로 가격이 인상될 것을 대비해 가격이 저렴할 때 구매하는 방법

01	02	03	04	05	06	07	08	09	10
③	④	②	①	④	②	①	③	③	②

11	12	13	14	15	16	17	18	19	20
④	①	②	④	④	③	②	③	④	①

01 [시스템관리] – [기초정보관리] – [일반거래처등록]

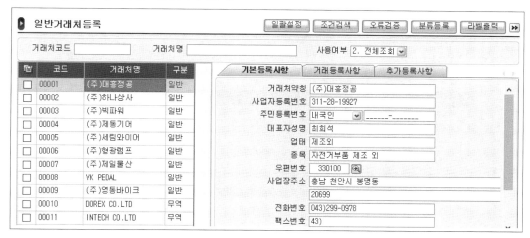

③ ㈜대흥공정의 대표자성명은 '최희석'이고, YK PEDAL은 '일반'거래처다.

02 [시스템관리] – [기초정보관리] – [품목등록]
→ [MASTER/SPEC] 및 [ORDER/COST] 탭

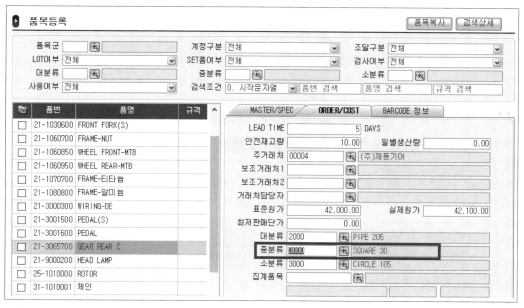

④ [21-3065700.GEAR REAR C] 품목의 중분류는 [3000.SQUARE 30]이다.

03　[시스템관리] – [기초정보관리] – [고객별출력품목등록]

② ㈜하나상사만 출력 시 품번을 'WFM_1060850'로 출력하도록 셋팅되어 있다.

04　[영업관리] – [영업관리] – [판매계획등록](고객별상세)]

→ [사업장 : 1000.㈜한국자전거본사] – [대상년월 : 2023/3] – 상단의 '조회' 클릭

05 [영업관리] – [영업관리] – [견적등록]

→ [사업장 : 1000.㈜한국자전거본사] – [견적기간 : 2023/03/01 ～ 2023/03/05]

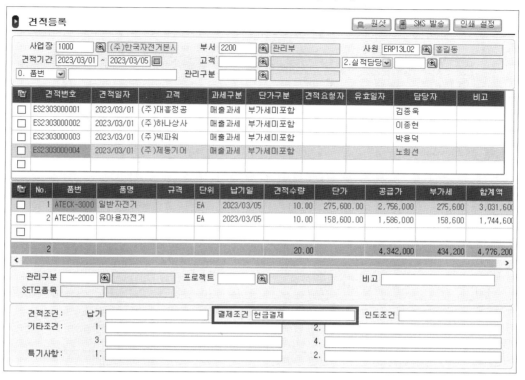

④ 견적번호 ES2303000004의 결제조건이 현금결제다.

① 견적번호 ES2303000001의 결제조건 : 말일결제

② 견적번호 ES2303000002의 결제조건 : 카드결제

③ 견적번호 ES2303000003의 결제조건 : 일부 선수금 결제

[영업관리] – [영업현황] – [수주현황]

→ [사업장 : 1000.㈜한국자전거본사] – [주문기간 : 2023/03/01 ∼ 2023/03/01] – [0.납기일 : 2023/03/05 ∼ 2023/03/05] – 조회 후 마우스 오른쪽 버튼/'정렬 및 소계 설정 – 정렬 및 소계' 클릭 – [정렬 및 소계] 팝업창 – 왼쪽에서 [29.관리구분] 추가 – [⬆ 위로 보내기]를 이용해 '0'순위로 설정한 후 '소계' 체크 – [적용]

② '대리점매출'의 주문수량이 '70'으로 가장 많다.

07　[영업관리] – [영업관리] – [출고처리(국내수주)]

→ [주문출고] 탭 – [사업장 : 1000.㈜한국자전거본사] – [출고기간 : 2023/03/05 ～ 2023/03/05] – [출고창고 : P100.
제품창고]

① 출고번호 IS2303000001의 출고장소는 [P102.대기장소], 나머지는 모두 [P101.제품장소]다.

08　[영업관리] – [영업관리] – [매출마감(국내거래)]

→ [사업장 : 1000.㈜한국자전거본사] – [마감기간 : 2023/03/05 ～ 2023/03/10]

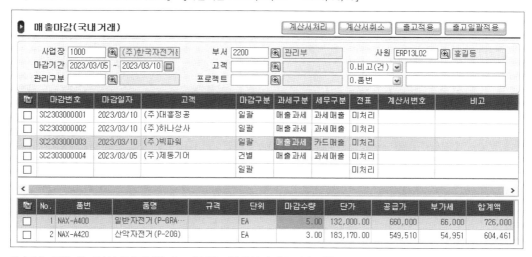

③ [매출마감] 메뉴에서 '과세구분'은 출고내역을 적용받았기 때문에 수정할 수 없다.

09 [영업관리] – [영업관리] – [수주등록]

→ [사업장 : 1000.㈜한국자전거본사] – [수금기간 : 2023/03/06 ~ 2023/03/10] – 조회 후 상단 [선수금 정리] 클릭

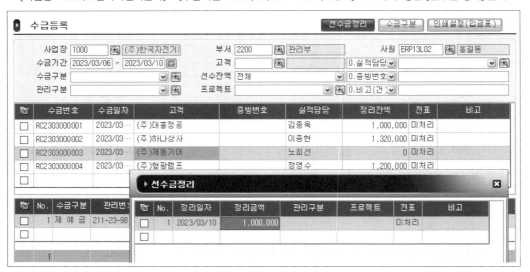

③ ㈜제동기어의 선수금 정리금액이 '1,000,000'으로 가장 크다.

① ㈜대흥정공의 선수금 정리금액 : 0원

② ㈜하나상사의 선수금 정리금액 : 680,000원

④ ㈜형광램프의 선수금 정리금액 : 800,000원

10 [영업관리] – [영업현황] – [출고현황]

→ [사업장 : 1000.㈜한국자전거본사] – [주문기간 : 2023/03/11 ~ 2023/03/15]

② [M400.상품창고] – [M401.상품장소]의 출고이력은 없다.

11 [영업관리] – [영업관리] – [매출마감(국내거래)]

→ [사업장 : 1000.㈜한국자전거본사] – [마감기간 : 2023/03/16 ~ 2023/03/20]

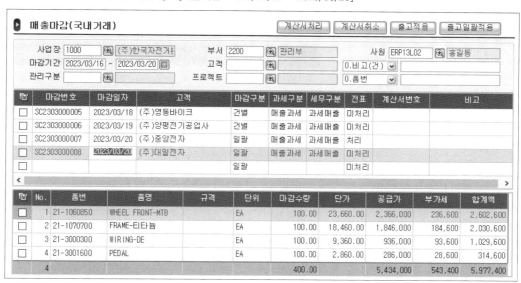

④ [매출마감] 메뉴에서 건별마감·전표처리는 수정할 수 없으나, 마감일자는 수정할 수 있다.

12 [구매/자재관리] – [구매관리] – [주계획작성(MPS)]

→ [사업장 : 1000.㈜한국자전거본사] – [계획기간 : 2023/03/01 ~ 2023/03/05] – [계획구분 : 0.판매계획] – 조회 후
상단 [판매계획적용] 클릭 – [판매계획적용] 팝업창 – [계획년도 : 2023] – [계획월 : 2] – [조회] 클릭

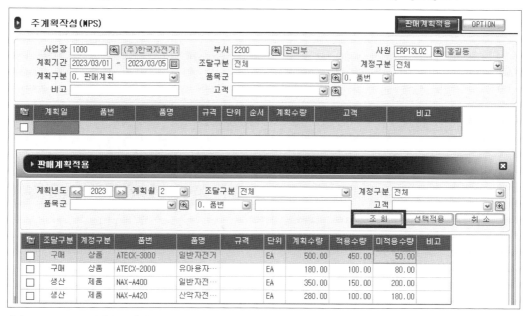

① [ATECK-3000.일반자전거]의 미적용수량이 '50'으로 가장 적다.

13 [구매/자재관리] – [구매관리] – [청구등록]

→ [사업장 : 1000.㈜한국자전거본사] – [요청일자 : 2023/03/01 ～ 2023/03/05] – 조회 후 아래칸 상세내역에서 마우스 오른쪽 버튼/'부가기능 – 품목상세정보' 클릭 – [품목 상세정보] 팝업창

② [21-1060850.WHEEL FRONT-MTB] 품목의 품목등록상 주거래처는 '㈜하나상사', 청구등록상 주거래처는 '㈜제동기어'다.

14 [구매/자재관리] – [구매관리] – [발주등록]

→ [사업장 : 1000.㈜한국자전거본사] – [발주기간 : 2023/03/01 ～ 2023/03/05]

④ 발주번호 PO2303000004는 '[1.검사]로 발주 – 입고검사 – 입고처리' 프로세스 대상이다.

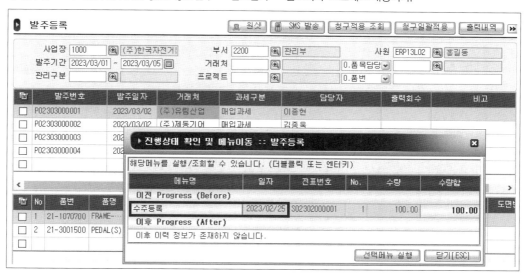

① 수주등록 적용 여부 확인 : 조회 후 아래칸 상세내역에서 마우스 오른쪽 버튼/'[발주등록] 이력정보' 클릭 – [진행상
태 확인 및 메뉴이동 :: 발주등록] 팝업창

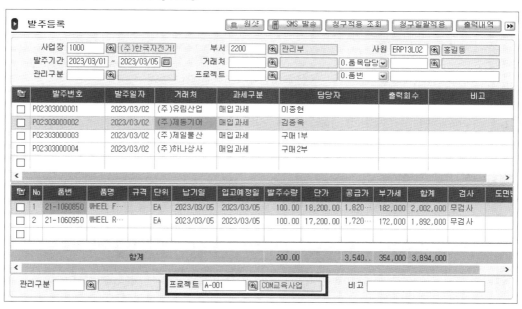

15 [구매/자재관리] – [구매관리] – [입고처리(국내발주)]

→ [예외입고] 탭 – [사업장 : 1000.㈜한국자전거본사] – [발주기간 : 2023/03/01 ~ 2023/03/01] – [입고창고 : P100.
제품창고]

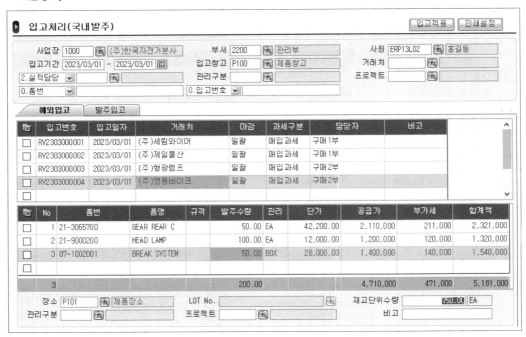

④ 입고번호 RV2303000004의 관리수량 합계와 재고수량의 합계가 다르다.

16 [구매/자재관리] – [구매관리] – [매입마감(국내거래)]

→ [사업장 : 1000.㈜한국자전거본사] – [마감기간 : 2023/03/06 ~ 2023/03/06]

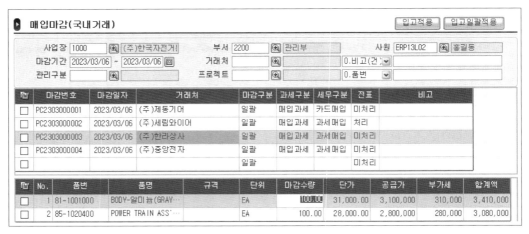

③ 전표가 '미처리' 상태이므로 마감수량을 수정할 수 있다.

17 [구매/자재관리] – [구매관리] – [회계처리(매입마감)]

→ [회계전표] 탭 – [사업장 : 1000.㈜한국자전거본사] – [기간 : 2023/03/11 ~ 2023/03/11]

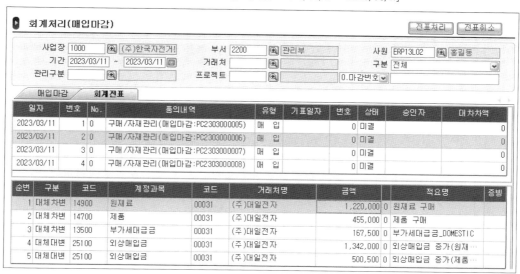

② [149.원재료]의 금액이 '1,220,000'으로 '455,000'인 [147.제품]보다 크다.

• 마감번호 PC2303000006의 회계처리

(차) 149.원재료   1,220,000   (대) 251.외상매입금(원재료)   1,342,000

     147.제 품   455,000   251.외상매입금(상품)   500,500

     135.부가세대급금   167,000

18 [구매/자재관리] – [재고관리] – [재고실사등록]

→ [사업장 : 1000.㈜한국자전거본사] – [실사기간 : 2023/03/01 ~ 2023/03/01]

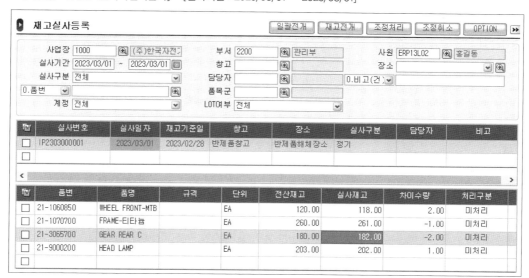

③ [21-3065700.GEAR REAR C]는 전산재고의 재고를 '2'만큼 증가해야 한다.

19　[구매/자재관리] – [재고관리] – [기초재고/재고조정등록]

→ [출고조정] 탭 – [사업장 : 1000.㈜한국자전거본사] – [조정기간 : 2023/03/20 ～ 2023/03/20]

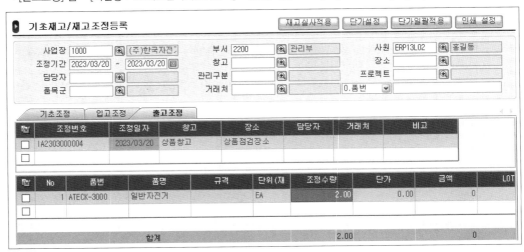

④ 조건에 해당하는 조정번호는 'IA2303000004'다.

20　[구매/자재관리] – [재고평가] – [생산품표준원가등록]

→ [사업장 : 1000.㈜한국자전거본사] – [해당년도 : 2023/3]

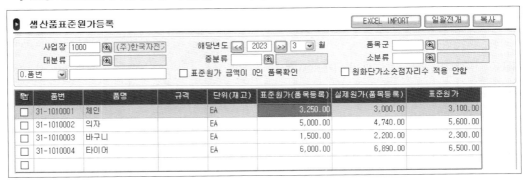

④ [31-1010001.체인] 품목의 표준원가가 '3,100,000'으로 '3,250,000'인 표준원가(품목등록)보다 작다.

이론문제

01 ERP 도입의 예상효과로 적절하지 않은 것은?

① 고객서비스 개선
② 사이클타임 증가
③ 최신 정보기술 도입
④ 통합 업무시스템 구축

02 기업이 클라우드 ERP를 통해 얻을 수 있는 장점으로 적절하지 않은 것은?

① 기업의 데이터베이스 관리 효율성 증가
② 시간과 장소에 구애받지 않고 ERP 사용이 가능
③ 장비관리 및 서버관리에 필요한 IT 투입자원 감소
④ 필요한 어플리케이션을 자율적으로 설치 및 활용이 가능

03 'Best Practice' 도입을 목적으로 ERP패키지를 도입하여 시스템을 구축하고자 할 경우 가장 옳지 않은 것은?

① BPR과 ERP 시스템 구축을 병행하는 방법
② ERP패키지에 맞추어 BPR을 추진하는 방법
③ 기존 업무처리에 따라 ERP패키지를 수정하는 방법
④ BPR을 실시한 후에 이에 맞도록 ERP 시스템을 구축하는 방법

04 ERP의 발전과정으로 가장 옳은 것은?

① MRPⅠ → ERP → 확장형 ERP → MRPⅡ

② MRPⅠ → MRPⅡ → ERP → 확장형 ERP

③ MRPⅡ → MRPⅠ → ERP → 확장형 ERP

④ ERP → 확장형 RP → MRPⅠ → MRPⅡ

05 ㈜생산자동차는 4기간의 단순이동평균법을 이용하여 자동차의 수요를 예측하고 있다. ㈜생산자동차의 1월부터 6월까지 실제수요는 [보기]와 같다. 7월의 수요예측치를 구하시오.

┤보 기├

구 분	1월	2월	3월	4월	5월	6월
실제수요	100	120	105	85	120	90

① 100

② 150

③ 200

④ 250

06 경쟁환경하에서 적정한 이익을 추구하면서 가격을 유지하기 위해 [보기]와 같은 방법들을 적용할 수 있다. [보기]의 ㉠과 ㉡에 들어갈 용어로 가장 적절한 것은?

┤보 기├

- (㉠)에 의한 가격유지방법은 광고·판매, 제품차별화, 판매계열화 등 가격 외적인 면에서 행하여지는 경쟁 방법이다.
- (㉡)에 의한 가격유지방법은 생산업자와 판매업자 간, 또는 도매업자와 소매업자 간에 일정기간의 판매액을 기준으로 판매에 도움을 준 판매업자에게 이익의 일부를 되돌려주는 방법이다.

① ㉠ 시장가격   ㉡ 비가격경쟁

② ㉠ 비가격경쟁   ㉡ 리베이트전략

③ ㉠ 시장가격   ㉡ 리베이트전략

④ ㉠ 원가가산   ㉡ 시장가격

07 시장점유율을 이용하여 목표매출액을 결정하려고 한다. [보기]에서 필요한 정보는 무엇인가?

> **┤보 기├**
> ㉠ 자사의 매출채권회수율
> ㉡ 자사의 연간 총여신한도액
> ㉢ 전년 대비 자사 시장점유율 증가율
> ㉣ 전년 대비 당해업계 총매출액 증가율

① ㉠, ㉢
② ㉠, ㉣
③ ㉡, ㉢
④ ㉢, ㉣

08 가격탄력성에 관한 설명으로 가장 옳지 않은 것은?

① 가격탄력성이 1보다 작은 상품의 수요는 비탄력적이라고 한다.
② 가격이 1% 변화할 때 상품의 수요가 몇 % 변화하는가를 절대치로 나타낸 크기다.
③ 대체재가 많은 상품은 대체재가 적은 상품에 비해 수요의 가격탄력성이 크다.
④ 일반적으로 수요가 지속적으로 유지되는 생필품의 가격탄력성이 사치품보다 크다.

09 수주관리업무에 대한 내용으로 가장 적절한 것은?

① 수주는 구매를 결정한 고객으로부터 구체적인 주문을 받는 활동이다.
② 중요 고객관리를 위하여 구매량이 적은 고객의 요구사항부터 우선 처리한다.
③ 수주등록 과정에서 재고가 부족할 경우에는 납품이 불가함을 통보하고 계약을 종료해야 한다.
④ 견적은 구매하고자 하는 물품에 대한 단가 및 수량 등을 산출하는 단계를 의미하며, 일반적으로 대금지급단계에서 진행된다.

10 ㈜생산성은 과거 총이익액의 실적을 이용하여 거래처의 여신한도를 설정하려고 한다. 거래처 A의 과거 3년간의 총매출액은 220억, 외상매출채권 잔액은 20억, 그리고 평균 총이익율은 20%다. 거래처 A에 적절한 여신한도액은 얼마인가?

① 10억
② 20억
③ 30억
④ 40억

11 공급망 운영전략의 유형을 효율적 공급망 전략과 대응적 공급망 전략으로 구분할 경우 효율적 공급망 전략의 특징으로 가장 적절한 것은?

① 높은 재고회전율과 낮은 재고수준을 유지한다.
② 수요예측이 어렵고, 이익률이 높은 제품에 적용한다.
③ 스피드, 유연성, 품질을 중심으로 공급자를 선정한다.
④ 고객서비스를 비용적인 측면보다 우선 고려하는 전략이다.

12 물류거점 설계 관련 비용항목에 대한 설명 중 가장 적절한 것은?

① 수송비용은 수송거리에 비례하여 감소한다.
② 재고비용은 물류거점 증가에 따라 초기 증가폭이 크다가 일정수준 이상이 되면 완만히 증가하는 경향을 보인다.
③ 물류거점 수가 증가하게 되면 수송비용은 서서히 증가하다가 일정수준을 넘어서게 되면 감소하는 경향을 보인다.
④ 고정투자비용에는 인건비 및 초기 설비투자 비용 등이 포함되며, 물류거점 수에 비례하여 감소하는 경향을 보인다.

13 [보기]가 설명하는 재고 유형으로 가장 적절한 것은?

┤ 보 기 ├
• 기업을 운영함에 있어서 발생할 수 있는 여러 가지 불확실한 상황에 대처하기 위해 미리 확보하고 있는 재고

① 비축재고   ② 안전재고
③ 순환재고   ④ 수송재고

14 [보기]의 자료를 활용하여 고정주문량 모형으로 재발주점(ROP)을 구하고자 할 때 재발주점을 구하시오.

┤ 보 기 ├
• 조달기간   : 2일
• 일평균사용량 : 4
• 안전재고   : 2

① 10   ② 20
③ 30   ④ 40

15 발송화주의 문전에서 도착화주의 문전까지 문전배송이 가능한 운송수단을 고르시오.

① 철도 운송
② 해상 운송
③ 파이프라인
④ 화물자동차 운송

16 창고관리 유의사항으로 가장 적절하지 않은 것은?

① 출고가 잦은 자재는 출고장 또는 사용처에 가까운 장소에 보관한다.
② 운반통로와 운반거리를 가능한 길게하여 적재횟수 및 시간을 단축시킨다.
③ 유효일이 있는 가변성자재는 유효일자가 가장 빠른 순서부터 먼저 출고한다.
④ 창고공간의 효율성과 신속한 입출고를 위하여 운반수단과 방법을 개선하고 파레트 사용을 우선하여 시간과 경비를 절약한다.

17 화장품, 약, 서적 등과 같이 전국적으로 시장성을 가진 상품에 대하여 판매자가 자기의 판단으로 결정하는 가격으로 가장 적절한 것은?

① 시중가격
② 정가가격
③ 개정가격
④ 협정가격

18 [보기]는 무역상사인 KPC무역회사의 특인기간 현금할인 방식에 대한 설명이다. [보기]의 설명에서 괄호 안에 들어갈 수치로 옳은 것은?

> **┤보 기├**
> • 8/15 – 20 Days Extra
> • 거래일로부터 (   )일 이내의 현금지불에 대하여 8% 할인을 인정하며, 특별 추가할인기간을 포함하여 거래일로부터 총 35일간 현금할인이 적용된다.

① 8
② 15
③ 20
④ 35

19 ㈜KPC뷰티에서 판매하는 스킨화장품은 [보기]와 같은 원가구성의 정보를 갖고 있다. ㈜KPC뷰티의 제조간접비는 얼마인가?

> **┤보 기├**
> • 직접재료비　　　　: 31,000원　　　• 직접노무비 : 14,000원
> • 직접경비　　　　　: 8,000원　　　• 제조간접비 : (㉠)원
> • 판매비와일반관리비 : 12,000원　　　• 판매원가　 : 70,000원
> • 이 익　　　　　　: 15,000원

① 5,000원
② 10,000원
③ 15,000원
④ 20,000원

20 [보기]는 공급자 선정방식에 대한 설명이다. (   ) 안에 들어갈 용어로 가장 적절한 것은?

> **┤보 기├**
> • (   ) 방식이란 "입찰참가자의 자격을 한정하고, 일정자격을 갖춘 모든 대상자를 입찰참가자에 포함시키는 방법"을 말한다.

① 지명경쟁
② 일반경쟁
③ 수의계약
④ 제한경쟁

로그인 정보

회사코드	3002	사원코드	ERP13L02
회사명	물류2급 회사A	사원명	홍길동

01 다음 중 업태가 다른 일반거래처를 고르시오.

① [00002.㈜하나상사]
② [00003.㈜빅파워]
③ [00004.㈜제동기어]
④ [00005.㈜세림와이어]

02 품목에 대한 설명 중 옳지 않은 것을 고르시오.

① [16-102800.RECTANGLE PIPE]는 계정구분이 [5.상품]이다.
② [21-1030600.FRONT FORK(S)]는 주거래처가 [00006.㈜형광램프]다.
③ [21-3065700.GEAR REAR C]는 재고단위와 관리단위가 서로 다르다.
④ [99-133510.SPECIAL CYCLE]은 입출고 입력 시 반드시 LOT No. 입력이 필요하다.

03 ㈜한국자전거본사에서는 각 창고/장소별 적합여부와 가용재고여부를 관리하고 있다. 다음 중 창고에 속한 장소의 '적합여부/가용재고여부'가 나머지와 다른 것을 고르시오.

① [M100.부품창고] – [M102.부재료장소]
② [M400.상품창고] – [M401.상품장소]
③ [P100.제품창고] – [P102.진열장소]
④ [X100.반제품창고] – [X110.반제품장소]

04 ㈜한국자전거본사에서는 2023년 5월 고객별 판매계획을 수립했다. 다음 중 수금예상금액이 가장 큰 고객을 고르시오.

① [00001.㈜대흥정공]
② [00002.㈜하나상사]
③ [00003.㈜빅파워]
④ [00004.㈜제동기어]

05 아래 [조회조건]으로 데이터를 조회한 후 물음에 답하시오.

[조회조건]
· 사업장   : 1000.㈜한국자전거본사
· 견적기간 : 2023/05/01 ～ 2023/05/01

다음 국내 견적내역 중 가장 짧은 납기기간이 등록된 건을 고르시오.

① ES2305000001
② ES2305000002
③ ES2305000003
④ ES2305000004

06 아래 [조회조건]으로 데이터를 조회한 후 물음에 답하시오.

[조회조건]
· 사업장   : 1000.㈜한국자전거본사
· 주문기간 : 2023/05/01 ～ 2023/05/04

다음 국내 수주내역 중 견적적용 조회기능을 이용하여 등록된 건을 고르시오.

① SO2305000001
② SO2305000002
③ SO2305000003
④ SO2305000004

07 아래 [조회조건]으로 데이터를 조회한 후 물음에 답하시오.

[조회조건]
· 사업장   : 1000.㈜한국자전거본사
· 주문기간 : 2023/05/01 ～ 2023/05/04

다음 수주내역 중 관리구분 기준으로 가장 큰 합계액에 해당되는 관리구분을 고르시오.

① [S10.일반매출]
② [S20.대리점매출]
③ [S30.정기매출]
④ [S40.비정기매출]

08 아래 [조회조건]으로 데이터를 조회한 후 물음에 답하시오.

[조회조건]
- 사업장　　: 1000.㈜한국자전거본사
- 출고기간 : 2023/05/08 ～ 2023/05/08
- 출고창고 : P100.제품창고

조회조건을 만족하는 국내 출고내역을 이용하여 매출마감 등록을 했다. 매출마감에 대한 설명 중 옳지 않은 것을 고르시오.

① 출고번호 [IS2305000001] 내역 중 다른 출고내역과 함께 매출마감된 내역이 있다(출고번호 기준).
② 출고번호 [IS2305000002]와 매출마감에 등록된 내역의 관리구분은 다르다
③ 출고번호 [IS2305000003]은 일부 수량만 매출마감이 되었다.
④ 출고번호 [IS2305000004]는 매출마감이 되었지만 출고처리에서 수량을 수정할 수 있다.

09 아래 [조회조건]으로 데이터를 조회한 후 물음에 답하시오.

[조회조건]
- 사업장　　: 1000.㈜한국자전거본사
- 출고기간 : 2023/05/08 ～ 2023/05/08
- 출고창고 : M400.상품창고

2023년 5월에 등록된 주문번호 SO2305000005 수주내역을 주문적용기능을 통해 출고처리를 하려고 하였지만, 내역이 조회가 되지 않아 등록을 못 했다. 이에 대한 이유로 옳은 것을 고르시오.

① 수주내역이 검사대상인 품목이기 때문에 주문적용 기능으로 등록할 수 없었다.
② 수주내역이 이미 출고처리가 되었기 때문에 주문적용 기능에서 조회할 수 없어 등록할 수 없었다.
③ 수주내역이 마감처리가 되었기 때문에 주문적용 기능에서 조회할 수 없어 등록할 수 없었다.
④ 수주내역에 등록된 수량이 없기 때문에 주문적용 기능에서 조회할 수 없어 등록할 수 없었다.

10 아래 [조회조건]으로 데이터를 조회한 후 물음에 답하시오.

> [조회조건]
> - 사업장 : 1000.㈜한국자전거본사
> - 해당년도 : 2023년
> - 조회기준 : 1.원화금액
> - 부서기준 : 3.실적담당부서

㈜한국자전거본사는 출고실적을 월별로 집계하여 부서별로 자료를 관리한다. 실적담당부서 기준으로 조회했을 때 다음 중 2023년 5월에 가장 많은 출고실적을 낸 부서를 고르시오.

① [1200.영업1부]   ② [2200.영업2부]
③ [3100.해외영업1부]   ④ [4100.해외영업2부]

11 아래 [조회조건]으로 데이터를 조회한 후 물음에 답하시오.

> [조회조건]
> - 사업장 : 1000.㈜한국자전거본사
> - 매출기간 : 2023/05/01 ~ 2023/05/31
> - 조회기준 : 1.원화금액

㈜한국자전거본사는 2023년 5월 매출액이 가장 큰 고객을 찾고자 한다(마감기준). 다음 중 5월에 가장 많은 매출금액이 발생된 고객을 고르시오.

① [00001.㈜대흥정공]   ② [00002.㈜하나상사]
③ [00003.㈜빅파워]   ④ [00004.㈜제동기어]

12 아래 [조회조건]으로 데이터를 조회한 후 물음에 답하시오.

> [조회조건]
> - 품목군 : TS81.SMC
> - 조달구분 : 전체
> - 계정구분 : 전체

㈜한국자전거본사는 품목단가등록을 이용하여 구매단가를 관리하고 있다. 다음 중 가장 적은 금액으로 등록된 구매단가 품목을 고르시오.

① [56-2500100.ASSY KEY SWITCH LEADFRAME]
② [56-2600100.ASSY KEY SWITCH LEADFRAME LH]
③ [57-5002500.ASSY MOTOR LEADFRAME (LH)]
④ [57-5003500.ASSY MOTOR LEADFRAME (RH)]

13 아래 [조회조건]으로 데이터를 조회한 후 물음에 답하시오.

[조회조건]
· 사업장   : 1000.㈜한국자전거본사
· 요청일자 : 2023/05/01 ～ 2023/05/01

다음 청구내역 중 입력된 주거래처와 품목등록의 주거래처가 다른 건을 고르시오.

① PR2305000001
② PR2305000002
③ PR2305000003
④ PR2305000004

14 다음 [보기]는 [1000.㈜한국자전거본사]에서 2023년 5월에 등록된 발주내역 PO2305000001에 대한 설명이다.

┤ 보 기 ├

가. 주문적용을 통해 적용받은 내역이다.
나. 등록된 품목계정은 [2.제품]이다.
다. 등록된 관리구분은 [P20.일반구매]다.
라. 납기일은 2023년 6월 중으로 등록이 되었다.

올바른 설명의 수를 고르시오.

① 0   ② 1
③ 2   ④ 3

15 아래 [조회조건]으로 데이터를 조회한 후 물음에 답하시오.

[조회조건]
· 사업장   : 1000.㈜한국자전거본사
· 입고기간 : 2023/05/10 ～ 2023/05/10
· 입고창고 : P100.제품창고

다음 국내 입고내역 중 장소의 가용재고여부가 '부'인 장소에 입고된 건을 고르시오.

① RV2305000001
② RV2305000002
③ RV2305000003
④ RV2305000004

16 아래 [조회조건]으로 데이터를 조회한 후 물음에 답하시오.

> [조회조건]
> • 사업장　　: 1000.㈜한국자전거본사
> • 마감기간 : 2023/05/15 ～ 2023/05/15

다음 국내 [매입마감] 내역에 대한 설명으로 옳지 않은 것을 고르시오.

① PC2305000001은 거래처를 수정할 수 있다.
② PC2305000002는 세무구분을 변경할 수 있다.
③ PC2305000003은 과세구분을 변경할 수 없다.
④ PC2305000004는 마감수량을 변경할 수 있다.

17 아래 [조회조건]으로 데이터를 조회한 후 물음에 답하시오.

> [조회조건]
> • 사업장　　: 1000.㈜한국자전거본사
> • 이동기간 : 2023/05/20 ～ 2023/05/20

다음 조회된 창고 이동내역이 등록된 후 변화에 대한 설명으로 옳지 않은 것을 고르시오.

① [P100.제품창고] 기준으로 [ATECK-3000.일반자전거]를 집계 시 수량이 감소했다.
② [M400.상품창고] 기준으로 [ATECK-3000.일반자전거]를 집계 시 수량이 증가했다.
③ [1000.㈜한국자전거본사] 기준으로 [ATECK-3000.일반자전거]를 집계 시 수량이 증가했다.
④ 전사 기준으로 [ATECK-3000.일반자전거]를 집계 시 수량에 변화가 없다.

18 아래 [조회조건]으로 데이터를 조회한 후 물음에 답하시오.

> [조회조건]
> • 사업장　　: 1000.㈜한국자전거본사
> • 실사기간 : 2023/05/01 ～ 2023/05/01

2023년 5월 상품창고/상품장소에서 재고실사를 시행했다. 다음 설명 중 차이수량에 대한 조치로 옳지 않은 것을 고르시오.

① [56-2500100.ASSY KEY SWITCH LEADFRAME] : 기초재고/재고조정등록을 통해 10만큼 출고조정한다.
② [56-2600100.ASSY KEY SWITCH LEADFRAME LH] : 반품내역을 확인 후 10만큼 출고반품한다.
③ [57-5002500.ASSY MOTOR LEADFRAME (LH)] : 반품내역을 확인 후 10만큼 입고반품한다.
④ [57-5003500.ASSY MOTOR LEADFRAME (RH)] : 전산재고와 실사재고가 동일하여 아무 작업을 하지 않아도 된다.

19 아래 [조회조건]으로 데이터를 조회한 후 물음에 답하시오.

[조회조건]
- 사업장　　: 1000.㈜한국자전거본사
- 입고기간 : 2023/05/01 ～ 2023/05/31

㈜한국자전거본사는 2023년 5월 거래처별 매입마감이 안 된 입고내역을 확인하고자 한다. 다음 중
미마감 수량이 가장 많은 거래처를 고르시오(관리단위 기준).

① [00006.㈜형광램프]

② [00007.㈜제일물산]

③ [00008.YK PEDAL]

④ [00009.㈜영동바이크]

20 아래 [조회조건]으로 데이터를 조회한 후 물음에 답하시오.

[조회조건]
- 사업장　　: 1000.㈜한국자전거본사
- 해당년도 : 2023년
- 대분류　　: 50.VQ

사업장 기준 현재고가 (－)재고수량이 발생된 품목을 고르시오(재고단위 기준).

① [57-5002500.ASSY MOTOR LEADFRAME (LH)]

② [87-1002001.BREAK SYSTEM]

③ [ATECX-2000.유아용자전거]

④ [NAX-A420.산악자전거]

이론문제

01	02	03	04	05	06	07	08	09	10
②	④	③	②	①	②	④	④	①	④
11	12	13	14	15	16	17	18	19	20
①	②	②	①	④	②	②	②	①	④

01 ② ERP 시스템을 도입하면 사이클타임이 감소한다.

ERP시스템 도입 시 예상효과
통합 업무시스템 구축, 재고물류비용 감소, 고객서비스 개선, 수익성 개선, 생산성 향상 및 매출 증대, 비즈니스 프로세스 혁신, 생산계획의 소요기간 단축, 리드타임 감소, 결산작업 단축, 원가절감, 투명한 경영, 표준화·단순화·코드화, 사이클타임 단축, 최신 정보기술 도입

02 ④ 기업에 필요한 어플리케이션은 구축 시 맞춤형으로 구성한다.

03 ③ ERP는 근본적으로 선진 업무프로세스의 도입이므로 현재의 업무방식 고수와는 거리가 멀다.

04 ERP의 발전과정

MRP Ⅰ → MRP Ⅱ → ERP → 확장형 ERP

05 • 4기간이므로 7월의 최근 4개월인 3~6월의 평균을 구한다.

① 7월의 수요예측치 = $\dfrac{105 + 85 + 120 + 90}{4} = 100$

06 ② ㉠은 비가격경쟁, ㉡은 리베이트전략에 대한 설명이다.

07 ④ 자사의 매출채권회수율과 연간 총여신한도액 요소는 거래처 신용한도 설정 시 필요한 요소다.

08 ④ 일반적으로 수요가 지속적으로 유지되는 생필품의 가격탄력성이 사치품보다 작다.

09 ② 고객관리는 시장점유율 및 판매목표에 따라 조율한다.

③ 일반적으로 납품이 불가로 판단되면 제안 또는 견적을 진행하지 않는 만큼 재고가 부족한 경우 생산 완료예정일에 따라 고객과 납품일정을 조율하여 처리한다.

④ 견적은 주로 수주/등록 이전에 진행되며, 대금지급단계에서는 거래명세서(내역서) 등을 제공한다.

10

> 여신한도액 = 과거 3년간의 회수누계액 × 평균 총이익률

· 회수누계액 = 총매출액 − 외상매출채권잔액 = 220억 − 20억 = 200억

④ 여신한도액 = 200억 × 0.2 = 40억

11

구 분	효율적 공급망	대응적 공급망
목 표	가능한 한 가장 낮은 비용으로 예측가능한 수요에 대응	품절, 가격인하 압력, 불용재고를 최소화하기 위해 예측이 어려운 수요에 재빠르게 대응
생산전략	높은 가동률을 통한 낮은 비용 유지	불확실성에 대비한 초과버퍼의 생산용량을 배치
재고전략	높은 재고회전율과 낮은 재고수준으로 유지	불확실한 수요를 맞추기 위한 상당한 양의 부품이나 완제품 버퍼 재고를 유지
리드타임전략	비용을 증가시키지 않는 범위에서 리드타임 최소화	리드타임을 줄이기 위한 방법으로 공격적 투자

12 ① 수송비용은 수송거리에 비례하여 증가한다.

③ 물류거점 수가 증가하면 수송비용은 서서히 감소하다가 어느 수준을 넘어서게 되면 수송비용이 증가한다.

④ 고정투자비용에는 인건비 및 초기 설비투자 비용을 포함하며, 물류거점 수에 비례하여 증가하는 경향을 갖는다.

13 ② 안전재고에 대한 설명이다.

① 비축재고 : 계절적인 수요급등, 가격급등, 파업으로 인한 생산중단 등이 예상될 때 향후 발생할 수요를 대비하여 미리 생산하여 보관하는 재고

③ 순환재고 : 비용절감을 위해 경제적 주문량 또는 로트사이즈 (lot size)로 구매(생산)하게 되어 당장 필요한 수량을 초과하는 잔량에 의해 발생하는 재고

④ 수송재고 : 대금을 지급하여 물품에 대한 소유권을 가지고 있으며, 수송 중에 있는 재고

14 ① 재발주점 = 일평균 사용량 × 조달기간 + 안전재고

$$= 4 \times 2 + 2$$

$$= 10$$

15 ④ 화물자동차 운송에 대한 설명이다.

① 철도 운송 : 화차를 이용하여 화물을 운송하는 수단으로 대형화물 및 장거리(300km 이상) 운송에 적합하고, 발송화주의 문전과 도착화주의 문전까지 운송의 완결성이 없다.

② 해상 운송 : 선박을 이용하고 있어 기상상태와 각국의 해상운송관련 법ㆍ제도에 제약이 많으나 대량의 화물을 저렴하게 운송할 수 있다.

③ 파이프라인 : 송유관을 통해 유류(액상), 기체, 분말 등을 운송하기 위한 수단으로 교통혼잡도 완화 및 환경문제가 발생되지 않은 친환경적 운송수단이다.

16 ② 운반통로와 운반거리를 단축시킴으로써 적재횟수 및 시간을 단축시킨다.

17 ② 정가가격에 대한 설명이다.

① 시중가격 : 판매자와 구매자의 판단에 좌우되지 않고 시장에서 수요와 공급의 균형에 따라 변동되는 가격

③ 개정가격 : 가격 그 자체는 명확히 결정되어 있지 않으나 업계 특수성이나 지역성 등으로 자연히 일정한 범위의 가격이 정해져 있는 가격으로 판매자가 그 당시 환경에 따라 정함

④ 협정가격 : 판매자 다수가 서로 협의하여 일정한 기준에 따라 결정하는 가격

18 ② 거래일로부터 15일 이내의 현금지불에 대하여 8% 할인을 인정하고, 특별히 추가로 20일간 할인기간을 연장하여 총 35일간 현금할인이 적용된다.

19 ① 판매원가 = 제조원가 + 판매비와일반관리비 = (직접원가 + 제조간접비) + 판매비와일반관리비

→ 제조간접비 = 판매원가 - 직접원가 - 판매비와일반관리비

= 70,000원 - (31,000원 + 14,000원 + 8,000원) - 12,000원

= 5,000

20 ④ 제한경쟁 방식에 대한 설명이다.

① 지명경쟁 : 공급자로서 적합한 자격을 갖추었다고 인정하는 다수의 특정한 경쟁참가자를 지명하여 경쟁입찰에 참가하도록 하는 방식

② 일반경쟁 : 불특정다수를 입찰에 참여시켜 가장 유리한 조건을 제시한 공급자를 선정하는 방식

③ 수의계약 : 경쟁입찰에 의하지 않고 특정인을 계약상대방으로 선정하여 계약을 체결하는 방식

01	02	03	04	05	06	07	08	09	10
①	③	③	④	②	④	①	④	③	③
11	12	13	14	15	16	17	18	19	20
④	②	④	①	②	①	③	①	②	①

01 [시스템관리] – [기초정보관리] – [일반거래처등록]

→ [기본등록사항] 탭

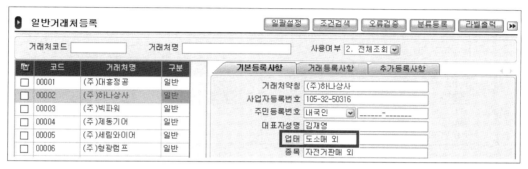

① ㈜하나상사의 업태는 '도소매 외'이고, 그 외는 모두 '제조, 도소매'다.

02 [시스템관리] – [기초정보관리] – [품목등록]

→ [MASTER/SPEC] 및 [ORDER/COST] 탭

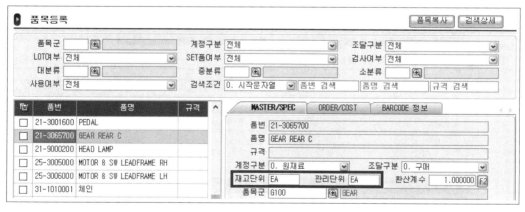

③ 재고단위와 관리단위가 모두 'EA'로 동일하다.

03 [시스템관리] – [기초정보관리] – [창고/공정(생산)/외주공정등록]

→ [창고/장소] 탭 – [사업장 : 1000.㈜한국자전거본사]

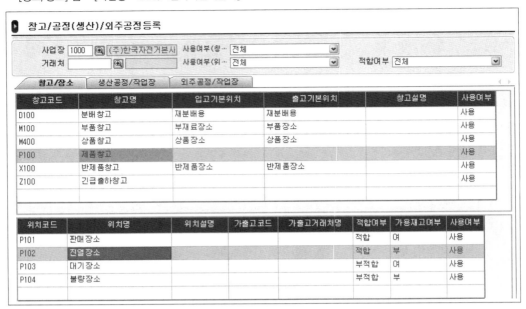

③ [P100.제품창고] – [P102.진열장소]의 '적합여부/가용재고여부'는 '적합/부'이고, 그 외는 모두 '적합/여'다.

04 [영업관리] – [영업관리] – [판매계획등록(고객별상세)]

→ [사업장 : 1000.㈜한국자전거본사] – [대상년월 : 2023/5] – 상단 [조회] 클릭

④ [00004.㈜제동기어]의 수금예상금액이 '9,300,000'으로 가장 크다.

05   [영업관리] – [영업관리] – [견적등록]

→ [사업장 : 1000.㈜한국자전거본사] – [견적기간 : 2023/05/01 ~ 2023/05/01]

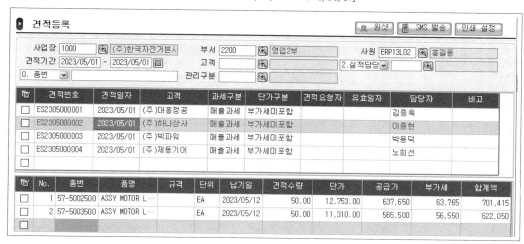

② 견적번호 ES2305000002의 납기일이 '2023/05/12'이므로 납기기간(11)이 가장 짧다.

06   [영업관리] – [영업관리] – [수주등록]

→ [사업장 : 1000.㈜한국자전거본사] – [주문기간 : 2023/05/01 ~ 2023/05/04] – 조회 후 아래칸 상세내역에서 마우
스 오른쪽 버튼/'[수주등록] 이력정보' 클릭 – [진행상태 확인 및 메뉴이동 :: 수주등록] 팝업창

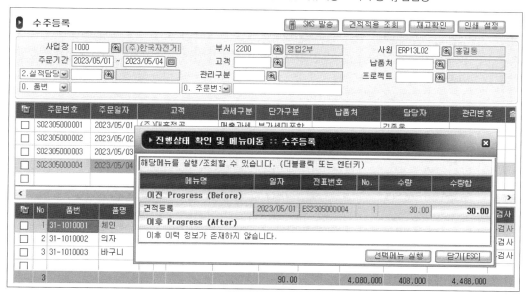

④ 주문번호 SO2305000004가 견적등록을 통해 적용받았다.

07 [영업관리] – [영업현황] – [수주현황]

→ [사업장 : 1000.㈜한국자전거본사] – [주문기간 : 2023/05/01 ～ 2023/05/04]

① 관리구분 [S10.일반매출]의 합계액이 '6,655,000'으로 가장 크다.

※ 조회 후 마우스 오른쪽 버튼/'정렬 및 소계 설정 – 정렬 및 소계' 클릭 – [정렬 및 소계] 팝업창 – 왼쪽에서 필요사항 선택해 주가하고 [⬆ 위로 보내기]를 이용해 '0' 순위로 설정 및 '소계' 체크 등을 이용할 수 있다.

08 [영업관리] – [영업관리] – [출고처리(국내수주)]

→ [예외출고] 탭 – [사업장 : 1000.㈜한국자전거본사] – [출고기간 : 2023/05/08 ～ 2023/05/08] – [출고창고 : P100.제품창고]

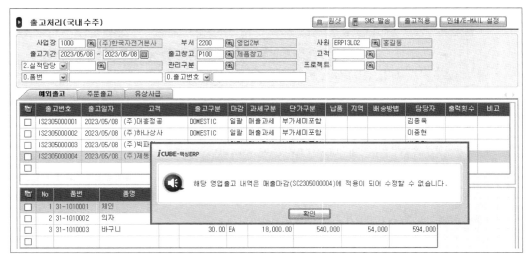

④ 출고처리에서 '일괄'로 등록되어 매출마감처리가 될 경우 수량을 수정할 수 없다.

09 [영업관리] – [영업관리] – [수주마감처리]

→ [사업장 : 1000.㈜한국자전거본사] – [주문기간 : 2023/05/01 ～ 2023/05/31]

③ 주문번호 SO2305000005는 [수주마감처리] 메뉴에서 마감이 되어 있기 때문에 조회할 수 없어 등록할 수 없다.

10 [영업관리] – [영업분석] – [출고실적집계(월표)]

→ [부서] 탭 – [사업장 : 1000.㈜한국자전거본사] – [해당년도 : 2023] – [조회기준 : 1.원화금액] – [부서기준 : 3.실적담당부서]

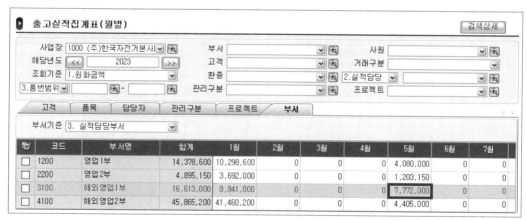

③ [3100.해외영업부] 5월 출고실적이 '7,772,000'으로 가장 많다.

11 [영업관리] – [영업분석] – [매출순위표(마감기준)]

→ [고객] 탭 – [사업장 : 1000.㈜한국자전거본사] – [매출기간 : 2023/05/01 ~ 2023/05/31] – [조회기준 : 1.원화금액]

④ ㈜제동기어의 매출금액이 '4,080,000'으로 가장 많다.

12 [영업관리] – [기초정보관리] – [품목단가등록]

→ [구매단가] 탭 – [품목군 : TS81.SMC] – [조달구분 : 전체] – [계정구분 : 전체]

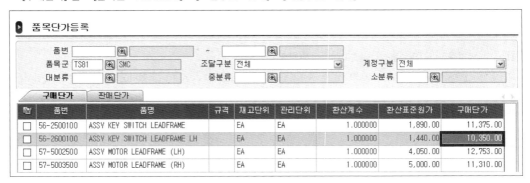

② [56–2600100.ASSY KEY SWITCH LEADFRAME LH] 품목의 구매단가가 '10,350'로 가장 적다.

13 [구매/자재관리] – [구매관리] – [청구등록]

→ [사업장 : 1000.㈜한국자전거본사] – [요청일자 : 2023/05/01 ~ 2023/05/01] – 조회 후 아래칸 상세내역에서 마우스 오른쪽 버튼/'부가기능 – 품목상세정보' 클릭 – [품목 상세정보] 팝업창

④ 청구번호 PR2305000004에 등록된 [81-1001000.BODY-알미늄 (GRAY-WHITE)] 품목의 주거래처는 [00009.㈜영동바이크]이지만, 청구등록상 주거래처는 '㈜제일물산'이다.

14 [구매/자재관리] – [구매관리] – [청구등록]

→ [사업장 : 1000.㈜한국자전거본사] – [요청일자 : 2023/05/01 ~ 2023/05/31]

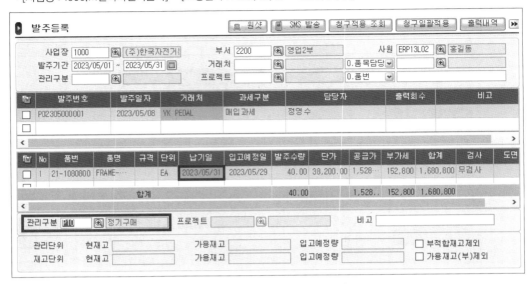

- 등록된 관리구분은 [P10.정기구매], 납기일은 '2023/05/31'로 등록되어 있다.

가. 주문적용 여부 확인

→ 조회 후 아래칸 상세내역에서 마우스 오른쪽 버튼/'[발주등록] 이력정보' 클릭 – [진행상태 확인 및 메뉴이동 :: 발주등록] 팝업창

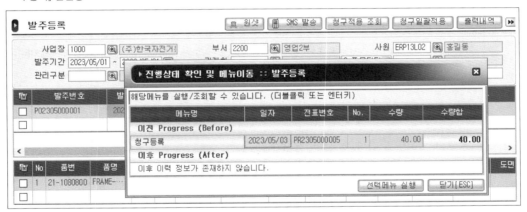

- 청구적용을 통해 등록된 발주내역이다.

나. 등록된 품목계정 확인

→ 조회 후 아래칸 상세내역에서 마우스 오른쪽 버튼/'부가기능 – 품목상세정보' 클릭 – [품목 상세정보] 팝업창

• 등록된 품목의 계정은 [0.원재료]다.

15

1) 장소의 '적합여부(여/부)' 확인

[시스템관리] – [기초정보관리] – [창고/공정(생산)/외주공정등록]

→ [창고/장소] 탭 – [사업장 : 1000.㈜한국자전거본사]

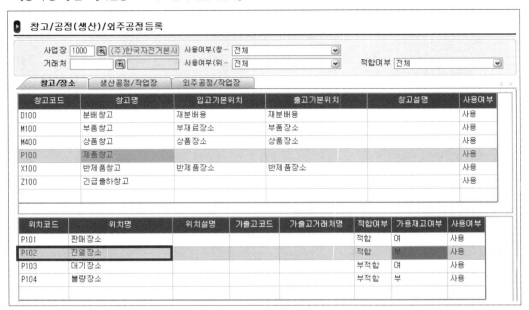

2) 장소 확인

[구매/자재관리] – [구매관리] – [입고처리(국내발주)]

→ [발주입고] 탭 – [사업장 : 1000.㈜한국자전거본사] – [발주기간 : 2022/05/01 ~ 2022/05/31] – [입고창고 : P100.
제품창고]

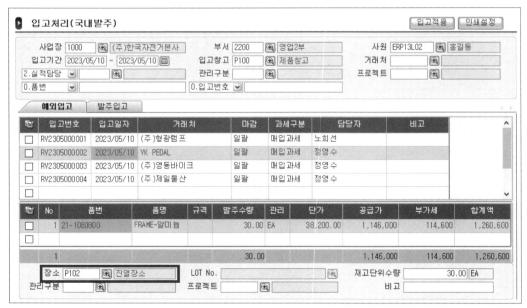

② 입고번호 RV2305000002의 입고장소는 가용재고여부가 '부'인 [P102.진열장소]다.

16　[구매/자재관리] – [구매관리] – [매입마감(국내거래)]

→ [사업장 : 1000.㈜한국자전거본사] – [마감기간 : 2023/05/15 ~ 2023/05/15]

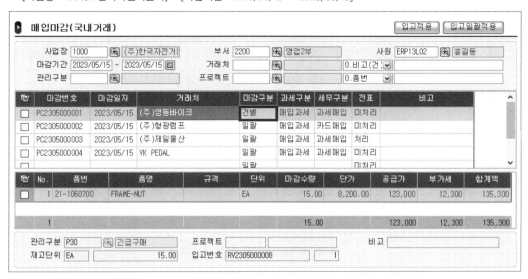

① '건별' 매입마감으로 거래처를 수정할 수 없다.

17　[구매/자재관리] – [재고관리] – [재고이동등록(창고)]

→ [사업장 : 1000.㈜한국자전거본사] – [이동기간 : 2023/05/20 ~ 2023/05/20]

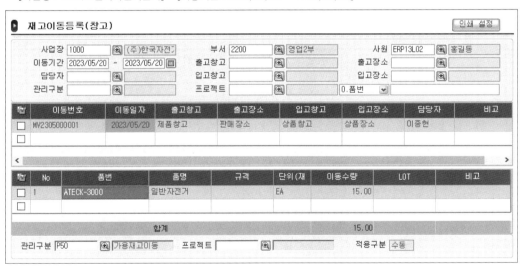

③ 사업장을 기준으로 품목 집계 시 창고 이동내역에 대해서는 수불발생이 되지 않는다.

18 [구매/자재관리] – [재고관리] – [재고실사등록]

→ [사업장 : 1000.㈜한국자전거본사] – [실사기간 : 2023/05/01 ～ 2023/05/01]

① 전산재고에 (+) 수불을 해주어야 하므로 재고조정을 통해 10만큼 입고조정을 해주어야 한다.

19 [구매/자재관리] – [구매현황] – – [매입미마감현황]

→ [사업장 : 1000.㈜한국자전거본사] – [입고기간 : 2023/05/01 ～ 2023/05/31]

② ㈜제일물산의 미마감수량이 '40'으로 가장 많다.

20 [구매/자재관리] – [재고수불현황] – [현재고현황(전사/사업장)]

→ [사업장] 탭 – [사업장 : 1000.㈜한국자전거본사] – [해당년도 : 2023] – [대분류 : 50.VQ]

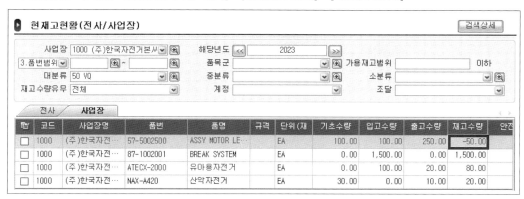

① [57-5002500.ASSY MOTOR LEADFRAME (LH)] 품목에서 '–50'의 (–)재고수량이 발생했다.

2024 SD에듀 [기출이답이다] ERP 정보관리사 물류 2급 기출문제해설집 10회

초 판 발 행	2024년 01월 05일 (인쇄 2023년 09월 22일)
발 행 인	박영일
책 임 편 집	이해욱
저 자	세무회계연구소
편 집 진 행	김은영 · 이세경 · 백한강
표지디자인	박수영
편집디자인	홍영란 · 장성복
발 행 처	(주)시대고시기획
출 판 등 록	제10-1521호
주 소	서울시 마포구 큰우물로 75 [도화동 538 성지 B/D] 9F
전 화	1600-3600
팩 스	02-701-8823
홈 페 이 지	www.sdedu.co.kr

I S B N	979-11-383-6012-8 (13320)
정 가	17,000원

SD에듀
회계 · 세무 관련 수험서 시리즈

한국 세무사회	전산회계 1급 이론 + 실무 + 기출문제 한권으로 끝내기	4×6배판	25,000원
	전산세무 2급 이론 + 실무 + 기출문제 한권으로 끝내기	4×6배판	26,000원
	hoa 기업회계 2 · 3급 한권으로 끝내기	4×6배판	32,000원
	hoa 세무회계 2 · 3급 전과목이론 + 모의고사 + 기출문제 한권으로 끝내기	4×6배판	34,000원
	전산회계 1급 엄선기출 20회 기출문제해설집	4×6배판	20,000원
삼일 회계법인	hoa 재경관리사 전과목이론 + 모의고사 + 기출문제 한권으로 끝내기	4×6배판	34,000원
	hoa 재경관리사 3주 완성	4×6배판	28,000원
	hoa 회계관리 1급 전과목이론 + 모의고사 + 기출문제 한권으로 끝내기	4×6배판	25,000원
	hoa 회계관리 2급 이론 + 모의고사 + 기출문제 한권으로 끝내기	4×6배판	20,000원
한국공인 회계사회	hoa FAT 회계정보처리 1급	4×6배판	22,000원
	hoa FAT 회계정보처리 2급	4×6배판	18,000원
	TAT 2급 기출문제해설집 7회	4×6배판	19,000원
	FAT 1급 기출문제해설집 10회	4×6배판	19,000원
	FAT 회계실무 2급 최신기출 10회 + 핵심꿀팁요약집	4×6배판	16,000원
대한상공 회의소	hoa 전산회계운용사 2급 필기	4×6배판	19,000원
	hoa 전산회계운용사 2급 실기	4×6배판	20,000원
	hoa 전산회계운용사 3급 필기	4×6배판	16,000원
	hoa 전산회계운용사 3급 실기	4×6배판	18,000원
한국생산성 본부	ERP 정보관리사 회계 2급 기출문제해설집 14회	4×6배판	17,000원
	ERP 정보관리사 인사 2급 기출문제해설집 14회	4×6배판	18,000원
	ERP 정보관리사 생산 2급 기출문제해설집 10회	4×6배판	17,000원
	ERP 정보관리사 물류 2급 기출문제해설집 10회	4×6배판	17,000원
한국산업 인력공단	세무사 1차 재정학 9개년 기출문제해설집	4×6배판	22,000원
	세무사 1차 회계학개론 9개년 기출문제해설집	4×6배판	22,000원
	세무사 1차 세법학개론 7개년 기출문제해설집	4×6배판	21,000원

※ 도서의 제목 및 가격은 변동될 수 있습니다.

SD에듀와 함께하는
합격의 STEP

Step. 1 회계를 처음 접하는 당신을 위한 도서

★☆☆☆☆
회계 입문자

문제은행 방식에 최적화된
**hoa 전산회계운용사
3급 필기**

무료 동영상으로 학습하는
**hoa 전산회계운용사
3급 실기**

이론+모의고사+기출문제
**hoa 회계관리 2급
한권으로 끝내기**

자격증, 취업, 실무를 위한
기초 회계 입문서
왕초보 회계원리

Step. 2 회계의 기초를 이해한 당신을 위한 도서

★★☆☆☆
회계 초급자

최신 기출복원문제가 수록된
**hoa 전산회계운용사
2급 필기**

실기이론+모의고사
**hoa 전산회계운용사
2급 실기**

합격의 핵심이 수록된
**전산회계 1급
한권으로 끝내기**

무료 동영상으로 학습하는
**[기출이 답이다]
전산회계 1급**

Step. 3 회계의 기본을 이해한 당신을 위한 도서

★★★☆☆
회계 중급자

개정세법이
완벽 반영된
hoa 세무회계 2·3급
한권으로 끝내기

핵심이론 + 모의고사 +
기출문제로 합격하는
hoa 회계관리 1급
한권으로 끝내기

최신 출제기준이
완벽 반영된
전산세무 2급
한권으로 끝내기

동영상 강의 없이
혼자서도 쉽게 합격하는
[기출이 답이다]
TAT 2급

Step. 4 회계의 전반을 이해한 당신을 위한 도서

★★★★★
회계 상급자

기출유형이 완벽 적용된
hoa 재경관리사
3주 완성

합격으로 가는 최단코스
hoa 재경관리사
한권으로 끝내기